Rust

司江平
周炯皓
张 超 著

汽车电子开发实践

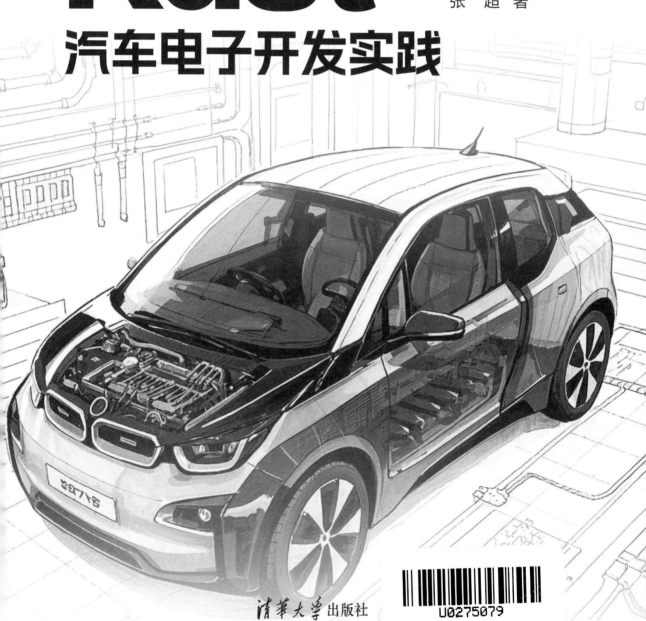

清華大學出版社
北京

内 容 简 介

本书专注于介绍 Rust 编程语言在汽车电子领域的应用。随着汽车行业向智能化、电动化和网联化的快速演进，传统的 C/C++编程语言在内存安全、数据竞争等问题上逐渐显露出局限性。Rust 语言以其独特的内存安全保证、现代的并发处理能力和跨平台的兼容性，为汽车电子软件开发提供了新的解决方案。

本书从 Rust 语言的基本语法和特性讲起，逐步深入到其在嵌入式系统中的应用，尤其关注汽车电子领域。书中详细介绍了 Rust 的所有权系统、类型系统、并发编程以及错误处理等核心概念，同时探讨了 Rust 在汽车电子领域的具体应用。

本书不仅理论知识丰富，还提供了大量的代码示例和项目实践。无论是初学者还是有经验的开发者，都能通过本书深入了解并掌握 Rust 在汽车电子领域的应用。

图书在版编目（CIP）数据

Rust 汽车电子开发实践 / 司江平，周炯皓，张超著.

北京：清华大学出版社，2025. 2. -- ISBN 978-7-302-67933-2

Ⅰ. U463. 602

中国国家版本馆 CIP 数据核字第 20254F5X72 号

责任编辑：赵　军
封面设计：王　翔
责任校对：闫秀华
责任印制：丛怀宇

出版发行：清华大学出版社
　　　　　网　　　址：https://www.tup.com.cn，https://www.wqxuetang.com
　　　　　地　　　址：北京清华大学学研大厦 A 座　　　　　邮　　编：100084
　　　　　社 总 机：010-83470000　　　　　邮　　购：010-62786544
　　　　　投稿与读者服务：010-62776969，c-service@tup.tsinghua.edu.cn
　　　　　质 量 反 馈：010-62772015，zhiliang@tup.tsinghua.edu.cn

印 装 者：三河市科茂嘉荣印务有限公司
经　　销：全国新华书店
开　　本：185mm×235mm　　　印　　张：18.25　　　字　　数：438 千字
版　　次：2025 年 3 月第 1 版　　　印　　次：2025 年 3 月第 1 次印刷
定　　价：99.00 元

产品编号：107742-01

前　言

在当今快速发展的汽车制造业中，技术创新正成为推动产业进步的关键力量。随着智能化、电动化、网联化的发展趋势日益明显，汽车电子系统变得越来越复杂，对软件的依赖性也愈发增强。在这样的背景下，寻找一种更安全、更可靠、更高效的编程语言，已成为汽车电子开发领域的迫切需求。

《Rust 汽车电子开发实践》一书的写作初衷，是为了探索如何利用新的计算机技术在传统行业中满足业务需求，同时提高产品开发的质量和效率。Rust 语言以其卓越的内存安全特性、现代的并发编程模型和跨平台的开发能力，为汽车电子领域带来了新的解决方案。本书旨在为汽车电子开发者提供一个全面的 Rust 语言学习与应用指南，帮助他们掌握并利用 Rust 语言的优势，开发出更高质量的汽车电子软件。

在此，笔者首先要感谢所有对 Rust 语言发展做出贡献的开发者和研究人员。正是他们的智慧和努力，使得 Rust 语言能够在这一充满挑战的汽车电子领域展现出独特的价值。

本书内容丰富，从 Rust 语言的基础语法到高级特性，从单一的嵌入式系统开发到复杂的汽车电子系统集成，涵盖了所有相关主题。每一章节都提供丰富的实例和深入的分析，旨在帮助读者逐步建立对 Rust 语言的深入理解，并学会在实际的汽车电子项目中应用 Rust。

此外，本书还特别关注 Rust 语言在汽车电子领域的最新进展和应用案例，包括与 AUTOSAR 标准的集成，在不同汽车电子控制单元中的应用，以及与现有 C/C++代码的互操作性等。这些内容不仅展示了 Rust 语言在汽车电子领域的广泛应用前景，也为读者提供了宝贵的参考和启示。

希望本书能够成为汽车电子开发者在技术革新道路上的得力助手。笔者相信，随着 Rust 语言的不断发展和成熟，它将在汽车电子领域发挥越来越重要的作用，为汽车产业的智能化和可持续发展作出贡献。

最后，欢迎阅读《Rust 汽车电子开发实践》，让我们一起开启探索 Rust 在汽车电子领域的应用之旅。

本书提供了全部源代码，读者可扫描下方二维码下载。

如果下载有问题，请用电子邮件联系 booksaga@126.com，邮件主题为"Rust 汽车电子开发实践"。

编著

2024 年 12 月

目　　录

开篇

这是一个小型嵌入式开发团队,不到 30 人,公司目前的主营业务是通用芯片的应用开发。团队成员拥有丰富的技术经验和良好的团队合作精神。随着公司的规划发展,团队准备转向汽车电子方向,但公司内部缺乏汽车电子软件开发方面的专业知识。

团队成员

Tom:技术总监,拥有多年项目管理和技术开发经验,擅长 C、Python 和 Java 编程语言,善于启发团队成员思考。

大周:高级工程师,技术骨干,擅长 C 和 C++编程语言,善于分析问题和解决问题,乐于助人,但有时过于严厉。对于技术之外的东西,他表现得比较淡然。

小张:初级工程师,2023 年入职的应届毕业生。他已经开始 C 和 C++开发,是一名充满活力的新成员。

面临的挑战

团队目前面临的主要挑战是如何顺利转型到汽车电子软件开发领域。具体来说,他们需要解决以下问题:

(1)缺乏汽车电子开发经验:团队成员此前主要从事通用芯片的应用开发,缺乏汽车电子系统开发方面的专业知识和经验。

(2)技术难题:汽车电子软件开发涉及复杂的实时系统、安全性和可靠性要求,需要找到一个技术方案,以帮助团队顺利进行开发,并赢得客户的信任。

下面开始团队的汽车电子软件开发之旅!

第 1 章

Rust 语言简介

　　小张在一次嵌入式应用开发工作中，遇到了令他无比苦恼的问题：在应用功能正常的情况下，运行一段时间后总会出现系统进程卡死的情况。小张进行了多次代码审查，但始终找不到问题的根源。于是，感到摸不着头脑的小张只好去请教自己的师傅大周。

　　大周根据小张的描述，重点查看了进程的内存资源使用情况，发现内存占用异常增高。每当内存占满时，应用进程就会卡死。大周对小张说："应该是发生了内存泄漏，重点检查一下内存块是否被正确释放。"小张通过代码审查发现，确实存在这个问题。

```
1      // 定义获取芯片校验和的函数，参数为起始地址和大小
       DWORD ChipHandler::Getchipchecksum(DWORD dwstart, int nsize)
2      {
3          DWORD dwchecksum = 0;                 // 初始化校验和为 0
4          BYTE *pData = (BYTE*)malloc(nsize);   // 分配内存以存储读取的数据
5          // 从指定地址读取内存，如果失败
           if(ReadMem(dwstart, pData, nsize) == false)
6          {
7              free(pData);                      // 释放之前分配的内存
8              LOGERROR("Get Checksum error");   // 记录错误信息
9              return 0;                         // 返回 0 表示出现错误
10         }
11         for(int i = 0; i < nsize; i++)        // 遍历读取的数据
12         {
13             dwchecksum += pData[i];           // 累加每个字节到校验和
14         }
15         return dwchecksum;                    // 返回计算得到的校验和
16     }
```

　　问题虽然被解决了，但如何预防类似情况的发生呢？

　　针对这个问题，技术总监 Tom 给小张布置了一个任务：找到一种方法来预防代码中的内存泄漏。同时，他给小张介绍了 cppcheck、valgrind、splint 等代码扫描工具，并要求他尝试这

些工具是否能帮助找出问题。

小张一一尝试了这些工具，结果发现静态检测未能发现代码中的问题，甚至动态检测还存在代码覆盖率不足的问题，无法完美解决问题。

经过多轮讨论，团队决定：

（1）加强代码的规范管理：内存块的申请和释放统一在模块的头/尾部处理。

（2）加强代码审查：对于每个新增的模块，进行 1:1 的检查。

（3）增加针对内存使用情况的测试用例。

Tom：“这些措施都是亡羊补牢的做法。我们目前身处汽车电子行业，需要对车辆和乘客的安全负责，必须找到根本的解决方法。”

“也许我们可以尝试一下 Rust。”大周说道。

“Rust？几年前我看过一些文章介绍这个语言，据说它要替代 C/C++ 的现代语言，优势是内存安全。看起来应该能解决我们的问题，但不知道它是否适合汽车电子行业，是否适合我们团队。”Tom 心里想道，接着布置了下一个任务：

“听起来不错，周工带着小张成立一个小组，专题研究一下 Rust，目的是检验 Rust 是否适合在汽车电子行业替代 C/C++。”

就这样，老周这个多年的嵌入式开发老手带着小张这个嵌入式开发新人，开始了 Rust 的研究之旅。

1.1　Rust 语言概述

Rust 最早是由 Mozilla Research 中的 Graydon Hoare 个人开发的一种系统编程语言。在 Graydon Hoare 的创意和努力下，Rust 逐渐成形，并最终得到了 Mozilla Research 的认可和支持。Rust 首次发布于 2010 年，在其后的几年里，随着不断地发展和完善，Rust 逐渐在编程界崭露头角。

Rust 是一种系统级编程语言，具有内存安全、并发性和高性能的特点。它的设计哲学是结合安全性而不牺牲性能，旨在替代 C 和 C++，解决这些语言长期存在的内存安全问题。自首次亮相以来，Rust 迅速赢得了许多开发者的青睐，越来越多的企业和项目开始采用 Rust 作为主要编程语言，涵盖了操作系统、数据库、游戏、区块链、云计算等多个领域。

此外，Rust 语言还有官方构建系统和包管理器 Cargo。类似于其他编程语言中的 npm（Node.js）、Maven（Java）或 pip（Python）。Cargo 是一个用于管理 Rust 项目的命令行工具，提供了一系列功能，以简化项目的构建、依赖管理和发布过程。

Cargo 的一些主要特点包括：

● 依赖管理：Cargo 允许开发者在项目中添加依赖项，并自动下载和管理这些依赖项的版本。

- **构建系统**：Cargo 提供了一个简单易用的构建系统，可以编译、运行和测试 Rust 代码，还可以生成文档。
- **项目管理**：Cargo 通过自动生成标准项目结构和简化配置文件，帮助开发者创建、组织和管理 Rust 项目。
- **包发布**：Cargo 可以将项目发布到 crates.io（Rust 的官方包管理仓库），使其可供其他开发者使用。

使用 Cargo，开发者可以更高效地管理项目的依赖、构建和发布过程。同时，Cargo 也是开发者非常重要且核心的工具，可以帮助他们更快速地开发和维护 Rust 项目。Cargo 的设计简单、易用，促进了 Rust 社区的库和工具生态系统的繁荣和健壮。

总的来说，Rust 在编程界逐渐崭露头角，吸引了越来越多的开发者和企业的关注和青睐。可以预见，这门编程语言在未来有着更广阔的发展空间，并将为编程领域带来新的可能性。

1.2　Rust 语言特性

1. 内存安全性

提到 Rust 语言的特性，首先离不开的便是内存安全性。

Rust 的内存安全性主要体现在所有权（ownership）系统、借用（borrowing）检查器和生命周期（lifetimes）上。这三个概念相互配合，确保程序在运行时不会出现内存泄漏、数据竞争或空指针引用等问题。

所有权系统是 Rust 的核心特性之一。在 Rust 中，规定每个数据只能有一个所有者。当值被绑定到一个变量时，该变量即成为值的所有者。当所有者超出作用域时，Rust 会自动调用析构函数来释放内存。这种所有权机制避免了内存泄漏的问题，因为在运行时会自动释放不再需要的内存。所有权规则还允许 Rust 在不需要垃圾收集器的情况下有效管理内存。

借用检查器是指 Rust 在实施所有权规则的基础上，允许数据的借用。这意味着可以在不转移所有权的情况下访问值，而无须创建数据的副本。借用检查器在编译时检查代码中的不可变借用和可变借用。不可变借用允许多个读者同时访问数据，而可变借用则确保在某个作用域内只有一个线程可以修改数据。这保证了在同一时间内只有一个可变引用或多个不可变引用，从而避免了数据竞争和指针错误，确保程序在运行时不会访问无效内存地址。

生命周期是一种用于描述引用有效性和作用域的概念。生命周期连接了变量和引用之间的关系，确保引用在其指向的数据有效的情况下才能使用，并且在数据被释放后不会访问无效内存。Rust 的编译器可以在编译时进行生命周期检查，从而确保引用的有效性和内存安全性。

通过结合所有权系统、借用检查器和生命周期管理，Rust 实现了内存安全保障，使开发者可以编写高性能且不易出现内存错误的程序。这种设计使得 Rust 成为一种非常强大和安全的系统编程语言，在开发复杂、高性能应用程序时具有显著的优势。

2. 零成本抽象

Rust 语言的一个重要特性是"零成本抽象"（zero-cost abstractions），这种特性使得在 Rust 中使用高级抽象特性时不会损失性能。这意味着即使使用了以高级特性编写的代码，底层的执行效率也不会受到影响。

在 Rust 中，零成本抽象特性的实现方式主要体现在以下几个方面：

（1）零成本抽象的通用实现：Rust 通过编译器优化和代码生成，将高级抽象特性转换为底层机器码，以保证最终程序的性能。这意味着开发者可以使用泛型、模式匹配、trait 等高级特性，而不必担心性能损失。

（2）泛型编程：Rust 支持泛型编程，开发者可以编写适用于多种数据类型的通用代码。在 Rust 中，泛型代码在编译时会生成专门化的代码，针对具体的数据类型进行优化，而不会产生额外的运行时开销。

（3）模式匹配：Rust 中的模式匹配机制是一种强大的抽象工具，能够对数据结构进行解构和匹配。模式匹配在编译时会被转换为高效的机器码，不会引入运行时开销。

（4）trait 和实现：Rust 中的 trait 为抽象类型提供了统一的接口，同时在编译时将具体实现的 trait 转换为对应的代码。这种机制确保了代码的高效性和安全性，在运行时不会引入额外的开销。

Rust 通过采用严格的类型系统和编译器优化技术，实现了零成本抽象特性。这意味着开发者可以使用高级抽象特性来编写代码，而不必担心性能损失。这种特性使得 Rust 在保证代码高效性的同时，提供了丰富的抽象工具，使开发者能够更加灵活和高效地编写复杂的程序。

3. 并发性

Rust 的并发支持在其本身所提倡的"零成本抽象"的理念下，兼顾了效率和安全性。Rust 提供了一种被称为"信任三角"（The Three Pillars of Rust）的模型，其中包括内存安全、数据竞争安全和线程安全。Rust 的并发性主要通过以下几个方面来体现：

（1）线程安全：Rust 的所有权系统和借用规则确保了并发环境中的线程安全。Rust 的并发模型基于"消息传递"，这意味着线程之间通过消息传递进行通信，而不是共享可变状态。这样可以避免数据竞争和锁的使用，提高并发程序的安全性和可靠性。

（2）并发原语：Rust 提供了并发编程所需的原语，如 std::sync::mpsc（多生产者多消费者模型）、std::sync::Mutex 和 std::sync::RwLock 等，帮助开发者在并发环境中进行线程间通信和数据共享。

（3）并行性：Rust 的标准库中提供了 std::thread 模块，允许开发者创建线程并进行并行执行。此外，Rust 还支持操作系统线程直接与轻量级线程（std::thread::spawn）并发执行。

（4）并发设计模式：Rust 支持传统的并发设计模式，如 Future、Actor 模型，以及并发数据结构等。并发设计模式可以帮助开发者在并发环境中更好地组织和管理代码。

（5）原子操作：Rust 提供了原子操作和内存顺序设置，通过 std::sync::atomic 模块，确保多线程之间对共享数据的操作是按照一定顺序进行的，避免出现数据竞争的情况。

通过以上方式，Rust 的并发支持帮助开发者编写出高效、安全的并发程序。Rust 的并发性设计基于内存安全和数据竞争检查的特性，使其同时具备高性能和并发安全性。

Rust 作为一种系统级编程语言，具有独特的内存安全、数据竞争安全和线程安全特性，通过“信任三角”模型确保并发程序的安全与可靠。其严格的所有权系统和借用规则保证了线程安全性，同时丰富的并发原语和设计模式为开发者提供了灵活的并发编程工具。通过并行性支持和原子操作，Rust 提供了一种高效、安全的并发编程方案。综上所述，Rust 的并发设计基于其独特的安全特性，使其成为一个非常具有前景的系统级编程语言，同时也为开发者提供了构建并发应用程序的良好基础。

1.3　Rust 语言发展历程和现状

Rust 语言的发展历程可以总结为以下几个阶段：

初始阶段（2010—2015 年）：Rust 语言在发布初期受到了一些关注，但没有引起太大的轰动。这个阶段主要集中在开发和完善语言的基本功能和工具链。

快速发展阶段（2016—2019 年）：随着 Rust 语言的稳定性和成熟度不断提高，越来越多的开发者和组织开始关注并使用 Rust。一些知名的项目，如 Firefox 浏览器和 Dropbox 等，也开始在部分代码中使用 Rust。

持续壮大阶段（2020 年至今）：Rust 语言的社区规模在不断扩大，开发者和项目数量也在快速增长。Rust 成为越来越多公司和组织的首选，用于编写高性能、安全的系统级应用程序。

经过多年的开发和改进，Rust 成为一个备受关注的编程语言，具有许多优势，例如在内存安全方面表现优秀。通过引入所有权系统、借用检查和生命周期检查等机制，Rust 有效避免了内存管理方面的常见错误。此外，Rust 还支持并发编程，提供通道、原子操作等机制，使并发编程更加方便和安全。同时，Rust 的编译器能够对代码进行静态分析，发现潜在的 bug（漏洞）和性能问题，从而提供更高质量的代码。

目前，许多行业领头公司正在使用 Rust 编程语言：

● Mozilla：Mozilla 是 Rust 语言的主要支持者，Rust 最初由 Mozilla 公司开发。Mozilla 已经在多个项目中使用 Rust，包括 Firefox 浏览器和 Servo 引擎等。Rust 语言的安全性和性能使其成为 Mozilla 的首选。

● Dropbox：作为一家知名的云存储和文件同步服务提供商，Dropbox 在一些后端服务中使用 Rust 语言，以提高系统的性能和安全性。Rust 的并发性和内存安全性使 Dropbox 能够编写更加可靠和高效的代码。

- Amazon Web Services（AWS）：AWS 是全球领先的云计算服务提供商，他们在一些关键服务中使用 Rust 编程语言。例如，AWS Firecracker 是一个基于 Rust 编写的轻量级虚拟化技术，用于提供安全、高性能的云计算服务。

- Facebook：作为世界上最大的社交平台之一，Facebook 在一些关键系统中也使用了 Rust 语言。例如，Facebook 的 Libra 区块链项目就是使用 Rust 语言开发的，以提高系统的安全性和性能。

- GitHub：全球最大的开源代码托管平台。GitHub 也在一些关键系统中使用 Rust 编程语言。例如，GitHub 的推荐引擎和安全扫描工具等都是使用 Rust 语言开发的，以提高系统的稳定性和性能。

在嵌入式领域和芯片设计领域，许多公司也开始使用 Rust 编程语言：

- Arm：全球领先的半导体技术公司 Arm 在嵌入式系统和物联网领域非常活跃。Arm 近年来开始支持 Rust 语言，并在一些项目中使用 Rust，以提高其嵌入式系统的性能和安全性。

- NVIDIA：知名的图形处理器制造商 NVIDIA 在人工智能、高性能计算和嵌入式系统领域占据重要地位，NVIDIA 在一些项目中使用 Rust 语言进行开发，以利用其并发性和性能优势。

- Intel：作为全球最大的芯片制造商之一，Intel 在嵌入式系统和云计算领域拥有广泛的影响力。虽然 Intel 主要使用 C 和 C++等传统编程语言，但他们也在一些项目中开始尝试使用 Rust 语言，以提高系统的安全性和性能。

- Infineon：全球领先的半导体制造商 Infineon 在 2023 年 3 月 7 日宣布其 32 位微控制器 AURIX™系列、TRAVEO™ T2G 系列和 PSoC™ MCU 系列支持 Rust 语言，成为全球领先正式支持 Rust 的半导体公司。

- 华为：作为通信业界领先公司和 Rust 基金会的创始成员，华为致力于推动 Rust 在通信软件行业的发展，并将持续为 Rust 社区做出贡献。华为之前在通信系统软件的开发中主要使用 C/C++代码，而 Rust 库使得 C/C++到 Rust 的迁移更加顺畅。华为在中国深圳举办了第一届 Rust China Conf 大会，并组织多项社区活动，包括为中国的开发者提供 Rust 教程和编码规范。

不仅如此，Rust 还拥有一个活跃且快速发展的开源社区，推动 Rust 编程语言的发展和应用。自 2010 年首次发布以来，Rust 语言迅速吸引了大量开发者的关注和参与，如今已经拥有数十万活跃的开发者和数千个项目。

Rust 社区拥有丰富和完善的生态系统，包括 Cargo 包管理器、crates.io 包索引、Rustup 工具链等，这些资源为开发者带来了巨大的便利，使他们能够更快地开发、构建和分享项目。此外，Rust 社区非常注重合作与分享，开发者们经常在各种线上和线下活动中相互交流、学习和合作。Rust 编程语言也以其友好和支持性的环境而闻名，使新手和经验丰富的开发者都能获得帮助和支持。

Rust 社区在不断推出新的特性、工具和框架的同时，也在不断完善和改进语言本身，以提高开发效率和代码质量。通过定期的版本发布，Rust 不断解决 bug、增加功能和改进性能，推动 Rust 语言不断演进，为开发者提供更好的编程体验。

综上所述，基于 Rust 语言的诸多优势和逐渐增长的用户群体，可以预见 Rust 在未来将继续快速发展，并在各个领域得到更广泛的应用。随着更多行业对 Rust 的接触和认可，Rust 有望成为未来主流的编程语言之一，从而推动软件开发领域的进步和创新。

1.4 Rust 语言与 C/C++的比较

Rust 语言在设计之初的目的是取代 C/C++。经过多年的发展，Rust 语言逐渐展现出强大的特点和优势，使其成为一个可以真正挑战 C/C++地位的编程语言。Rust 语言有以下几个优势。

1. 内存安全

Rust 在设计时着重考虑了内存安全性，通过借用检查器和所有权系统来防止内存泄漏、指针悬空和数据竞争等问题。相比之下，C/C++没有内建的内存安全性检查机制，程序员需要手动管理内存，容易出现潜在的内存错误。Rust 的设计使开发者可以更加放心地编写代码，从而减少因为内存错误而导致的程序崩溃或安全漏洞的风险。

2. 并发安全

Rust 具有内建的并发性支持，通过线程安全的编程模式和独特的所有权系统来保证并发程序的安全性。虽然 C/C++也支持并发编程，但通常需要使用底层的线程和锁等机制，容易出现并发相关的 bug。因此，Rust 的内建并发性支持不仅提高了程序的安全性和可靠性，也减少了开发过程中出现并发问题的概率，使编写并发程序变得更加舒适和高效。

3. 语法和语义

Rust 的语法更加现代化和简洁，可以减少代码量并提高可读性，适合当今的软件开发，能够帮助开发人员更高效地构建可靠的软件系统。相比之下，C/C++的语法较为烦琐，需要更多代码来实现相同的功能，因此在某些情况下可能不如 Rust 优越。

4. 性能

C/C++通常被认为是性能优越的语言，能够进行高效的编译和优化。Rust 也被设计为高性能语言，通过一些优化技术和零成本抽象能力，可以实现接近 C/C++的性能水平。

不仅如此，在嵌入式领域中，Rust 除了在内存安全性、并发性和零成本抽象等方面具有明显优势之外，相较于 C/C++，它还有其他一些明显优势：

- 可移植性：Rust 具有良好的跨平台支持，不仅支持多种架构和操作系统，还能编写可移植的嵌入式代码。无论是在 ARM、x86、MIPS 等不同架构下，还是在 Linux、Windows、macOS 等不同操作系统中，开发者都能轻松使用 Rust 进行跨平台开发。
- 此外，Rust 的语法和标准库设计也为跨平台移植提供了便利。其严格的类型系统和模块化设计使代码更加清晰和易于维护，而标准库中提供的丰富功能则减轻了开发者在不同平台间切换时的工作量。因此，无论是开发桌面应用程序、移动应用程序还是嵌入式系统，使用 Rust 进行开发都能极大地提高代码的可移植性和可维护性。
- 社区和工具支持：Rust 语言具有强大的开源社区，其中有许多优秀的项目和库，为开发者提供了丰富的资源和工具。无论是初学者还是有经验的开发者，都可以在这个活跃的社区中找到合适的位置，学习和分享经验。不仅如此，开源社区还提供了丰富的文档和教程，为 Rust 编程语言的持续改进和更新提供了重要支持。许多优秀的开发者也在不断提交代码、修复 bug，为 Rust 语言的发展做出了重要贡献。

总的来说，尽管 C/C++在嵌入式领域有着长期的应用历史和丰富的生态系统，但 Rust 在内存安全性、并发性和零成本抽象等方面具有明显优势，使其成为一个具有潜力的选择，尤其适合对系统安全性和可靠性要求较高的项目。随着 Rust 在嵌入式领域的发展，它有望成为嵌入式系统开发的重要工具之一。

此外，Rust 语言与 C 语言之间可以良好共存和互操作。Rust 和 C 代码之间的互用性主要依赖于数据的互相转换。在 stdlib 标准库中提供了两个专用模块来支持这种转换，分别是 std::ffi 和 std::os::raw。

- std::ffi 模块：提供了一系列工具用于转换复杂类型，例如将 Rust 的字符串（&str 和 String）映射为 C 语言更易处理的类型。
- std::os::raw 模块：处理基本的底层类型，如整数和字符类型。由于 Rust 和 C 语言在内存布局上具有足够的相似性或一致性，因此 Rust 编译器可以隐式地转换这些基本类型。

尽管 Rust 在网络应用程序和裸机嵌入式系统中表现出色，但其生态和函数库资源相对有限。不过，与 C 之间的互通性使 Rust 更容易集成到现有软件中，从而加速了这类软件的部署和应用。

虽然 Rust 具有内存安全性，但在与 C 代码结合时可能会存在安全隐患。因此，为确保 Rust 的安全性，有必要在 C 和 Rust 之间找到合理的分界点。

总的来说，Rust 在嵌入式系统中替代 C 和 C++的适用性已经得到证实，特别是在新代码开发方面。除了内存安全外，Rust 强大的类型系统和错误处理也为其带来了卓越的可读性和可维护性，同时在不增加额外开发成本的情况下实现了更安全的代码。

1.5　Rust 语言学习资源

本章对 Rust 语言进行了简单介绍,内容包括 Rust 语言的特性、发展历程和现状、与 C/C++ 的对比等。希望读者可以通过本章快速了解 Rust 语言的基本特性和优势。然而,由于 Rust 语言的复杂性和深度,本章仅为入门级别的介绍。如果读者需要深入且系统地学习 Rust 语言,可以通过以下官方网站和社区资源进行学习。

(1) Rust 官方文档 (https://doc.rust-lang.org/):

Rust 官方文档是学习 Rust 编程语言最全面和权威的资源,涵盖语言特性、标准库、工具等内容,对于入门者和进阶者都非常有帮助。

(2) 图书 *The Rust Programming Language* (https://doc.rust-lang.org/book/):

这本书由经验丰富的 Rust 程序员撰写,帮助学习者系统地掌握 Rust 的各种特性和用法。

(3) Rust Reddit 社区 (https://www.reddit.com/r/rust/):

Reddit 上有一个专门讨论 Rust 编程语言的社区,用户可以在这里向其他 Rust 程序员请教问题,分享经验,了解最新的开发动态等。

(4) Rust 编程语言官方论坛 (https://users.rust-lang.org/):

Rust 编程语言官方论坛是一个专门讨论 Rust 相关话题的平台,用户可以在这里找到很多有用的信息和资源,与其他 Rust 程序员交流、互动。

(5) Rust 编程语言 GitHub 仓库 (https://github.com/rust-lang/rust):

Rust 编程语言的开源项目托管在 GitHub 上,学习者可以通过查看源码、提出问题、提交代码等方式与 Rust 社区的朋友互动,加深对 Rust 的理解和掌握。

在接下来的章节中,我们将逐步介绍如何使用 Rust 语言进行针对汽车电子的嵌入式应用开发。首先,从嵌入式系统的基本概念开始讲解,包括嵌入式系统的特点、架构、硬件接口等内容,帮助读者快速了解嵌入式开发的基本知识。然后,我们将介绍如何在嵌入式设备上运行 Rust 程序,包括配置开发环境、交叉编译 Rust 程序等内容,以便读者可以顺利地在嵌入式平台上进行开发和调试。

在此基础上,我们将介绍如何利用 Rust 语言实现嵌入式系统的应用以及汽车电子实战开发。结合具体的实例和案例,帮助读者更好地理解和应用 Rust 语言在嵌入式领域的优势和特点。通过实际的项目开发,读者将能够深入学习和掌握使用 Rust 语言开发高效、安全的嵌入式应用程序的方法和技巧。

1.6　总结与讨论

大周和小张通过系统地学习 Rust 语言,已经对 Rust 语言有了一定的了解。于是,他们找到 Tom 进行总结汇报。在听取了他们的汇报后,Tom 对 "Rust 是否适合在汽车电子行业替代

C/C++"这一问题有了初步的了解。他们一起讨论并发表了各自的想法，最后对 Rust 语言能否解决当前困境做了总结。

Tom："Rust 作为一个较新的语言，必然有后发优势。与传统的 C/C++相比，它确实拥有一些独特的优势。Rust 提供了内存安全的保证，这是它在嵌入式开发领域中引人注目的一大亮点。通过所有权和生命周期的概念，Rust 能够有效防止内存泄漏和指针错误。此外，Rust 的并发模型设计得很好，有助于构建稳定的多线程应用，这在汽车电子软件开发中非常重要。由于 Rust 语言拥有异常强大的编译器和语言特性，其代码天然就比其他语言拥有更少的 bug。同时，Rust 拥有非常完善的工具链和良好的包管理工具，使其非常适合汽车电子软件这种大型团队的协作开发。"

大周："Rust 采用的编译时错误检查系统能够有效捕捉到许多在 C/C++中可能要等到运行时才能暴露的问题，这是其一大优势。此外，Rust 实现了零成本抽象的概念，这意味着我们可以在编写高级语言特性的同时保持高效的性能。这种优势使得 Rust 成为一个理想的选择，既满足了对安全性的需求，又不牺牲性能。不仅如此，Rust 的包管理工具 Cargo 也为开发人员带来了极大的便利。Cargo 不仅可以管理项目的依赖关系，还可以自动构建项目并管理发布的版本，极大地简化了软件开发过程。总的来说，Rust 在汽车电子软件开发中能够带来很大的便利，使用 Rust 是一个理想的选择。"

小张："Rust 能够让我深入理解内存、堆栈、引用、变量作用域等其他高级语言往往不会深入接触的内容。在编写 Rust 代码时，语法、编译器和 Clippy 这些静态检查工具会让我写出更好的代码。Rust 的学习和实践过程让我对程序设计和开发有了更深入的理解，也提高了我的编程技能和思维能力。通过更好地利用 Rust 这个强大的编程语言，我能够提升自己在汽车电子软件开发领域的能力和水平。"

1.7　练习

1. 检查示例代码中的问题，并发现其中的内存泄漏问题。
2. 找到自己手头已有的嵌入式开发板，列出其 CPU 类型、内存大小和存储大小。
3. 列出 C/C++语言常用的内存申请、内存释放、复制等指令，并理解其参数的含义。

第 2 章

初识 Rust

某天，小张正式开始了他的 Rust 学习之旅。由于小张对 Rust 是零基础，因此他决定从最基础的环境配置开始，一步一步地学习，争取今天能运行一个"Hello world"程序。

2.1　IDE 环境介绍

什么是 IDE？它的全称是 Integrated Development Environment（集成开发环境），是一种应用程序，为软件开发者提供一个统一的编写、测试、调试和部署软件的工作环境。IDE 通常包含以下核心组件：

- 代码编辑器（code editor）：提供语法高亮显示、代码自动补全、代码折叠和代码格式化等功能，帮助开发者更高效地编写代码。
- 编译器（compiler）：将编写的 Rust 或其他语言的代码转换为机器语言或字节码，以便计算机能够执行。
- 调试器（debugger）：帮助开发者调试代码，发现并修复代码中的错误。调试器提供设置断点、单步执行、查看变量值等功能。
- 构建工具（build tools）：自动构建（编译、链接、打包）项目。
- 版本控制（version control）：集成对版本控制系统的支持，如 Git、SVN 等，以便进行代码的版本管理和团队协作。

选择合适的工具对软件开发者而言十分重要，它能够提高编写代码的效率，减少出错的可能性，并帮助开发者更好地找到和解决问题。在开始学习 Rust 编程之前，我们首先要选择一个合适的 IDE。当然，Rust 作为一门系统编程语言，并不要求特定的 IDE，甚至可以在文本编辑器中编写 Rust 代码，但既然有更方便、高效的工具，为什么不用呢？

以下是一些常用的 Rust 集成开发环境：

（1）Visual Studio Code（VS Code）是一款免费、开源的代码编辑器，由 Microsoft 开发。它支持多种编程语言，并通过扩展插件支持 Rust 编程。Visual Studio Code 的 Rust 扩展提供了

语法高亮显示、代码补全、代码片段、Lint 检查和调试支持等功能，是目前较为主流的 IDE
工具。

（2）IntelliJ IDEs 是 JetBrains 开发的一款功能强大的集成开发环境，支持多种编程语言
和框架。JetBrains 为 IntelliJ IDEA 提供了一个专为 Rust 设计的插件，具有代码补全、代码分
析、版本控制和调试功能。相较于 VS Code，它是收费的。

（3）CLion 是由 JetBrains 开发的一款跨平台的 C/C++集成开发环境，也支持 Rust 编程语
言。CLion 提供代码补全、代码分析和调试功能，以及其他一些为高效编程而设计的特性。该
工具同样需要收费。

（4）Eclipse 是一款流行的开源集成开发环境，支持多种编程语言和框架。通过安装相应
的插件，Eclipse 可以支持 Rust 编程，提供代码高亮显示、补全和 Lint 功能。

推荐使用 Visual Studio Code 来开发 Rust 程序。我们可以在 Visual Studio Code 的官方网站
获取最新安装包，网址是 https://code.visualstudio.com/。在官方网站上，选择对应计算机系统
的类型，按照安装提示逐步操作即可完成安装。

Visual Studio Code 功能强大的关键在于它拥有大量的扩展控件，可以不断地扩展支持新
的功能。虽然它本身只是一个代码编辑器，但它可以安装 rust-analyzer 扩展，该扩展提供了一
系列代码检查和语法高亮显示功能，可以帮助我们编写更高质量的代码。安装扩展也很简单，
只需在扩展市场（EXTENSIONS:MARKETPLACE）中搜索 "rust-analyzer" 并进行安装，如
图 2.1 所示。

图 2.1　安装 rust-analyzer

至此，代码编辑工具已准备就绪，接下来开始安装 Rust。

2.2　安装 Rust

Rust 官方推荐安装工具是 Rustup。Rustup 工具既是一个 Rust 安装器，又是一个 Rust 版本管理工具。通过 Rustup，我们可以添加或删除 Rust 工具，并进行 Rust 版本管理。Rustup 工具包中的主要组件如下：

（1）rustc - Rust 编译器，用于编译 Rust 代码。

（2）cargo - Rust 的包管理器和构建工具，用于管理 Rust 项目的依赖关系和构建。

（3）rust-std - Rust 标准库的编译版本，为 Rust 代码提供基础功能。

（4）rustfmt - Rust 代码格式化工具，用于自动格式化代码以符合社区约定的风格。

（5）clippy - Rust 代码的静态分析工具，用于检测代码中的潜在错误和不一致之处。

（6）rls - Rust 语言服务器，提供代码补全、语法检查等功能。

（7）rust-analysis - Rust 代码分析工具，提供更高级的代码编辑器集成功能。

（8）rust-src - Rust 源代码，用于调试和深入理解标准库的实现。

2.2.1　Windows 安装

如果读者使用的是 Windows 系统，首先进入 Rust 官方网站的下载页面（网址：https://www.rust-lang.org/zh-CN/tools/install），下载安装器，然后运行和安装该程序。此外，在 Windows 平台上，为了将 Rust 编译器前端生成的中间代码转换成二进制可执行文件，以及在代码中使用了 C 语言编写的底层库，需要安装 Microsoft C++生成工具。Microsoft C++生成工具的下载网址是 https://visualstudio.microsoft.com/zh-hans/visual-cpp-build-tools/。

2.2.2　Linux 或 macOS 安装

如果读者使用的是 Linux 或 macOS 系统，则打开终端并输入如下命令：

```
$ curl --proto '=https' --tlsv1.2 https://sh.rustup.rs -sSf | sh
```

此命令将下载一个脚本并开始安装 rustup 工具，安装过程中会提示输入 root 账号和密码。安装成功后，将出现如下内容：

```
Rust is installed now. Great!
```

同样地，还需要一个连接器（linker），用于将 Rust 编译的输出连接到二进制文件。如果遇到连接器错误，请尝试安装一个 C 编译器，它通常包括一个连接器。C 编译器也很有用，因为一些常见的 Rust 包依赖于 C 代码，所以需要安装一个 C 编译器。

在 macOS 系统上，可以通过执行以下命令安装 C 编译器：

```
$ xcode-select --install
```

Linux 用户通常需要根据发行版（distribution）文档安装 GCC 或 Clang 包。如果使用的是 Ubuntu，则可以安装 build-essential 包。

2.2.3　故障排除

要检查是否正确安装了 Rust，可以运行如下命令：

```
$ rustc --version
```

如果 Rust 安装成功，那么可以看到按照以下格式显示的最新稳定版本的版本号、对应的 Commit Hash 和 Commit 日期：

```
rustc x.y.z (abcabcabc yyyy-mm-dd)
```

如果没有看到上述信息，请检查 Rust 是否在系统变量中。

在 Windows 的命令行提示符窗口中（通过执行 CMD 命令），执行如下命令：

```
> echo %PATH%
```

在 Linux 和 macOS 系统中，执行如下命令：

```
$ echo $PATH
```

2.2.4　更新与卸载

通过 rustup 安装了 Rust 之后，更新到新版本变得非常简单，只需在命令行中运行如下更新脚本：

```
$ rustup update
```

若要卸载 Rust 和 rustup，可在命令行中运行如下卸载脚本：

```
$ rustup self uninstall
```

Rust 社区公开的包集中在 crates.io 网站上，包的文档通常会自动发布到 doc.rs 网站，方便开发者查阅。在使用 Rust 进行开发时，官方源的速度会有时会很慢，这时可以考虑更换为国内源。配置步骤如下：

（1）找到当前用户目录，Windows 的目录是 C:\Users\user\.cargo，Linux 和 macOS 的目录是~/.cargo。

（2）进入.cargo 目录，并在此目录下创建 config 文件。

（3）打开 config 文件，添加如下内容：

```
1.   [source.crates-io]
2.   registry = "https://github.com/rust-lang/crates.io-index"
3.   replace-with = 'ustc'
```

```
4.
5.  [source.ustc]
6.  registry = "git://mirrors.ustc.edu.cn/crates.io-index"
```

2.2.5 本地文档

安装程序会自带一份文档的本地副本，可以离线阅读。使用方式是运行 rustup doc，在浏览器中查看本地文档。

2.3 第一个 Rust 程序：Hello world

既然已经安装好 Rust，那就是时候编写第一个 Rust 程序了。在学习一门语言时，通常的第一个程序是在屏幕上打印"Hello world!"。接下来，让我们开始第一个 Rust 程序！

首先，创建一个存放 Rust 代码的目录。Rust 并不关心代码的存放位置，不过为了方便管理，建议新建一个 projects 目录，并把所有项目存放在这个目录下。我们可以在想要存放项目的目录中创建 projects 目录，并在 projects 目录中创建 hello_world 目录。

然后，进入 hello_world 目录，创建一个名为 main.rs 的文件。Rust 源文件总是以".rs"作为文件的扩展名。如果文件名包含多个单词，按照命名习惯，应当使用下画线分隔单词。在main.rs 文件中输入以下代码：

```
1.  fn main() {
2.      println!("Hello world!");
3.  }
```

最后，保存文件，并打开终端窗口，切换到目录 YOURDIR/projects/hello_world。在 Linux 或 macOS 系统上，输入以下命令编译并运行文件：

```
1.  $ rustc main.rs
2.  $ ./main
3.  Hello, world!
```

在 Windows 系统上，输入命令.\main.exe 而不是./main，具体如下：

```
1.  > rustc main.rs
2.  > .\main.exe
3.  Hello world!
```

不管使用何种操作系统，终端都会输出字符串"Hello world!"。至此，第一个 Rust 程序就正式编写完成了！

现在，我们来仔细看一看"Hello world!"程序：

（1）第一行代码以 fn 开头，定义了一个名叫 main 的函数。main 函数是一个特殊的函数，是每个可执行 Rust 程序的入口点，即执行一个 Rust 程序时，main 函数是第一个被执行的。当前这个 main 函数既没有参数也没有返回值。如果需要有参数，那么参数名称应该出现在圆括号中。

（2）函数体的内容被包裹在花括号（{}）中，Rust 要求整个函数体的内容都要用花括号包裹起来。

（3）在 main 函数体中，有一行代码：

```
println!("Hello world!");
```

这行代码实现的功能是在屏幕上打印文本文字。Rust 代码的缩进推荐使用 4 个空格。println! 调用了一个 Rust 的宏，作用是将文本输出到控制台。"Hello world!"是一个字符串，双引号用于定义字符串，该字符串传递给 println!函数并被打印输出到屏幕上。在 Rust 中，每一行代码以分号（;）结尾，用于分隔程序语句。

接下来，再分析一下终端中执行的命令的作用。在运行 Rust 程序之前，必须使用 Rust 编译器编译它，即输入 rustc 命令并传入源文件名。如果读者有 C 或 C++背景，就会发现此过程与 GCC 类似。编译器会解析代码，检查语法是否正确，为程序中的所有函数和类型生成内存安全的抽象层，并将程序转换成机器代码。编译成功后，Rust 会输出一个二进制的可执行文件 main.exe。在 Windows 系统中，除了 main.exe 之外，还有一个 main.pdb 文件，这个文件包含了调试信息。

使用 rustc 编译简单的源程序是没有问题的，但随着项目的增长，可能需要管理项目的方方面面，并让代码易于分享，此时 rustc 就不够用了。Rust 提供了一个名为 Cargo 的工具，它可以帮助我们更好地管理 Rust 项目。

2.4　Cargo 介绍

Cargo 是 Rust 的构建系统和包管理器。大多数 Rust 程序员都使用 Cargo 来管理他们的 Rust 项目，因为 Cargo 的功能强大，可以处理许多任务，例如构建代码、下载依赖库并编译这些库。

在 2.2 节安装 Rust 时提到的官方安装工具 Rustup 是自带 Cargo 的。如果是通过其他方式安装的 Rust，则可以在终端中输入如下命令检查是否安装了 Cargo：

```
$ cargo --version
```

如果在终端中看到版本号，说明已安装了 Cargo。

2.4.1　创建项目

在 2.3 节创建的 projects 目录下使用 Cargo 创建一个项目，命令如下：

```
$ cargo new hello_cargo
```

这个命令会创建名为"hello_cargo"的目录和项目。进入 hello_cargo 目录，可以看到 Cargo 自动生成了两个文件和一个目录：一个 Cargo.toml 文件，一个 src 目录以及 src 目录下的 main.rs 文件。可以使用 Visual Studio Code 打开 hello_cargo 目录，查看 Cargo.toml 文件的内容：

```
1.   [package]
2.   name = "hello_cargo"
3.   version = "0.1.0"
4.   edition = "2021"
5.
6.   [dependencies]
```

这个文件使用了 TOML 格式，这是 Cargo 配置文件的标准格式。第一行的[package]是一个段（section）的标题，表明下面的语句用来配置一个包。我们可以根据项目需要添加更多的段。接下来的三行设置了 Cargo 编译程序所需的配置：项目的名称、版本以及要使用的 Rust 版本。具体信息可以参考 Rust 官网。最后一行[dependencies]表示项目依赖段的开始。在 Rust 中，代码包被称为 crates。

现在打开 src/main.rs，查看 Rust 代码：

```
1.   fn main() {
2.       println!("Hello, world!");
3.   }
```

可以发现，这与 2.3 节的"Hello world!"项目的代码一样。Cargo 在创建项目时，会自动在 main.rs 文件中添加"Hello world!"相关的代码。

目前，我们已经完成了使用 Cargo 创建项目的操作，与手动创建项目代码相比，确实便捷了许多。Cargo 把源文件存放在 src 目录中，同时还生成了 Carog.toml 文件，以协助管理依赖、包名等信息。另外，Cargo 还会在项目根目录下初始化一个 git 仓库，以及一个.gitignore 文件。总之，Cargo 期望源文件统一存放在 src 目录中，而项目的根目录仅存放与代码无关的文件，如 README 和配置文件。

2.4.2　编译并运行 Cargo 项目

下面通过 Cargo 编译和运行"Hello world!"程序。在 hello_cargo 目录的终端中输入如下命令：

```
1.   $ cargo build
2.      Compiling hello_cargo v0.1.0 (file:///projects/hello_cargo)
3.       Finished dev [unoptimized + debuginfo] target(s) in 2.85 secs
```

在 Windows 系统中，这个命令会创建一个可执行文件 target/debug/hello_cargo.exe（在 Linux 和 macOS 系统中为 target/debug/hello_cargo）。可以通过如下命令运行可执行文件：

```
1.  $ .\target\debug\hello_cargo.exe    # 或者 Linux 和 macOS 中
为 ./target/debug/hello_cargo
2.  Hello world!
```

在终端上可以看到"Hello world!"的字样。首次执行 cargo build 命令时，Cargo 会在项目根目录下自动创建一个文件夹 Cargo.lock。这个文件记录项目依赖的实际版本。

我们刚刚执行 cargo build 命令编译了项目，并使用$ ./target/debug/hello_cargo.exe 运行了程序。其实 Cargo 中有一个命令，可以同时编译并运行生成的可执行文件：

```
1.  $ cargo run
2.     Finished dev [unoptimized + debuginfo] target(s) in 0.0 secs
3.      Running `target/debug/hello_cargo`
4.  Hello, world!
```

此外，Cargo 还提供了 cargo check 命令，用于快速检查代码，确保代码可以编译，但不产生可执行文件：

```
1.  $ cargo check
2.     Checking hello_cargo v0.1.0 (file:///projects/hello_cargo)
3.     Finished dev [unoptimized + debuginfo] target(s) in 0.32 secs
```

由于 cargo check 命令比 cargo build 命令省略了生成可执行文件的步骤，因此其速度要快得多。如果在编写代码时需要持续进行检查，cargo check 命令可以方便我们快速了解现有的代码能否通过编译。

现在回顾一下已学习的 cargo 命令：

● cargo new：用于创建新的项目，会在当前目录下自动创建以项目名称命名的文件夹。
● cargo build：用于编译项目，会在 target/debug 目录下生成可执行文件。
● cargo run：用于编译项目并执行。
● cargo check：用于在不生成二进制文件的情况下构建项目，目的是检查代码语法是否有错误。

2.4.3　发布

当项目准备发布时，使用 cargo build –release 命令来优化和编译项目。这个命令会在 target/release 目录下生成可执行文件。这些优化可以让 Rust 代码运行得更快，不过编译时间也会变长。

2.4.4　依赖

Cargo 还有一个重要的功能就是管理项目的依赖。在 Cargo.toml 文件中，有[dependencies] 这一部分内容，主要列举了当前项目要使用的外部包，并以"包名 ="版本号""的形式呈现。

以下示例展示了如何添加 time 库和 regex 库：

```
1.  [dependencies]
2.  time = "0.1.12"
3.  regex = "0.1.41"
```

包名后面的版本信息是必选项。重新执行编译命令 cargo build，Cargo 会获取新的依赖关系以及依赖的依赖，并全部进行编译。

2.5　调试 Rust

调试是软件开发中排查问题必不可少的手段，是软件工程师必须掌握的一项技能。接下来介绍如何在 Visual Studio Code 中调试 Rust 程序。

仍然以"Hello world!"项目为例，首先确保 Visual Studio Code 和 Rust 编译工具都已正确安装。

（1）在 Visual Studio Code 中打开 Hello world! 目录。

（2）为 Visual Studio Code 安装 C/C++(Windows)或 CodeLLDB(macOS/Linux)插件。

（3）在 Visual Studio Code 中，在界面左侧依次单击"调试"→"创建 launch.json 文件"，并在弹出的界面上选择"C++(Windows)"。

（4）此时，编辑窗口会自动显示 launch.json 文件的内容，需要手动修改此文件的内容，模板如下：

```
{
    "version": "0.2.0",                      // 配置文件的版本
    "configurations": [                      // 配置数组，包含多个调试配置
        {
            "name": "(Windows) Launch",      // 配置的名称，描述当前的调试配置
            "type": "cppvsdbg",              // 调试器类型，Windows 下使用的是 C++调试器
            "request": "launch",             // 请求类型，表示启动调试会话
             // 要调试的可执行文件路径
            "program": "${workspaceRoot}/target/debug/hello_world.exe",
            "args": [],                      // 启动程序时传递的命令行参数
            "stopAtEntry": false,            // 启动后是否在程序入口处停止
            "cwd": "${workspaceRoot}",       // 当前工作目录，通常是项目根目录
            "environment": [],               // 环境变量，可以在这里定义调试时的环境变量
            // 是否使用外部控制台，设置为 true 表示使用系统控制台
            "externalConsole": true
        },
        {
            "name": "(OSX) Launch",    // macOS 下的调试配置名称
```

```
            "type": "lldb",              // 调试器类型，macOS 下使用的是 LLDB 调试器
            "request": "launch",         // 请求类型，表示启动调试会话
            // 要调试的可执行文件路径（不带.exe 后缀）
            "program": "${workspaceRoot}/target/debug/hello_world",
            "args": [],                  // 启动程序时传递的命令行参数
            "cwd": "${workspaceRoot}",   // 当前工作目录，通常是项目根目录
        }
    ]
}
```

把上面的模板复制并粘贴到 launch.json 文件中，然后手动修改配置项“program”，将其改为对应的可执行文件路径及名称。

（5）在 Visual Studio Code 中启用断点功能。设置方法为：在菜单栏中依次单击“文件”→“首选项”→“设置”，搜索 break，找到并勾选“Allow setting breakpoints in any file.”选项。

（6）在代码中设置断点，并按 F5 键启动运行，代码将在断点处停止执行。接下来可以按照我们的想法单步运行代码或查看变量的值。

2.6　总结与讨论

学习到这，小张算是正式入门 Rust 语言了：学会了安装 IDE 软件，配置 Rust 编译环境，编译源代码并运行可执行文件，使用 Cargo 创建 Rust 项目，以及调试 Rust 代码。接下来，小张准备深入学习 Rust 的语法知识，并结合语法尝试编写几个例程代码。

Tom：“Rust 作为现代语言，与 Python 一样，在包管理和版本管理上有很多进步之处，但也有一个问题，如何防止第三方库污染开发环境？”

大周：“这个问题其实在 C/C++ 中就存在，应该说 Rust/Python 的管理更精准了。借助 Cargo，我们可以：

（1）精确版本指定：在 Cargo.toml 文件中，为每个依赖指定精确的版本号，而不是使用版本范围。这样可以确保每次构建时使用的是相同的库版本。

（2）依赖审计：使用 cargo audit 工具来检查依赖中的已知安全漏洞。

（3）依赖锁定：Rust 的 Cargo.lock 文件锁定了项目依赖的确切版本，确保在不同环境中构建时使用相同的依赖版本。

（4）定期更新依赖：定期运行 cargo update 来更新依赖，并测试项目是否仍然正常工作。

（5）避免不必要的依赖：仔细审查依赖，只包含项目真正需要的库。

（6）使用私有 Crates：如果担心公共 Crates.io 仓库中的库可能会污染环境，可以创建私有 crates 并在组织内部使用。”

Tom:　"也就是说 C/C++/Python/Rust 都一样，需要把第三方库管理起来。"

2.7　练习

1. 在自己的计算机上安装 Visual Studio Code、Rust 和 Cargo。

2. 尝试使用 Cargo 创建项目（即工程，本书统一用"项目"），编写代码，在终端打印如下内容：

```
1.  Hello World!
2.  I'm a Rustacean!
```

第 3 章

编程基础概念

有一些概念几乎所有编程语言都有，它们具有共通性。这些概念具体包括关键字、变量、常量、数据类型、函数、注释和控制流。本章将介绍这些知识，为后续的 Rust 之旅打下坚实的基础。

3.1 关键字

Rust 语言有一组保留的关键字（keywords），和大多数编程语言一样，它们只能被程序语言本身使用。这些关键字不能用作变量或函数的名称。大部分关键字都有特殊的意义，可以帮助我们在 Rust 程序中完成各种任务；有些关键字目前还没有对应的功能，是为将来可能添加的功能保留的。本书附录 A 中列举了 Rust 的关键字。

3.2 变量

在 Rust 中，变量默认是不可改变的（immutable），这是 Rust 提供的众多优势之一。通过不可变变量，Rust 能够在编写代码时提供安全性和简单的并发性。不过，为了满足应用的需求，Rust 也支持可变变量。

当定义一个不可变变量时，一旦值被绑定到一个变量名称上，就不能再改变这个值了。使用 cargo new variables 命令在 project 目录下生成一个名为 variables 的新项目，并使用如下代码替换 main.rs 中的代码：

```
1.  fn main() {
2.      let x = 5;
3.      println!("The value of x is: {x}");
4.      x = 6;        // 这里会报错
5.      println!("The value of x is: {x}");
6.  }
```

尝试使用 cargo run 命令编译此代码，Cargo 会提示编译失败，并报告一条与不可变性有关的出错提示信息：

```
1.  cargo run
2.     Compiling variables v0.1.0 (E:\learning\rust_study\Rust_sample_
code\Rust_sample_code\project\variables)
3.  error[E0384]: cannot assign twice to immutable variable `x`
4.    --> src\main.rs:4:5
5.     |
6.  2 |     let x = 5;
7.     |         -
8.     |         |
9.     |         first assignment to `x`
10.    |         help: consider making this binding mutable: `mut x`
11. 3 |     println!("The value of x is: {x}");
12. 4 |     x = 6;        // 错误发生在这里
13.    |     ^^^^^ cannot assign twice to immutable variable
14.
15. For more information about this error, try `rustc --explain E0384`.
16. error: could not compile `variables` (bin "variables")
due to 1 previous error
```

此报错信息表明 Rust 编译器在编译代码时发现了不符合 Rust 语法的错误。编译错误的原因是对不可变变量 x 赋值了两次。在尝试改变预设为不可变变量的值时，编译就会报错，因为意外地改变变量的值可能会导致 bug。Rust 编译器保证，如果声明一个值不会变，它就真的不会变，所以使用者不必跟踪它的变化。

尽管变量默认不可变，但仍然可以申请可变变量，方法很简单，在变量名前添加 mut 使其可变（mut = mutable）。将 main.rs 的代码修改如下：

```
1.  fn main() {
2.      let mut x = 5;
3.      println!("The value of x is: {x}");
4.      x = 6;  // 这里不再报错
5.      println!("The value of x is: {x}");
6.  }
```

现在运行这个程序，结果如下：

```
1.  cargo run
2.     Compiling variables v0.1.0 (E:\learning\rust_study\
Rust_sample_code\Rust_sample_code\project\variables)
3.     Finished `dev` profile [unoptimized + debuginfo]
target(s) in 0.41s
```

```
4.        Running `target\debug\variables.exe`
5.    The value of x is: 5
6.    The value of x is: 6
```

通过在变量名前添加 mut，允许 x 为可变变量，从而可以在代码运行过程中改变 x 的值。是否让变量可变，最终由程序员决定。在某些特定情况下，使用可变变量会使代码更加清晰明了。

3.3　常量

常量（constants）类似于不可变变量，通常用于存储那些不应改变的数据，如配置参数、数学常数、固定值等。

与不可变变量相比，常量具有以下特点：

（1）不允许对常量使用 mut，常量是不可变的。声明常量使用 const 关键字而不是 let，并且必须明确指定值的类型。

（2）常量可以在任何作用域中声明，包括全局作用域。

（3）常量的值必须是常量表达式，不能是只能在运行时计算出的值。

（4）常量的值必须在编译时已确定，这意味着它不能依赖于任何运行时才确定的值。

下面是一个常量声明的例子：

```
const ONE_HOUR_IN_SECONDS: u32 = 1 * 60 * 60;
```

该常量名为 ONE_HOUR_IN_SECONDS，类型是 u32，它的值被设置为 $1 \times 60 \times 60$，即一小时的秒数。Rust 对常量的命名约定为：所有字母均为大写，单词之间用下画线分隔。在声明常量的作用域中，常量在整个生命周期内都有效，因此常量可以作为全局范围的值。将代码中的硬编码值声明为常量，有助于维护人员更好地理解代码。如果需要修改硬编码的值，只需修改集中声明的常量值即可。

3.4　数据类型

在 Rust 中，每个值都属于某种数据类型。Rust 需要知道数据类型，以便明确数据处理的方式。本节将介绍两类数据类型的子集：标量（scalar）类型和复合（compound）类型。

1. 标量

标量类型表示一个单独的值。Rust 有 4 种基本的标量类型：整型、浮点型、布尔型和字符型。

（1）整型是没有小数部分的数字。常用的整数类型有：

● 代表 8-bit 长度的有符号类型 i8 和无符号类型 u8。
● 代表 16-bit 长度的有符号类型 i16 和无符号类型 u16。
● 代表 32-bit 长度的有符号类型 i32 和无符号类型 u32。
● 代表 64-bit 长度的有符合类型 i64 和无符号类型 u64。
● 代表 128-bit 长度的有符号类型 i128 和无符号类型 u128。
● 具有平台相关长度的有符号类型 isize 和无符号类型 usize。在 64 位架构中，它们是 64 位的；在 32 位架构中，它们是 32 位的。

Rust 中所有整数类型都支持基本的数学运算：加、减、乘、除和取余。

（2）浮点型是具有小数部分的数字。Rust 的浮点数类型是 f64，它表示 64 位的双精度浮点数。

（3）布尔型是只有 true 和 false 两种值的类型，用 bool 表示。主要用于条件判断表达式中。

（4）char 类型是 Rust 语言中最原生的字符类型。Rust 的 char 类型的大小为 4 字节，代表一个 Unicode 值，这意味着它可以表示比 ASCII 编码更多的字符。注意：字符类型的值在声明时需要带单引号。

以下是 4 种标量类型的示例：

```
1.      // 变量可以给出类型说明
2.      let logical: bool = true;        // 布尔类型
3.
4.      let a_float: f64 = 1.0;          // 浮点型常规说明
5.      let an_integer   = 5i32;         // 整型，后缀说明
6.
7.      // 否则会按默认方式决定类型
8.      let default_float   = 3.0;       // `f64`
9.      let default_integer = 7;         // `i32`
10.
11.     // 类型也可根据上下文自动推断
12.     let mut inferred_type = 12;      // 根据下一行的赋值推断为 i64 类型
13.     inferred_type = 4294967296i64;
14.
15.     // 可变的（mutable）变量，其值可以改变
16.     let mut mutable = 12;            // Mutable `i32`
17.     mutable = 21;
18.
19.     // 报错！变量的类型并不能改变
```

```
20.     mutable = true;      // 错误：类型不匹配
21.
22.     // 但可以用遮蔽（shadow）来覆盖前面的变量
23.     let mutable = true;      // 使用遮蔽，类型变为 bool
```

2. 复合类型

复合类型是指将多个值组合成一个类型。在 Rust 中，有两种原生的复合类型：元组（tuple）和数组（array）。

我们使用圆括号包含一组值，值与值之间用逗号分隔，这样的一组数据就是元组。元组中的每一个值都有一个类型，而且这些类型不必相同。元组的长度固定，一旦声明，其长度无法增大或减小。

示例如下：

```
1.     let tup: (i32, f64, u8) = (500, 6.4, 1);
2.
3.     let (x, y, z) = tup;
4.     println!("{}", y);
```

首先将 tup 变量绑定到整个元组上。接着使用 let 和一个模式将 tup 分解成 3 个不同的变量 x，y，z，这一步叫作解构。我们也可以使用点号（.）后跟值的索引来直接访问元组中的元素，示例如下：

```
1.     let x: (i32, f64, u8) = (500, 6.4, 1);
2.
3.     let five_hundred = x.0;
4.
5.     let six_point_four = x.1;
6.
7.     let one = x.2;
```

与其他大多数编程语言一样，元组的索引值从 0 开始。

数组则使用方括号包含一组值，值与值之间用逗号分隔。与元组不同的是，数组中的每个元素类型都必须相同。另外，Rust 的数组长度也是固定的。

示例如下：

```
let a = [1, 2, 3, 4, 5];
```

我们可以在声明数组时显式指定数组元素的数据类型和数组的长度，示例如下：

```
let a: [i32; 5] = [1, 2, 3, 4, 5];
```

其中，i32 表示数组中每个元素的数据类型，分号后面的数字 5 表示该数组包含 5 个元素。

可以使用索引来访问数组的元素，示例如下：

```
1.      let a = [1, 2, 3, 4, 5];
2.
3.      let first = a[0];
4.      let second = a[1];
```

与元组一样，数组的索引值从 0 开始。

3.5　函数

函数在 Rust 代码中的使用非常普遍。我们在"Hello world!"程序中就已经遇到了 main 函数，它是程序的入口点。在 Rust 中，声明函数的关键字是 fn。Rust 的命名规范推荐函数名和变量名使用小写字母，并使用下画线分隔单词。下面是一个函数定义的示例：

```
1.   fn main() {
2.       println!("Hello, world!");
3.
4.       another_function();
5.   }
6.
7.   fn another_function() {
8.       println!("Another function.");
9.   }
```

从上述示例中可以看出函数的声明方式：通过在关键字 fn 后面跟着函数名和一对圆括号来定义函数，花括号告诉编译器函数体的开始与结束。可以使用函数名后跟圆括号来调用已定义的任意函数。因为程序中定义了 another_function 函数，所以可以在 main 函数中调用它。此外，在源码中，函数的声明与使用没有先后之分。Rust 不关心函数定义的位置，只要函数在被调用时处于调用点可见的作用域内即可。

函数在使用过程中，不可避免地要传递参数。参数是特殊变量，是函数定义的一部分。下面修改 another_function 函数，使其能接收一个类型为 i32 的参数：

```
1.   fn main() {
2.       another_function(5);
3.   }
4.
5.   fn another_function(x: i32) {
6.       println!("The value of x is: {x}");
7.   }
```

在 another_function 函数的定义中，添加了一个名为 x 的参数，其类型为 i32。main 函数调用它时，将 5 作为形参传递给 another_function 函数。在函数定义中，每个参数的类型是必不可少的。这是 Rust 设计中的一个慎重的决定：要求在函数定义中提供类型注解。这意味着编译器再也不需要我们通过在代码的其他地方注明类型来指明意图；而且，在知道函数需要什么类型后，编译器就能够给出更有用的报错信息。当定义多个参数时，使用逗号分隔。

既然函数有了参数，那么函数的另一个重要特性就是返回值——函数可以向调用它的代码返回值。在 Rust 中，不会对返回值命名，但需要在箭头（->）后声明它的类型。在 Rust 中，函数的返回值等同于函数体的最后一个表达式的值。使用 return 关键字和指定值，可以使函数提前结束并返回值，但大部分函数隐式地返回最后一个表达式。示例如下：

```
1.  fn five() -> i32 {
2.      5
3.  }
4.
5.  fn main() {
6.      let x = five();
7.
8.      println!("The value of x is: {x}");
9.  }
```

在函数 five 的声明中，添加了箭头（->）并定义了返回值的类型；在函数体内，没有使用任何调用、宏等，只有数字 5，并且没有分号。这在 Rust 中表示函数的返回值是 5，是完全有效的。注意，如果 5 后面加上了分号，则会把它从表达式变成语句，编译会报错。

3.6　注释

一段优秀的程序代码，注释必不可少。注释可以提供代码的解释，帮助维护人员更好地理解代码的意图。在 Rust 语言中，主要有两种注释方式：

第一种是双斜杠的注释，类似于 C/C++语言，以双斜杠开始注释，直到到本行的结尾。对于超过一行的注释，需要在每一行的开始都加上双斜杠。示例如下：

```
1.  // 这是第一行注释
2.  // 这是第二行注释
3.  // 这是第三行注释
```

第二种注释有其特殊作用。准确的代码说明文档能帮助维护人员理解如何使用代码，所以花时间编写文档是非常值得的。Rust 提供了特定的注释类型，称为文档注释，它们会产生 HTML 格式的文档。这些 HTML 文档展示了公有 API 的文档注释内容。文档注释使用三斜杠（///）而不是双斜杠，并支持使用 Markdown 语法来格式化文本。文档注释通常位于需要文档的项目前。下面的示例展示了在一个 my_crate crate 中 add_one 函数的文档注释。

```
1.  /// Adds one to the number given.
```

```
 2.  ///
 3.  /// # Examples
 4.  ///
 5.  /// ```
 6.  /// let arg = 5;
 7.  /// let answer = my_crate::add_one(arg);
 8.  ///
 9.  /// assert_eq!(6, answer);
10.  /// ```
11.  pub fn add_one(x: i32) -> i32 {
12.      x + 1
13.  }
```

在上述文档注释中，首先提供了 add_one 函数的功能描述，接着展示了如何使用 add_one
函数。可以运行 cargo doc 命令来生成这些文档注释的 HTML 文档，该命令会调用 Rust 分发
的工具 rustdoc，将生成的 HTML 文档放入 target/doc 目录。也可以使用 cargo doc --open 命令
构建当前 crate 的 HTML 文档，并在浏览器中打开它。

3.7 控制流

根据条件是否为真（true）来决定是否执行某些代码，或者根据条件是否为真来重复运行
一段代码，这是大部分编程语言的基本组成部分。Rust 代码中常见的用来控制执行流的结构
是 if 表达式和循环。

if 表达式允许根据条件执行不同的代码分支。我们可以提供一个条件，并表示如果条件满
足，就运行这段代码；如果条件不满足，就不运行这段代码。在 projects 目录下新建一个名为
branches 的项目来学习 if 表达式，并在 main.rs 文件中添加如下代码：

```
 1.  fn main() {
 2.      let n = 5;
 3.
 4.      if n < 0 {
 5.          print!("{} is negative", n);
 6.      } else if n > 0 {
 7.          print!("{} is positive", n);
 8.      } else {
 9.          print!("{} is zero", n);
10.      }
11.
12.      let big_n =
13.          if n < 10 && n > -10 {
```

```
14.             println!(", and is a small number, increase ten-fold");
15.
16.             // 这个表达式返回一个 i32 类型的数值
17.             10 * n
18.         } else {
19.             println!(", and is a big number, half the number");
20.
21.             // 这个表达式也必须返回一个 i32 类型的数值
22.             n / 2
23.             // 试着加上一个分号来结束这个表达式
24.         };
25.     //   不要忘记在这里加上一个分号！所有的 let 绑定都需要它
26.
27.     println!("{} -> {}", n, big_n);
28. }
```

所有的 if 表达式都以 if 关键字开头，其后跟一个条件，可选地添加 else if 或 else 代码块。在这个例子中，首先判断变量 n 是负数、正数还是 0，再判断 n 是否在-10~10 范围内，如果是，则打印文本，并把 n 乘以 10；反之则把 n 除以 2。

需要注意的是，if 的判断条件必须是布尔值。如果条件不是布尔值，编译时会报错。尝试运行如下代码：

```
1. fn main() {
2.     let number = 3;
3.
4.     if number {
5.         println!("number was three");
6.     }
7. }
```

编译时抛出以下错误：

```
1. cargo build
2.     Compiling branches v0.1.0 (E:\learning\rust_study\Rust_sample_
code\Rust_sample_code\project\branches)
3. error[E0308]: mismatched types
4.   --> src\main.rs:4:8
5.    |
6. 4 |     if number {
7.    |        ^^^^^^ expected `bool`, found integer
8.
9. For more information about this error, try `rustc --explain E0308`.
10. error: could not compile `branches` (bin "branches")
```

```
due to 1 previous error
```

这个错误表明 Rust 期望一个布尔值，却得到了一个整数。Rust 不会自动地将非布尔值转换为布尔值。必须显式地使用布尔值作为 if 的条件。

多次执行同一段代码在软件开发中是很常用的，Rust 为此提供了多种循环（loops）。一个循环会执行循环体中的代码，直到本轮循环结束后再回到循环体开头继续执行。接下来，可以新建一个名为"loops"的项目，来实验一下循环。

在 main.rs 文件中添加如下代码：

```
1.  fn main() {
2.      loop {
3.          println!("again!");
4.      }
5.  }
```

当运行这个程序时，我们会在终端中看到连续打印的"again!"，直到手动停止程序（按快捷键 Ctrl+C）。

Rust 提供了 break 关键字来告诉程序何时停止循环，提供了 continue 关键字来告诉程序跳过本轮循环或迭代剩余的代码，直接进入下一个轮次的循环或迭代。示例如下：

```
1.  loop {
2.      count += 1;
3.
4.      if count == 3 {
5.          println!("three");
6.
7.          // 跳过本轮次循环或迭代剩下的代码
8.          continue;
9.      }
10.
11.     println!("{}", count)
12.
13.     if count == 5 {
14.         println!("OK, that's enough");
15.
16.         // 退出循环
17.         break;
18.     }
19. }
```

loop 的用途是重试可能会失败的操作，比如检查进程是否完成了任务。然而，有时我们可能需要将操作的结果传递给其他代码。如果在用来停止循环的 break 表达式中加入返回值，它会作为停止循环时的结果值：

```
1.  fn main() {
2.      let mut counter = 0;
3.
4.      let result = loop {
5.          counter += 1;
6.
7.          if counter == 10 {
8.              break counter * 2;
9.          }
10.     };
11.
12.     println!("The result is {result}");
13. }
```

在循环之前，声明了一个名为 counter 的变量，并初始化为 0。接着，声明了一个名为 result 的变量，以存放循环的返回值。在循环的每一次迭代中，将 counter 变量加 1，接着检查计数是否等于 10。当计数等于 10 时，使用 break 关键字返回 counter * 2 的值。循环结束后，给 result 赋值的语句以分号结束。最后，打印出 result 的值，即 20。

Rust 还支持 while 条件循环。该循环在条件为 true 时执行；当条件不为 true 时，则自动退出循环。示例如下：

```
1.  fn main() {
2.      let mut number = 3;
3.
4.      while number != 0 {
5.          println!("{number}!");
6.
7.          number -= 1;
8.      }
9.
10.     println!("LIFTOFF!!!");
11. }
```

Rust 还提供了 for 循环，用来遍历集合中的每个元素。for 循环的示例代码如下：

```
1.  fn main() {
2.      let a = [10, 20, 30, 40, 50];
3.
4.      for element in a {
5.          println!("the value is: {element}");
6.      }
```

```
7.    }
```

上述代码会遍历数组 a 中的所有元素并打印它们。相较于 while 循环，for 循环能自动适配数组的长度。当数组 a 的长度发生变化时，如果使用 while 循环且忘记更新循环次数，可能会导致代码编译错误。而使用 for 循环则没有这个风险，因为它会根据数组的长度自动处理。

3.8 总结与讨论

本章介绍了编程语言的基础概念，以及它们在 Rust 中是的实现方式。这些基础概念是学习 Rust 语言的基础，必须熟练掌握。

大周： "看来 Rust 的基本语法与 C/C++既像又不像。在函数定义、控制流、变量类型以及声明方面类似，但它又从 C/C++上吸取了很多经验，对许多之前不明确的地方进行了更准确的定义，这使得 Rust 在跨平台开发和团队协作方面变得更加简单。"

3.9 练习

1. 给定一个整数数组 vec，使用 Rust 的控制流语句实现以下功能：

（1）遍历数组，如果数组中的元素为偶数，则将其乘以 2，并将结果存储在一个新的向量中。

（2）如果数组中的元素为奇数，则将其加 1，并将结果存储在另一个新的向量中。

（3）最后，分别打印出存储偶数处理结果和奇数处理结果的两个向量。

2. Rust 的基础语法与 C/C++的基础语法大同小异，请举出 Rust 与 C/C++的不同之处，并思考这些差异的原因。例如，思考 chat 类型的长度差异。

第 4 章

所　有　权

所有权是 Rust 最与众不同的特性，也是 Rust 内存安全性的核心基础。因此，理解 Rust 中所有权的工作机制至关重要。

所有程序都必须管理其运行时使用的内存。一些语言采用垃圾回收机制，在运行中自动寻找并回收不再使用的内存；另一些语言则完全由程序员负责内存的分配和释放。Rust 选择了第三种方式：通过所有权系统来管理内存，编译器在编译时根据一系列规则进行检查。如果违反了任何一种规则，程序将无法通过编译。所有权系统的任何功能都不会影响程序的运行效率。因此，一旦 Rust 程序顺利通过编译，就可以认为这个程序基本上不会存在内存泄漏的风险。

4.1　栈与堆

在学习所有权之前，我们需要了解两个软件编程的基础概念——栈（stack）与堆（heap）。

在许多编程语言中，通常不需要频繁考虑栈与堆。然而，在像 Rust 这样的系统编程语言中，值是存储在栈中还是堆中，往往会在很大程度上影响语言的行为，也决定了为何必须做出这样的抉择。本章稍后的部分会介绍所有权与栈和堆的相关内容，以下内容仅作为一个简要的预热介绍。

栈和堆都是代码在运行时可以使用的内存区域，但它们的结构不同。栈按值被压入的顺序存储值，并按相反的顺序取出值，这种方式被称为后进先出（last in，first out）。可以想象有一叠盘子，当增加更多盘子时，后来的盘子会放在盘子堆的最上面（即顶部）；当需要盘子时，从盘子堆的最上面拿走，不能从盘子堆的中间或底部取走盘子。

将数据压入栈被称为进栈（pushing onto the stack），而从栈中取走数据被称为出栈（popping off the stack）。栈中的数据占用已知且固定的大小空间。在编译时对于大小未知或大小可能变化的数据，要改为用堆进行存储。

堆的结构缺乏像栈那样的组织。当向堆中放入数据时，需要申请一定大小的内存空间。内存分配器（memory allocator）会在堆中找到一块足够大的空闲区域，把它标记为已使用，并返回一个指向该位置的指针（pointer）。这个过程被称为在堆上分配内存（allocating on the heap），有时简称为"分配"（allocating）。需要注意的是，将数据压入栈中并不被视为"分配"。因为指向堆中数据的指针是已知且大小固定的，所以可以通过栈中的指针访问堆中的数据。可以类比为餐馆就座的过程：当进入餐馆时，我们告诉服务员有几个人就餐，服务员就会找到一个足够大的空桌并带我们过去；如果有人来迟了，他也可以通过询问服务员找到我们。

进栈比在堆上分配内存要快，因为栈的内存分配器无须为存储新数据而搜索内存空间。栈总是在栈顶进行操作。相比之下，堆内存的分配则需要更多的步骤，分配器首先需要找到一块足够大的内存空间，然后把这个位置记录下来，为下一次分配做准备。

访问堆上的数据比访问栈上的数据慢，因为必须通过指针来访问。现代处理器进行内存操作时跳转越少，效率就越高。继续类比，假设餐厅中有一位服务员在为多桌客人点菜。当服务员为一桌客人点完所有菜后再去下一桌，这是最高效的方式。如果服务员需要在不同桌之间频繁走动帮客人点菜，就会显著降低工作效率。出于同样的原因，当处理器处理的数据彼此较近时（比如栈中的数据），它比处理较远的数据（比如在堆中的数据）要高效得多。

当代码调用一个函数时，传递给函数的值（包括可能指向堆中数据的指针）和函数的局部变量会被压入栈中。当函数结束时，这些值会从栈中移除。

跟踪哪部分代码正在使用堆中的哪些数据，最大限度地减少堆中的重复数据，并清理堆中不再使用的数据以避免因内存泄漏而耗尽内存空间，这些都是所有权系统需要管理的内容。一旦理解了所有权的概念，就不需要频繁地考虑栈和堆的具体细节，因为所有权的主要作用就是管理堆中的数据。

4.2　所有权规则

Rust 的所有权系统是其最核心的特性之一，它在编译时保证了内存安全，而不需要使用垃圾收集器。所有权系统包括以下几个关键规则：

（1）单一所有权（single ownership）：Rust 中的每个值都有一个被称为"所有者"（owner）的变量。在任何给定时刻，要么只有一个变量可以拥有数据，要么数据在此时刻是无效的。当所有者超出作用域时，数据将被自动丢弃。

（2）借用规则（borrowing rules）：Rust 支持两种类型的借用，不可变借用（immutable borrows）和可变借用（mutable borrows）。

- 不可变借用：允许读取数据，可以通过&T 来借用。
- 可变借用：允许改变数据，可以通过&mut T 来借用。

借用规则如下：

- 要么只有一个可变借用，要么有多个不可变借用，但不能同时拥有可变借用和不可变借用。

● 借用的生命周期不能超过所有者的生命周期。

（3）生命周期（lifetimes）：生命周期是 Rust 中的一个概念，用于确保在引用的生命周期内，原数据始终有效。每个引用都有一个生命周期，它是指一个时间段，在这个时间段内，引用始终有效。Rust 编译器会自动检查代码中的生命周期，确保引用总是指向有效的数据。

（4）值借用（value borrowing）：当借用一个值的一部分时，Rust 会阻止对原始值的访问，从而避免数据竞争。

（5）所有权转移（ownership transfer）：当将值传递给函数时，所有权也会随之转移。这意味着原始变量不能再被使用，除非函数返回该值。所有权转移机制确保了在值离开作用域时，Rust 可以自动清理相关资源。

（6）返回值（return values）：当一个函数返回一个引用时，返回的引用必须比调用者的生命周期更长，否则将产生悬挂引用。

（7）Drop 特征（Drop trait）：Drop 特征定义了类型在离开作用域时执行的清理逻辑。当值的所有权结束时，它的 Drop 实现会被自动调用。

这些规则共同工作，确保了 Rust 程序的内存安全，即在没有显式释放内存的情况下，程序也不会出现内存泄漏或悬挂指针等问题。

下面将通过具体的示例详细介绍所有权的规则。

4.3 变量作用域

解释所有权的第一个例子是作用域。作用域指的是一块代码可以访问变量和其他资源的范围，它是通过花括号（{}）来定义的，例如在一个函数体内，或者在一个 if 语句的代码块中。假设有这样一个变量：

```
let s = "hello";
```

变量 s 绑定了一个字符串，它的有效范围从声明处开始，直到当前作用域结束。以下示例中的注释标明了变量 s 在不同位置的有效性。

```
1.  {                       // s 在这里无效，它尚未声明
2.      let s = "hello";    // 从此处起，s 是有效的
3.
4.      // 使用 s
5.  }                       // 此作用域已结束，s 不再有效
```

这里有两个重点：

（1）当 s 进入作用域时，它是有效的。

（2）它一直有效，直到离开作用域为止。

4.4　内存与分配

为了演示所有权的规则，我们现在引入一个比较复杂的数据类型：String 类型，即字符串类型。这里重点讨论 String 与所有权相关的部分。

String 类型管理堆中分配的数据，能够存储在编译时大小未定的文本。可以调用 from 函数基于字符串字面值来创建 String，例如：

```
let s = String::from("hello");
```

这两个冒号（::）是运算符，允许将特定的 from 函数置于 String 类型的命名空间下，而不需要使用类似 string_from 这样的名字。

可以修改此类字符串：

```
1.  let mut s = String::from("hello");
2.
3.  s.push_str(", world!");      // push_str() 在字符串后追加字面值
4.
5.  println!("{}", s);           // 将打印 "hello, world!"
```

就字符串字面值而言，在编译时就已经知道其内容，因此文本会被直接编码进可执行文件中，这使得字符串快速且高效。不过，这些特性仅适用于字符串字面值的不可变性。遗憾的是，我们不能将每一个在编译时大小未定的文本都放入二进制文件中，并且它的大小还可能随着程序运行而发生变化。

对于 String 类型，为了支持一个可变、可增长的文本片段，需要在堆中分配一块内存来存放内容，而这块内存的大小在编译时是未知的。这意味着：

● 必须在运行时向内存分配器（memory allocator）申请内存。

● 需要在处理完 String 后，将内存返回给分配器。

第一部分已经由我们完成：当调用 String::from 时，它的实现（implementation）会申请所需的内存。这在编程语言中是非常常见的。

对于第二部分的实现，在具有垃圾回收（garbage collector，GC）机制的编程语言中，GC 会自动记录并清除不再使用的内存，程序员无须关心。然而，在大多数没有 GC 机制的编程语言中，需要开发者显式释放不再使用的内存。如果忘记释放而系统无法回收内存，就会不断损耗内存（即所谓的内存泄漏）；而如果过早释放和回收，则可能出现无效变量；如果重复回收，则会导致程序错误（bug）。

Rust 采取了不同的策略：当拥有内存的变量离开作用域后，该变量占用的内存就会自动被释放。下面是在作用域中使用 String 的一个示例：

```
1.  {
```

```
2.      let s = String::from("hello"); // 从此处起，s 是有效的
3.
4.      // 使用 s
5.  }                                   // 此作用域已结束
6.                                      // s 不再有效
```

当 s 离开作用域时，Rust 会自动调用一个名为 drop 的特殊函数，在 drop 函数中，编写 String 类型变量的开发者可以放置释放内存的代码。

4.5 变量与数据交互的方式：移动（move）

在 Rust 中，多个变量可以采取不同的方式与同一数据进行交互。以下是一个使用整型示例：

```
1.  let x = 5;
2.  let y = x;
```

这里有两个变量 x 和 y，它们的值都是 5。因为整数类型的值占有已知、固定大小的内存空间，所以这两个 5 都被放入了栈中。

再看看 String 类型的示例：

```
1.  let s1 = String::from("hello");
2.  let s2 = s1;
```

这看起来与上面使用整型的示例代码非常类似，似乎会有两个"hello"字符串被放入栈中，并分别与 s1 和 s2 绑定。不过，事实并非如此。

首先，我们需要了解 String 的底层实现。String 由三部分组成：一个指向存放字符串内容的内存的指针，一个长度和一个容量，如图 4.1 左图所示。这个数据结构存储在栈中。长度表示 String 类型变量 S1 的实际字符串值使用了多少字节的内存，而容量则是 s1 从分配器总共获取了多少字节的内存。长度与容量的区别是很重要的，但在当前上下文中，我们可以忽略容量。图 4.1 右图为堆中存放字符串的内存示意图。

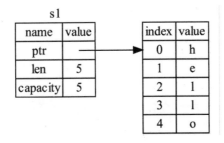

图 4.1　String 类型变量在栈和堆中存储的示意图

当我们将 s1 赋值给 s2 时，String 的数据被复制了，即 s1 在栈中的指针、长度和容量被复制给 s2，但并没有复制指针指向的堆中数据。内存中数据存储的示意图如图 4.2 所示。

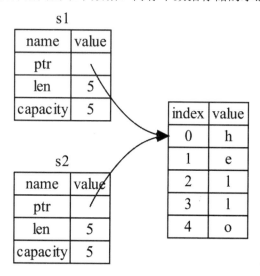

图 4.2   复制字符串变量后内存中数据存储的示意图

之前提到，当变量离开作用域时，Rust 会自动调用 drop 函数清理变量的堆内存。但在这个例子中，s1 和 s2 的数据指针指向同一内存位置，这就产生了一个问题：当 s2 和 s1 离开作用域时，它们都会尝试释放相同的内存。这种情况被称为"二次释放"（double free）错误，它是内存安全漏洞之一。

为了确保内存安全，在 let s2 = s1;之后，Rust 会让 s1 不再有效。因此，Rust 不需要在 s1 离开作用域时清理内存，这个操作被称为移动（move）。通过这种方式，Rust 解决了内存二次释放的问题，因为只有 s2 是有效的，当 s2 离开作用域时，它才会释放内存。

4.6   变量与数据交互的方式：克隆（clone）

如果确实需要深度复制 String 类型堆上的数据，而不仅仅是栈上的数据，可以使用 Rust 提供的通用函数 clone。以下是使用 clone 函数的示例：

```
1.  let s1 = String::from("hello");
2.  let s2 = s1.clone();
3.
4.  println!("s1 = {}, s2 = {}", s1, s2);
5.
```

请注意，调用 clone 函数会消耗资源。

如果数据类型是整型，例如：

```
1.  let x = 5;
2.  let y = x;
3.
4.  println!("x = {}, y = {}", x, y);
```

这段代码看似与前面的内容矛盾：没有调用 clone 函数，x 依然有效，并且没有被移动到 y 中。之所以会这样，是因为像整型这样的在编译时具有已知存储空间大小的数据类型，会被整个存储在栈中，复制其实际值非常快速，因此在创建 y 后，Rust 并不会使 x 无效。

4.7　所有权与函数

将值作为形参传递给函数时，可能会发生移动或克隆（即复制），就像赋值语句一样。以下示例程序 ownership 展示了变量何时进入和离开作用域：

```
1.  fn main() {
2.      let s = String::from("hello");  // s 进入作用域
3.
4.      takes_ownership(s);             // s 的值移动到函数里
5.                                      // 所以到这里不再有效
6.
7.      let x = 5;                      // x 进入作用域
8.
9.      makes_copy(x);                  // x 应该移动到函数里
10.                                     // 但 i32 是复制的
11.                                     // 所以在后面可继续使用 x
12.
13. } // 这里，x 先被移出作用域，然后是 s
14.   // 但因为 s 的值已被移走，所以对 s 没有特殊操作
15.
16. fn takes_ownership(some_string: String) { // some_string 进入作用域
17.     println!("{}", some_string);
18. } // 这里，some_string 被移出作用域并调用 drop 函数
19.   // 占用的内存被释放
20.
21. fn makes_copy(some_integer: i32) { // some_integer 进入作用域
22.     println!("{}", some_integer);
23. } // 这里，some_integer 被移出作用域。没有特殊之处
```

在调用 takes_ownership 后，如果尝试再次使用 s，Rust 会在编译时报错。这些静态检查使我们免于犯错。

4.8   引用与借用

在之前的示例代码中，一旦变量作为形参传递到函数中，待函数执行完之后，就无法使用此变量，因为它的所有权被转移给函数了。但是，如果我们希望在函数执行完毕后仍使用此变量，该如何操作呢？这时可以使用引用（reference）的概念。引用类似于指针，因为它是一个地址，我们可以访问存储在该地址上的属于其他变量的数据。

下面是一个定义并使用 calculate_len 函数的示例，它以 String 的引用作为参数而不获取值的所有权。

```
1.   fn main() {
2.       let s1 = String::from("hello");
3.
4.       let len = calculate_len(&s1);
5.
6.       println!("The length of '{}' is {}.", s1, len);
7.   }
8.
9.   fn calculate_len(s: &String) -> usize {  // s 是 String 的引用
10.      s.len()
11.  } // 这里，s 离开了作用域
12.      // 但因为它并不拥有引用值的所有权，所以什么也不会发生
```

在函数定义中，形参由 String 改为&String。"&"符号表示引用，它允许函数使用该值而不获取其所有权。变量 s 的作用域与函数参数的作用域一样，不过当 s 停止使用时，并不丢弃引用指向的数据，因为 s 并没有所有权。在 Rust 中，这种创建引用的行为被称为借用（borrowing）。既然是借用，我们便无权修改其值。当然，在实际工作中，通常会有修改参数并返回结果的需求，因此 Rust 在引用的基础上提供了可变引用以支持此类情况。

4.9   可变引用

我们先尝试在函数中修改借用的形参，看看会发生什么。在 projects 目录下，创建项目 reference，并在 main.rs 中添加如下代码：

```
1.   fn main() {
2.       let mut s = String::from("hello");
3.
4.       change(&mut s);
5.   }
6.
7.   fn change(some_string: &String) {
```

```
8.     some_string.push_str(", world");
9.   }
```

代码很简单，在主函数中声明了可变字符串 s；定义了一个函数 change，它的形参是 String 的引用。函数的作用是在形参字符串的结尾添加一些内容。

使用 cargo build 命令编译此代码，会报错：

```
1.   cargo build
2.      Compiling reference v0.1.0 (E:\learning\rust_study\Rust_sample_
code\Rust_sample_code\project\reference)
3.   error[E0596]: cannot borrow `*some_string` as mutable,
as it is behind a `&` reference
4.     --> src\main.rs:8:5
5.     |
6.   8 |     some_string.push_str(", world");
7.     |     ^^^^^^^^^^^ `some_string` is a `&` reference,
so the data it refers to cannot be borrowed as mutable
8.     |
9.   help: consider changing this to be a mutable reference
10.    |
11.  7 | fn change(some_string: &mut String) {
12.    |                        +++
13.
14.  For more information about this error, try `rustc --explain E0596`.
15.  error: could not compile `reference` (bin "reference")
due to 1 previous error
```

报错信息提示无法修改一个不可变引用，这说明默认的引用是不可变的。Rust 允许我们修改一个借用的值，这种借用被称为可变引用。因此，只需在上述代码中修改 change 函数的声明即可。

```
1.   fn change(some_string: &mut String) {
2.     some_string.push_str(", world");
3.   }
```

把 change 函数的形参 some_string 修改为可变引用 some_string: &mut String。

可变引用有一个重要的限制：如果一个变量有一个可变引用，就不能再创建对该变量的其他引用。示例如下：

```
1.   fn main() {
2.     let mut s = String::from("hello");
3.
4.     let r1 = &mut s;
```

```
5.      let r2 = &mut s;
6.
7.      println!("{}, {}", r1, r2);
8.   }
```

编译上述代码，会报错：

```
1.   cargo build
2.       Compiling reference v0.1.0 (E:\learning\rust_study\
Rust_sample_code\Rust_sample_code\project\reference)
3.   error[E0499]: cannot borrow `s` as mutable more than once at a time
4.     --> src\main.rs:15:14
5.      |
6.   14 |      let r1 = &mut s;
7.      |               ------ first mutable borrow occurs here
8.   15 |      let r2 = &mut s;
9.      |               ^^^^^^ second mutable borrow occurs here
10.  16 |
11.  17 |      println!("{}, {}", r1, r2);
12.     |                         -- first borrow later used here
13.
14.  For more information about this error, try `rustc --explain E0499`.
15.  error: could not compile `reference` (bin "reference")
due to 1 previous error
```

上述报错表明这段代码是无效的，因为不能在同一时间多次将 s 作为可变变量借用。第一个可变的借用在 r1 中，并且一直持续到 println!中使用它的地方。但是，在这个可变引用的创建和使用之间，我们又尝试在 r2 中创建另一个可变引用，该引用借用了与 r1 相同的数据。

这一限制以一种非常小心谨慎的方式允许可变性，防止同一时间对同一数据存在多个可变引用。这个限制的好处是，Rust 可以在编译时避免数据竞争（data race）。数据竞争类似于竞态条件，可由以下 3 种行为引发：

● 两个或多个指针同时访问同一数据。
● 至少有一个指针用于写入数据。
● 没有同步数据访问的机制。

数据竞争会导致未定义行为，并且在运行时难以追踪、诊断和修复。Rust 避免了这种情况的发生，因为它在编译期间就会进行判断——如果存在竞争，代码将无法通过编译。

Rust 在同时使用可变引用和不可变引用时，也采用了类似的规则，示例代码如下：

```
1.   fn main() {
2.      let mut s = String::from("hello");
```

```
3.
4.      let r1 = &s;        // 没问题
5.      let r2 = &s;        // 没问题
6.      let r3 = &mut s;    // 大问题
7.
8.      println!("{}, {}, and {}", r1, r2, r3);
9.  }
```

编译上面的代码，报错信息如下：

```
1.  cargo build
2.      Compiling reference v0.1.0 (E:\learning\rust_study\Rust_sample_
code\Rust_sample_code\project\reference)
3.  error[E0502]: cannot borrow `s` as mutable because it is
also borrowed as immutable
4.     --> src\main.rs:25:14
5.      |
6.  23 |     let r1 = &s;        // 没问题
7.      |               -- immutable borrow occurs here
8.  24 |     let r2 = &s;        // 没问题
9.  25 |     let r3 = &mut s;    // 大问题
10.     |              ^^^^^^ mutable borrow occurs here
11. 26 |
12. 27 |     println!("{}, {}, and {}", r1, r2, r3);
13.     |                               -- immutable borrow later
used here
14.
15. For more information about this error, try `rustc --explain E0502`.
16. error: could not compile `reference` (bin "reference")
due to 1 previous error
```

在 Rust 中，不能在拥有不可变引用的同时创建可变引用，但多个不可变引用可以同时存在。

4.10　悬垂引用

悬垂引用是指引用所指向的实际内存中的内容被释放掉了，但引用本身依旧保留着。在 Rust 中，编译器会确保引用永远不会变成悬垂状态——它会确保数据一直保留到其引用离开作用域为止。

我们来尝试创建一个悬垂引用。Rust 会通过编译时报错来防止悬垂引用的出现。创建悬垂引用的代码如下：

```
1.  fn main() {
2.      let reference_to_nothing = dangle();
3.  }
4.
5.  fn dangle() -> &String {
6.      let s = String::from("hello");
7.
8.      &s
9.  }
```

在 dangle 函数中，变量 s 被声明并作为返回值返回。但是，变量 s 是 dangle 函数的临时变量，当 dangle 函数运行结束时，s 占用的内存空间会被释放。因此，dangle 函数返回的&s 会变成无效的悬垂引用。

编译此代码时，会看到如下报错信息：

```
1.  cargo build
2.      Compiling reference v0.1.0 (E:\learning\rust_study\Rust_sample_
code\Rust_sample_code\project\reference)
3.  error[E0106]: missing lifetime specifier
4.    --> src\main.rs:34:16
5.    |
6.  34 | fn dangle() -> &String {
7.    |                ^ expected named lifetime parameter
8.    |
9.    = help: this function's return type contains a borrowed value,
but there is no value for it to be borrowed from
10. help: consider using the `'static` lifetime, but this is uncommon
unless you're returning a borrowed value from a `const` or a `static`
11.   |
12. 34 | fn dangle() -> &'static String {
13.   |                 +++++++
14. help: instead, you are more likely to want to return an owned value
15.   |
16. 34 - fn dangle() -> &String {
17. 34 + fn dangle() -> String {
18.   |
19.
20. warning: unused variable: `reference_to_nothing`
21.   --> src\main.rs:31:9
22.   |
23. 31 |     let reference_to_nothing = dangle();
24.   |         ^^^^^^^^^^^^^^^^^^^^^^ help: if this is intentional,
```

```
prefix it with an underscore: `_reference_to_nothing`
    25.    |
    26.    = note: `#[warn(unused_variables)]` on by default
    27.
    28. error[E0515]: cannot return reference to local variable `s`
    29.    --> src\main.rs:37:5
    30.    |
    31. 37 |     &s
    32.    |     ^^ returns a reference to data owned by the current function
    33.
    34. Some errors have detailed explanations: E0106, E0515.
    35. For more information about an error, try `rustc --explain E0106`.
    36. warning: `reference` (bin "reference") generated 1 warning
    37. error: could not compile `reference` (bin "reference")
due to 2 previous errors; 1 warning emitted
```

上面的报错信息明确指出了这段代码的问题所在：

```
this function's return type contains a borrowed value, but there is no va
lue for it to be borrowed from
```

它的意思是：此函数的返回类型包含一个借用的值，但没有为其提供有效的借用来源。

Rust 编译器可以检查出函数的形参、返回值是否为无效引用，从而在编译阶段确保代码的安全性。

根据之前对引用的讨论，可以总结出引用的规则：

● 同一时刻，要么只有一个可变引用，要么可以有多个不可变引用。

● 引用必须始终有效。

4.11　总结与讨论

所有权是 Rust 相较于其他编程语言最大的特性区别，它使得 Rust 能在编译阶段检查出许多潜在的 bug，从而保证了程序运行时的安全性。所有权机制配合借用和引用等特性，在确保安全性的同时提升了编程的灵活性。本章详细介绍了所有权与引用的相关内容，帮助读者深入理解 Rust 语言。

大周：“所有权是 Rust 语言中最与众不同的概念。相较于 C/C++ 中常用的全局变量，所有权机制的生命周期约束让开发者在编写代码时需要时刻注意：

● 这个变量当前是否有效？

● 调用函数时，变量作为形参是否需要转移所有权？

● 调用函数时，变量作为引用形参是否需要设置为可变？

再加上 Rust 编译器严格的语法检查，大大确保了代码的安全性！"。

4.12 练习

1. 分析 Rust 中的引用与 C++中的引用的区别。
2. 什么是悬垂引用？它与指针有什么区别？在 Rust 中该如何避免悬垂引用？

第 5 章

结 构 体

结构体（struct 或 structure）是一种自定义数据类型，允许包装和命名多个相关的值，从而形成一个有意义的数据组合。在 Rust 中定义结构体，首先需要使用 struct 关键字，并为整个结构体指定一个名称，该名称应能描述结构体所包含数据的含义。接下来，在花括号内定义每一部分数据的名称和类型，我们称之为字段（field）。以下示例展示了一个学生信息的结构体：

```
1.  struct Student {
2.      name: String,              //姓名
3.      age: u8,                   //年龄
4.      student_ID: u64,           //学号
5.      gender: bool,              //性别
6.  }
```

5.1 结构体实例

定义结构体后,可以通过为每个字段指定具体值来创建该结构体的实例。创建一个实例时,以结构体的名称开头,接着在花括号内以 key:value（键-值对）的形式提供字段,其中 key 是字段的名称,value 是需要存储在字段中的数据值。以下示例声明了一个学生 A:

```
1.  let A = Student {
2.      name: String::from("somename"),
3.      age: 18,
4.      student_ID: 123456789,
5.      gender: true,
6.  };
```

为了从结构体中获取某个特定的值，可以使用点号。例如，获取学生 A 的年龄，可以使用 A.age。这是最常用的结构体实例创建方法，下面介绍另外两种创建结构体实例的方法。

1. 使用元组结构体来创建不同的类型

可以定义与类似元组的结构体，它们被称为元组结构体（tuple structs）。元组结构体具备结构体名称所赋予的含义，但没有具体的字段名，只有字段的类型。当为元组取一个名称时，并希望该元组与其他元组类型区分开时，使用元组结构体会更加简洁。

定义元组结构体时，以 struct 关键字和结构体名称开头，后跟元组中的字段类型。例如：

```
1.  struct Color(i32, i32, i32);
2.  struct Point(i32, i32, i32);
3.
4.  fn main() {
5.      let black = Color(0, 0, 0);
6.      let origin = Point(0, 0, 0);
7.  }
```

2. 没有任何字段的类单元结构体

可以定义一个不包含任何字段的结构体，这种结构体被称为类单元结构体（unit-like structs）。因为它们类似于"()"类型，即 unit 类型。类单元结构体通常用于在不需要存储数据的情况下实现特定的 trait。例如：

```
1.  struct AlwaysEqual;
2.
3.  fn main() {
4.      let subject = AlwaysEqual;
5.  }
```

5.2 使用结构体

为了理解如何使用结构体，下面编写一个计算长方形面积的程序。在 projects 目录下创建一个名为 rectangles 的项目。

首先，设计结构体的组成。计算长方形面积需要用到长和宽，因此在结构体中定义两个字段：长和宽，类型均为 u32。

接下来，实现一个计算面积的函数 area。该函数接收一个长方形结构体实例的引用作为参数。由于不需要将结构体的所有权转移给 area 函数，因此形参使用不可变引用类型。函数的返回值为面积的计算结果。具体代码如下：

```
1.  struct Rectangle {
2.      width: u32,
3.      height: u32,
4.  }
```

```
5.
6.  fn main() {
7.      let rect1 = Rectangle {
8.          width: 30,
9.          height: 50,
10.     };
11.
12.     println!(
13.         "The area of the rectangle is {} square pixels.",
14.         area(&rect1)
15.     );
16. }
17.
18. fn area(rectangle: &Rectangle) -> u32 {
19.     rectangle.width * rectangle.height
20. }
```

在上述代码中，首先定义了结构体 Rectangle，该结构体包含成员变量 width 和 height，这两个成员变量的类型均为 u32。接着，在 main 函数中创建了一个 Rectangle 实例 rect1，并将 width赋值为 30，height 赋值为 50。函数 area 如设计的那样，接收 Rectangle 结构体类型的不可变引用作为形参，并返回计算结果。

5.3 结构体方法

在第 5.2 节的例子中，area 函数只用于计算长方形的面积，它与 Rectangle 结构体紧密关联。因此，在 Rust 中可以将 area 函数转换为 Rectangle 结构体的专属方法。

方法是依附于对象的函数。方法与函数类似，使用 fn 关键字和名称声明，可以拥有参数和返回值，并包含函数体。当调用方法时，会执行函数体中的代码。然而，方法与函数不同，方法是在结构体的上下文中定义的，并且第一个参数总是 self，代表调用该方法的结构体实例。

修改第 5.2 节中的示例代码，将 area 函数修改为 Rectangle 结构体的方法，代码如下：

```
1.  struct Rectangle {
2.      width: u32,
3.      height: u32,
4.  }
5.
6.  impl Rectangle {
7.      fn area(&self) -> u32 {
8.          self.width * self.height
9.      }
```

```
10. }
11. fn main() {
12.     let rect1 = Rectangle {
13.         width: 30,
14.         height: 50,
15.     };
16.
17.     println!(
18.         "The area of the rectangle is {} square pixels.",
19.         rect1.area()
20.     );
21. }
22.
23. fn area(rectangle: &Rectangle) -> u32 {
24.     rectangle.width * rectangle.height
25. }
```

为了使函数定义在 Rectangle 的上下文中，添加了一个 impl 块（impl 是 implementation 的缩写），其中的所有内容都将与 Rectangle 类型相关联。接着，将 area 函数复制到 impl 的花括号中，并将签名中的第一个参数（这里是唯一的参数）以及函数体中的相应参数替换为 self。然后，在 main 函数中，将之前调用 area 函数并传递 rect1 作为参数的部分，改为使用方法语法（method syntax）调用 react1.area 方法：在实例后面加上一个点号，后跟方法名、圆括号以及所需的参数。

在 area 方法的声明中，使用&self 替代 rectangle: &Rectangle。&self 实际上是 self: &Self 的缩写。在 impl 块中，Self 类型是 impl 块所定义类型的别名。方法的第一个参数必须是 Self 类型的实例 self，因此 Rust 允许我们简化程序的书写，仅使用 self 表示第一个参数。注意，我们仍需要在 self 前面加上&来表示该方法是不可变地借用 Self 实例，类似于 rectangle: &Rectangle 中的&。方法可以选择获得 self 的所有权，可以可变地借用 self，或像这里一样不可变地借用 self，这与其他参数的处理方式相同。

选择&self 的原因与在函数版本中使用&Rectangle 一样：我们并不想获取所有权，只希望读取结构体中的数据而不进行写入。如果希望在方法中改变调用方法的实例，需要将第一个参数改为&mut self。直接使用 self 作为第一个参数以获取实例所有权的情况较为少见，这种技术通常用于将 self 转换为其他实例，防止调用者在转换之后继续使用原始实例。

使用方法替代函数，除了可以使用方法语法并避免在每个函数签名中重复写 self 的类型之外，其主要好处在于组织性。我们将类型实例可以执行的所有操作集中放入 impl 块中，方便后续用户查找 Rectangle 的相关功能，而无须在库中各处寻找。

5.4 关联函数

在 impl 块中定义的所有函数被称为关联函数（associated functions），因为它们与 impl 后面命名的类型相关。我们可以定义不以 self 为第一参数的关联函数（因此它们不是方法），因为它们不作用于一个结构体的具体实例。我们已经使用过这样的函数：在 String 类型上定义的 String::from 函数。

不是方法的关联函数经常用于返回结构体新实例的构造函数。此类函数的名称通常为 new，返回一个结构体类型的实例。例如，可以定义一个名为 square 的关联函数，它接收一个结构体参数，并给它的字段赋值（对应长方形的宽和高）：

```
1.   impl Rectangle {
2.      fn square(size: u32) -> Self {
3.         Self {
4.            width: size,
5.            height: size,
6.         }
7.      }
8.   }
```

这里，关键字 self 在返回类型的位置上，用于代指 impl 关键字后的类型，即 Rectangle。可以使用结构体名和 "::" 语法来调用这个关联函数：

```
let sq = Rectangle::square(10);
```

5.5 总结与讨论

本章详细说明了 Rust 语言中使用结构体的方法。与 C/C++差异较大的是，Rust 的结构体可以添加方法与关联函数，这使得函数与数据更加紧密地结合在一起。通过这种方式，不仅能够定义数据结构，还可以在其上下文中实现相关的操作，从而提高代码的可读性和组织性。

小张："Rust 只有结构体，如何进行面向对象的开发？"

大周："Rust 本身并不支持传统意义上的类和面向对象编程，因为它是一种系统编程语言，更注重性能和内存安全。然而，Rust 提供了 trait（特性）、struct（结构体）和 impl（实现）等机制，可以通过这些机制模拟面向对象编程的一些核心概念。后面我们会进一步展开学习"。

5.6　练习

编写一个表示班级及学生信息的结构体,并使用结构体方法实现班级及其学生信息的新增、修改、删除功能。

第 6 章

枚　　举

枚举（enums）允许我们通过列举所有可能的成员（variants，或称为变体）来定义一个类型。

使用枚举来处理人的性别是一个经典的应用案例，因为性别的取值是有限且明确的，通常只有男或女两种，因此可以清晰枚举出所有可能的取值。

```
1.  enum Gender{
2.      male,
3.      female,
4.  }
```

现在，Gender 就是一个可以在代码中使用的自定义数据类型。可以创建 Gender 的两个成员的实例：

```
1.  let John_g = Gender::male;
2.  let Alice_g = Gender::female;
```

<table>
<tr><td>注　　意</td></tr>
<tr><td>枚举的成员位于其标识符的命名空间中，并使用两个冒号隔开。</td></tr>
</table>

6.1　枚举值

Rust 的枚举还有更多用法。我们可以将数据直接放进每一个枚举成员中，例如：

```
1.  enum Gender{
2.      male(u32),
3.      female(u32),
4.  }
5.
6.  let John_g = Gender::male(10);
7.  let Alice_g = Gender::female(12);
```

在上述代码中，我们将一个 u32 类型的数据添加到枚举的每个成员上，用以表示年龄。这样，每一个定义的枚举成员的名字就变成了构造枚举实例的函数。

枚举的另一个用法是：每一个成员可以处理不同类型和数量的数据。例如，可以在男性枚举成员中增加身高和体重。

```
1.  enum Gender{
2.      male{age: u32, height: u32, weight: u32},
3.      female(u32),
4.  }
5.
6.  let John_g = Gender::male{age:18, height:178, weight: 60};
7.  let Alice_g = Gender::female(12);
```

上述代码展示了可以将任意类型和不同数据的数据放入枚举成员中。这种用法可以省略一个额外的结构体，从而大大提高了枚举的灵活性。

枚举和结构体有一个相似点：可以使用 impl 在枚举上定义方法。下面是定义以及使用枚举方法的实例代码：

```
1.  impl Gender {
2.      fn show(&self) {
3.          // 在这里定义方法体
4.      }
5.  }
6.
7.  let John_g = Gender::male{age:18, height:178, weight: 60};
8.  John_g.show();
```

这个例子中，在枚举 Gender 上定义了方法 show，并且实例 John_g 就是传递给 show 方法中的 self 的值。

6.2　Option 枚举

Option 枚举是 Rust 标准库中非常重要且使用广泛的类型，它用于表示一个值可能存在也可能不存在的情况。例如，请求一个非空列表的第一项会得到一个值；而请求一个空列表则什么也得不到。

枚举 Option<T>在标准库中的定义如下：

```
1.  enum Option<T> {
2.      None,
3.      Some(T),
4.  }
```

它包含了空值和非空值。因为 Option<T>枚举是 Rust 标准库的一部分，所以可以直接在代码中使用，而不需要将其显式引入作用域。它的成员也是如此，不需要"Option::"前缀就可以直接使用 Some 和 None。

<T>语法指的是泛型类型参数，类似于 C++语言中的泛型。我们只需知道<T>意味着 Some 成员可以包含任意类型的数据。每个用于 T 位置的具体类型使得 Option<T>整体作为不同的类型。以下是一些包含数字类型和字符串类型 Option 值的例子：

```
1.  let some_number = Some(5);
2.  let some_char = Some('e');
3.
4.  let absent_number: Option<i32> = None;
```

some_number 的类型是 Option<i32>，some_char 的类型是 Option<char>，它们是两个不同的类型。因为我们在 Some 成员中指定了值，Rust 可以推断其类型。对于 absent_number，Rust 需要我们指定 Option 整体的类型，因为编译器无法仅通过 None 值推断出 Some 成员保存的值的类型。在这里，我们告诉 Rust 希望 absent_number 是 Option<i32>类型。

当有一个 Some 值时，我们就知道存在一个值，并且这个值保存在 Some 中。当有一个 None 值时，在某种意义上，它跟空值具有相同的含义：没有一个有效的值。那么，Option<T>为什么比空值好呢？

简单来说，因为 Option<T>和 T（T 可以是任何类型）是不同的类型，编译器不允许像使用一个肯定有效的值那样使用 Option<T>。例如，下面的代码不能编译，因为它尝试将 Option<i8>与 i8 相加：

```
1.    let x: i8 = 5;
2.    let y: Option<i8> = Some(5);
3.
4.    let sum = x + y;
```

运行上述代码将得到如下类似的报错信息：

```
1.  $ cargo run
2.    Compiling enums v0.1.0 (file:///projects/enums)
3.  error[E0277]: cannot add `Option<i8>` to `i8`
4.   --> src/main.rs:5:17
5.    |
6.  5 |    let sum = x + y;
7.    |                  ^ no implementation for `i8 + Option<i8>`
8.    |
9.    = help: the trait `Add<Option<i8>>` is not implemented for `i8`
10.   = help: the following other types implement trait `Add<Rhs>`:
11.           <&'a f32 as Add<f32>>
```

```
12.          <&'a f64 as Add<f64>>
13.          <&'a i128 as Add<i128>>
14.          <&'a i16 as Add<i16>>
15.          <&'a i32 as Add<i32>>
16.          <&'a i64 as Add<i64>>
17.          <&'a i8 as Add<i8>>
18.          <&'a isize as Add<isize>>
19.        and 48 others
20.
21. For more information about this error, try `rustc --explain E0277`.
22. error: could not compile `enums` due to previous error
```

这个错误意味着 Rust 不知道如何将 Option<i8>和 i8 相加,因为它们的类型不同。当在 Rust 中拥有一个像 i8 这样确定类型的值时,编译器确保它总是一个有效的值,我们可以自信使用,而无须做空值检查。只有在使用 Option<i8>时,需要考虑它可能是空值,而编译器会确保在使用值之前处理了值为空的情况。换句话说,在对 Option<T>进行运算之前,必须将其转换为 T。通常,这能帮助我们捕获到空值常见的问题之一:假设某值不为空,但实际上为空的情况。

为了拥有一个可能为空的值,首先必须显式地将其放入对应类型的 Option<T>中。然后,在使用这个值时,必须明确地处理值为空的情况。只要一个值不是 Option<T>类型,就可以安全地认定它的值不为空。这是 Rust 的一个经过深思熟虑的设计决策,用来限制空值的泛滥以增加 Rust 代码的安全性。

总的来说,使用 Option<T>时,需要编写处理每个成员的代码,包括空值。match 表达式用来处理枚举的控制流结构:它会根据枚举的成员运行不同的代码,使用匹配到的值中的数据。

6.3　match 控制流

Rust 有一个名为 match 的控制流运算符。它允许我们将一个值与一系列模式进行比较,并根据匹配的模式执行相应的代码。模式可以是字面值、变量、通配符以及其他多种内容构成。下面我们再编写一个使用 match 的示例程序。在 projects 目录下创建项目 match_test,并添加如下代码:

```
1.  enum PublicTraffic {
2.      Subway,
3.      Bus,
4.      Taxi,
5.      Bike,
6.  }
7.
8.  fn ticket_public_traffic(par: PublicTraffic) -> String {
```

```
9.     match par {         // 使用 match 语句匹配输入参数 par
10.        PublicTraffic::Subway => "subway".to_string()
11.        PublicTraffic::Bus => "bus".to_string(),
12.        PublicTraffic::Taxi => "taxi".to_string(),
13.        PublicTraffic::Bike => "bike".to_string(),
14.     }
15. }
16.
17. fn main() {
18.     // println!("Hello, world!");
19.     // 创建一个 PublicTraffic 类型的变量 a，值为 Subway（地铁）
20.     let a = PublicTraffic::Subway;
21.     println!("take {}",ticket_public_traffic(a));
22. }
```

在函数 ticket_public_traffic 中，我们可以看见 match 的用法：match 关键字后跟一个表达式，后接用花括号括起来的分支部分。每个分支由两部分组成：一个模式和一些代码。模式与代码之间用 "=>" 分隔。当 match 表达式执行时，它将结果按顺序与每个分支的模式相比较，如果模式匹配了这个值，那么与该模式相关的代码就会被执行；如果不匹配，则执行下一个分支。每个分支之间用逗号隔开。

如果分支代码较短，通常不使用大括号，例如在上面的例子中，每个分支都只返回一个字符串。如果想要在分支中执行多行代码，则需要使用花括号，此时分支后的逗号是可选项。示例如下：

```
1.  enum PublicTraffic {
2.      Subway,
3.      Bus,
4.      Taxi,
5.      Bike,
6.  }
7.
8.  fn ticket_public_traffic(par: PublicTraffic) -> String {
9.     match par {         // 使用 match 语句匹配输入参数 par 的值
10.        // 如果匹配到 PublicTraffic::Subway（地铁）
            PublicTraffic::Subway =>
11.        {
12.            println!("Line One");   // 打印"Line One"
13.            "subway".to_string()     // 返回字符串"subway"
14.        }
15.        PublicTraffic::Bus => "bus".to_string(),
16.        PublicTraffic::Taxi => "taxi".to_string(),
```

```
17.          PublicTraffic::Bike => "bike".to_string(),
18.     }
19. }
20.
21. fn main() {
22.     // println!("Hello, world!");
23.     let a = PublicTraffic::Subway;
24.     println!("take {}",ticket_public_traffic(a));
25. }
```

6.4　绑定值的模式

匹配分支的另一个有用功能是可以绑定匹配模式的部分值。这使得我们能够从枚举成员中提取值。我们可以修改上一节的代码，添加不同交通方式的单价：

```
1.  enum PublicTraffic {
2.      Subway(u8),
3.      Bus(u8),
4.      Taxi(u8),
5.      Bike(u8),
6.  }
7.
8.  fn ticket_public_traffic(par: PublicTraffic) -> String {
9.      match par {
10.         PublicTraffic::Subway(x) => format!("subway, price is {}", x),
11.         PublicTraffic::Bus(x) => format!("bus, price is {}", x),
12.         PublicTraffic::Taxi(x) => format!("taxi, price is {}", x),
13.         PublicTraffic::Bike(x) => format!("bike, price is {}", x),
14.     }
15. }
16.
17. fn main() {
18.     // println!("Hello, world!");
19.     let a = PublicTraffic::Subway(5);
20.     println!("take {}",ticket_public_traffic(a));
21. }
```

在上述代码中，我们在枚举的成员变量中添加了数据类型 u8，用于表示交通方式的单价。在匹配分支模式中，我们增加了 x 变量。当 PublicTraffic::Subway 匹配成功时，变量 x 将绑定到值 5。

6.5 匹配 Option<T>

在之前的部分，我们使用 Option<T>是为了从 Some 中提取其内部的 T 值。我们还可以像处理 PublicTraffic 那样，使用 match 来处理 Option<T>。例如，编写一个函数用于获取一个 Option<i32>，如果其中含有一个值，则将其值加 1；如果其中没有值，则函数返回 None 值，并且不执行任何操作。得益于 match，编写这个函数非常简单，代码如下：

```
1.  fn plus_one(x: Option<i32>) -> Option<i32> {
2.     match x {
3.         None => None,              // 如果 x 是 None，返回 None
4.         Some(i) => Some(i + 1),    // 如果 x 是 Some(i)，返回 i 加 1 的值
5.     }
6.  }
7.
8.  let five = Some(5);            // 创建一个 Option 类型的变量 five，其值为 Some(5)
9.  let six = plus_one(five);
10. let none = plus_one(None);
```

首先查看 plus_one 的第一个调用。当调用 plus_one(five)时，plus_one 函数体中的 x 的值将会是 Some(5)，它将与每个分支进行比较：Some(5)不匹配模式 None，所以继续比较下一个分支 Some(i) => Some(i+1)，此时匹配成功，i 绑定到 Some 中包含的值，因此 i 的值是 5。接着执行分支代码，i 的值加 1，并返回一个新的 Some。

再看 plus_one 的第二个调用，这里 x 的值是 None，进入 match 的第一个分支 None => None，匹配成功，函数返回 None 值。

6.6 匹配的一些知识点

关于 match 控制流，还有一些需要记住的知识点：

（1）分支必须覆盖所有的可能性。Rust 中的模式匹配是穷尽的（exhaustive）：必须穷举到所有可能性才能使代码有效，这意味着在使用 match 语句时，必须处理所有可能的情况。特别是在这个 Option<T>的例子中，Rust 防止我们忘记明确处理 None 的情况，这样可以避免假设拥有一个实际上为空的值，从而使之前提到的严重错误不可能发生。Rust 的这种设计使得在编译时能够捕获潜在的错误，从而增强了程序的安全性和可靠性。例如，在使用 Option<T>时，如果忘记处理 None 的情况，编译器会报错，提醒必须考虑所有可能的分支。

（2）通配模式和占位符。当我们希望针对特定值采取特殊操作，而对其他值采取默认操作时，可以使用 other 关键字作为模式处理。示例如下：

```
1.      let dice_roll = 9;
```

```
2.      match dice_roll {
3.          3 => add_fancy_hat(),        // 如果掷骰子的结果为 3，则添加华丽的帽子
4.          7 => remove_fancy_hat(),     // 如果掷骰子的结果为 7，则移除华丽的帽子
5.          other => move_player(other),   // 对于其他结果，移动玩家
6.      }
7.
8.      fn add_fancy_hat() {}
9.      fn remove_fancy_hat() {}
10.     fn move_player(num_spaces: u8) {}
```

在上述代码中，匹配模式对字面值 3 和 7 进行了特定处理，最后一个通配分支 other 涵盖了所有其他可能的值。注意，我们必须将通配分支放在最后，因为模式是按顺序匹配的。如果在通配分支后添加其他分支，Rust 将会给出警告，因为此后的分支永远不会被匹配到。

当我们不想使用通过通配模式获取的值时，可以使用 "_"，这是一个特殊的模式，可以匹配任意值而不绑定到该值。它告诉 Rust 不会使用这个值，因此 Rust 也不会警告我们存在未使用的变量。示例如下：

```
1.      let dice_roll = 9;
2.      match dice_roll {
3.          3 => add_fancy_hat(),
4.          7 => remove_fancy_hat(),
5.          _ => reroll(),
6.      }
7.
8.      fn add_fancy_hat() {}
9.      fn remove_fancy_hat() {}
10.     fn reroll() {}
```

在上述代码中，当值不是 3 或 7 时，我们不关心值其具体值，这种情况下可以使用 "_"，以避免绑定该值。

6.7　if let 控制流

在 Rust 中，还有一种只匹配一个模式的值而忽略其他模式的值的方式：if let。首先来看下面的例子：

```
1.      let config_max = Some(3u8);
2.      match config_max {
3.          Some(max) => println!("The maximum is configured to be {}", max),
4.          _ => (),
5.      }
```

如果值是 Some，我们希望打印 Some 成员中的值，这个值被绑定到变量 max 中；对于其他类型（包括 None），我们不希望进行任何操作。为了满足 match 的穷尽性要求，必须在最后加上"_ => ()"。

不过，我们可以使用 if let 这个更简洁的方式来实现相同的功能，上述代码修改如下：

```
1.  let config_max = Some(3u8);
2.  if let Some(max) = config_max {
3.      println!("The maximum is configured to be {}", max);
4.  }
```

if let 语法通过等号分隔的一个模式和一个表达式。它的工作方式与 match 相同，这里的表达式对应于 match，而模式则对应第一个分支。在本例中，模式是 Some(max)，max 绑定为 Some 中的值。接着，就可以在 if let 代码块中使用 max 了，就像在对应的 match 分支中一样。模式不匹配时，if let 块中的代码不会执行。

使用 if let 意味着更少的缩进和更少的样板代码。然而，这样会失去 match 强制要求的穷尽性检查。在 match 和 if let 之间进行选择时，需要考虑特定的环境，并在增加代码简洁度和失去穷尽性检查之间做出权衡。

换句话说，可以认为 if let 是 match 的一个语法糖，它在值匹配某一模式时执行代码而忽略所有其他值。if let 中也可以包含一个 else。else 块中的代码与 match 表达式中的"_"分支块中的代码相同，这样的 match 表达式就等同于 if let 和 else。

6.8 总结与讨论

本章主要介绍了 Rust 的枚举、Option 枚举类型、match 和 if let 控制流等内容。Rust 的枚举可以在成员中定义任何格式的数据；Option<T>包含了空值和非空值的情况，只要一个值不是 Option<T>，Rust 就认为该值不为空；match 控制流强制对所有可能出现的结果进行处理，提高了代码的健壮性；而 if let 控制流则简化了代码，但失去了穷尽性检查。

小张："Rust 的枚举看起来是一种非常强大的数据结构，它允许将多个不同的类型组合成一个类型。枚举在 Rust 中不仅可以包含数据，还可以执行操作，那么它适合于什么样的场景呢？"

大周："Rust 的枚举确实是一种非常强大的数据结构，它非常适合于以下场景：

● 状态管理：枚举常用于表示程序的不同状态。例如，游戏状态（如开始、进行中、暂停、结束）或工作流状态（如待处理、处理中、已完成）。

● 数据变体：当需要表示多种不同类型的数据时，枚举可以包含不同的数据变体。例如，一个表示图形的枚举可以包含圆形、矩形和多边形，每种变体都有其特定的数据。

● 错误处理：枚举常用于错误处理，可以包含错误类型和相关信息。例如，定义一个错误枚举来表示不同的错误情况。

● 算法策略：枚举可以用来表示不同的算法策略。例如，定义一个枚举来表示排序算法的不同实现。

● 协议或协议状态：在网络编程中，枚举可以用来表示不同的协议状态或消息类型。

● 配置选项：枚举可以用于表示配置选项，允许用户或程序选择不同的配置。

● 复合数据类型：当需要创建一个复合数据类型时，枚举可以包含多个字段，这些字段可以是不同的类型。

● 多态：通过为枚举的每个变体实现相同的方法，可以实现多态行为。

● 事件处理：在事件驱动的程序中，枚举可以用来表示不同类型的事件。

● 树和图形结构：枚举可以表示树或图形结构中的节点，每个变体可以包含不同的子节点类型。

● 标记和元数据：枚举可以用来表示数据的标记或元数据，例如，表示数据的验证状态或来源。

● 类型安全的 API 设计：枚举可以用于设计类型安全的 API，确保只有有效的数据组合被传递。

通过使用枚举，我们可以创建类型安全、易于理解和维护的代码。”

6.9   练习

1. 对比一下 C/C++中的 switch case 语句和 Rust 中的 match 控制流的区别。
2. 在第 5 章的练习基础上，对学生增加枚举类型的性别参数，并更新相应的函数。

第 7 章

模块系统

在编写大型程序时,组织代码尤为重要。通过对相关功能进行分组和划分不同功能的代码,可以清楚地知道在哪里能找到实现特定功能的代码,以及在哪里可以改变一个功能的工作方式。随着项目的增长,我们应该通过将代码分解为多个模块和文件来组织代码。一个包可以包含多个二进制 crate 项和一个可选的 crate 库。随着包的扩展,我们还可以将包中的部分代码提取出来,形成独立的 crate,这些 crate 可以作为外部依赖项使用。

Rust 提供了许多功能来帮助我们管理代码的组织,包括控制哪些内容可以被公开,哪些内容是私有的,以及程序中每个作用域中的名字。这些功能通常被统称为"模块系统(the module system)",包括:

- 包（packages）：Cargo 的一个功能,允许我们构建、测试和分享 crate。
- Crates：一个模块的树形结构,它形成了库或二进制项目。
- 模块（modules）和 use：允许我们控制作用域和路径的私有性。
- 路径（path）：一个命名结构体、函数或模块等项的方式。

7.1 包和 crate

crate 是 Rust 在编译时的最小代码单位。如果使用 rustc 而不是 cargo 来编译一个文件,编译器仍会将该文件视为一个 crate。crate 可以包含模块,而模块可以定义在其他文件中,然后和 crate 一起编译。

crate 有两种形式:二进制项和库。二进制项可以被编译为可执行程序,比如一个命令行程序。它们必须包含一个 main 函数,以定义当程序被执行时所需完成的任务。目前我们创建的 crate 都是二进制项。

库没有 main 函数,也不会被编译为可执行程序,而是提供一些函数等功能,使其他项目能够使用这些功能。这与其他编程语言中的 library 概念一致。

crate root（crate 根）是一个源文件,Rust 编译器以它为起始点,构成 crate 的根模块。

包是提供一系列功能的一个或者多个 crate。一个包会包含一个 Cargo.toml 文件,阐述如何去构建这些 crate。Cargo 是一个包含构建代码的二进制项的包。此外，Cargo 还包含这些二进制项所依赖的库。其他项目也能用 Cargo 库来实现与 Cargo 命令行程序相同的逻辑。

包中可以包含至多一个库 crate（library crate）和任意多个二进制 crate（binary crate），但必须至少包含一个 crate（无论是库的还是二进制的）。

在第 2.4.1 节中，使用 cargo new 命令创建项目时，Cargo 会为包创建一个 Cargo.toml 文件。查看 Cargo.toml 的内容，会发现并没有提到 src/main.rs，因为 Cargo 遵循一个约定：src/main.rs 是一个与包同名的二进制 crate 的根。因此，Cargo 知道如果包目录中包含 src/lib.rs，则包带有与其同名的库 crate，且 src/lib.rs 是 crate 的根。Crate 的根文件将由 Cargo 传递给 rustc 来实际构建库或者二进制项目。

如果一个包只包含 src/main.rs，则意味着它只含有一个名为 my-project 的二进制 crate。如果一个包同时含有 src/main.rs 和 src/lib.rs，则它有两个 crate：一个二进制的和一个库的，且名字都与包相同。通过将文件放在 src/bin 目录下，一个包可以拥有多个二进制 crate：每个 src/bin 下的文件都会被编译成一个独立的二进制 crate。

7.2　模块

模块工作的基本规则如下：

- 从 crate 根节点开始：当编译一个 crate 时，编译器首先在 crate 根文件（对于库 crate 而言通常是 src/lib.rs，对于二进制 crate 而言通常是 src/main.rs）中寻找需要编译的代码。
- 声明模块：在 crate 根文件中，可以声明一个新模块。例如，用 mod garden 声明一个名为 garden 的模块，编译器会在下列路径中寻找模块代码：
  - ➤ 内联，当 mod garden 后面跟的是花括号而不是分号时，编译器会在花括号中寻找模块代码。
  - ➤ 在文件 src/garden.rs 中。
  - ➤ 在文件 src/garden/mod.rs 中。

- 声明子模块：在除了 crate 根节点以外的其他文件中，可以定义子模块。例如，我们可能在 src/garden.rs 中定义了 mod vegetables，编译器会在以父模块命名的目录中寻找子模块代码：
  - ➤ 内联，当 mod vegetables 后方不是一个分号而是一个花括号时，在花括号中寻找。
  - ➤ 在文件 src/garden/vegetables.rs 中。
  - ➤ 在文件 src/garden/vegetables/mod.rs 中。

- 模块中的代码路径：一旦一个模块成为 crate 的一部分，就可以在隐私规则允许的前提下，从同一个 crate 内的任意地方通过代码路径引用该模块的代码。例如，garden vegetables

模块下的 Asparagus 类型可以通过 crate::garden::vegetables::Asparagus 访问。

- 私有或公有：一个模块中的代码默认是其父模块私有的。为了使一个模块成为公有的，应当在声明时使用 pub mod 替代 mod。为了使一个公有模块内部的成员公有，应当在声明前使用 pub。

- use 关键字：在一个作用域内，use 关键字创建了一个成员的快捷方式，以减少长路径的重复。在任何可以引用 crate::garden::vegetables::Asparagus 的作用域中，可以通过 use crate::garden::vegetables::Asparagus;创建一个快捷方式，然后就可以在作用域中只写 Asparagus 来使用该类型。

下面创建一个 backyard 的项目来说明这些规则。该 crate 的路径同样命名为 backyard，并包含以下文件和目录：

```
1.  backyard
2.  ├── Cargo.lock
3.  ├── Cargo.toml
4.  └── src
5.      ├── garden
6.      │   └── vegetables.rs
7.      ├── garden.rs
8.      └── main.rs
```

在这个例子中，crate 根文件是 src/main.rs，该文件内容如下：

```
1.  use crate::garden::vegetables::Asparagus;
2.
3.  pub mod garden;
4.
5.  fn main() {
6.      let plant = Asparagus {};
7.      println!("I'm growing {:?}!", plant);
8.  }
```

pub mod garden;告诉编译器应该包含在 src/garden.rs 文件中发现的代码。

src/garden.rs 文件内容如下：

```
pub mod vegetables;
```

在此处，pub mod vegetables;意味着在 src/garden/vegetables.rs 中的代码也应该被包括。具体代码如下：

```
1.  #[derive(Debug)]
2.  pub struct Asparagus {}
```

模块可以将 crate 中的代码进行分组，以提高可读性与重用性。一个模块中的代码默认是私有的，所以可以利用私有性来保护数据。私有项不可被外部访问，这是其内在的实现细节。当然，也可以将模块和其中的项设置为公有的，这样外部代码就可以访问它们。

下面是一个模块的实例代码，放在 src/lib.rs 文件中：

```
1.   mod mod_test {
2.       mod sub_mod1 {
3.           fn sub_mod1_fun1() {}
4.
5.           fn sub_mod1_fun2() {}
6.       }
7.   }
```

在这个示例中，定义了一个模块 mod_test（以 mod 关键字为起始，后接模块的名字），并在其中用花括号包围模块的主体。在模块内，还可以定义其他模块、函数、常量、枚举等。

7.3　引用模块项目的路径

Rust 可以通过绝对路径（absolute path）或相对路径（relative path）两种方式找到模块的位置。

- 绝对路径是以 crate 根开头的全路径；对于外部 crate 的代码，路径是以 crate 名开头的绝对路径；对于当前 rate 的代码，则以字面值 crate 开头。
- 相对路径是从当前模块开始，以 self、super 或定义在当前模块中的标识符开头。

绝对路径和相对路径都后跟一个或多个双冒号（::）分隔的标识符。在第 7.2 节的 vegetables.rs 文件中，定义了一个结构体类型 Asparagus，并使用 pub 关键字将它声明为 crate 库中的公有类型。在 main.rs 中，引用这个结构体类型的代码如下：

```
use crate::garden::vegetables::Asparagus;
```

使用绝对路径，从 crate 关键字开始，逐级引入模块，直到 Asparagus。

下面我们用一个例子来直观展示两种路径引用方式：

```
1.   pub mod mod_test {      // 定义一个公有模块 mod_test
2.
3.       pub mod sub_mod1 { // 在 mod_test 模块中定义一个公有的子模块 sub_mod1
4.           // 在 sub_mod1 模块中定义一个公有函数 sub_mod1_fun1
                pub fn sub_mod1_fun1() {}
5.
6.           fn sub_mod1_fun2() {}   // 在 sub_mod1 模块中定义一个私有函数
sub_mod1_fun2
7.       }
```

```
8.
9.      }
10.
11.     pub fn test_mod()        // 定义一个公有函数 test_mod
12.     {
13.         // 使用绝对路径调用 mod_test::sub_mod1 中的公有函数 sub_mod1_fun1
            crate::mod_test::sub_mod1::sub_mod1_fun1();
14.
15.         mod_test::sub_mod1::sub_mod1_fun1(); // 使用相对路径调用
mod_test::sub_mod1 中的公有函数 sub_mod1_fun1
16.     }
```

上述代码中：

- 第 13 行的代码使用的是绝对路径。在 test_mod 函数中调用 mod_test::sub_mod1 模块中的 sub_mod1_fun1 函数。由于它们被定义在同一个 crate 中，因此可以使用以 crate 关键字为起始的绝对路径。
- 第 15 行的调用使用的是相对路径。它以 mod_test 为起始，逐级定位到 sub_mod1_fun1 函数。

具体使用相对路径还是绝对路径，取决于项目结构，也取决于将代码定义与调用代码分开移动还是一起移动。例如，我们将 mod_test 模块和 test_mod 函数一起移动到另一个模块中，就需要更新绝对路径，但相对路径仍然有效。但是，如果只移动 test_mod 函数，则需要更新相对路径。Rust 官方更倾向于使用绝对路径，因为把代码定义和调用分开独立移动是更常见的做法。

7.4　使用 pub 关键字

在 Rust 语言中，模块中的项（变量、函数、结构体、枚举等）默认是私有的，其他模块是无权访问这些私有项。Rust 提供了 pub 关键字，通过在定义时添加 pub 关键字可以把这些私有项变成公有的，以便从模块的外部访问它们。下面是 pub 关键字的基本功能和使用的一些基本规则：

（1）可见性：在 Rust 中，默认情况下所有项都是私有的，只能在其定义的模块内部访问。如果希望某个项能从模块外部访问，则需要使用 pub 关键字将它标记为公有的。

（2）模块：Rust 使用模块来组织代码。一个模块可以包含多个项，例如变量、函数、结构体等。模块可以嵌套，而且每个模块都有自己的作用域。pub 关键字不仅可以让声明的项在当前模块中可见，也可以让该项在整个 crate（即包含多个模块的项目）中可见。

（3）安全性：Rust 的 pub 关键字并不是用来控制运行时的访问权限，而是用来在编译时保证安全。通过限制对数据的可访问性，Rust 能够检测并防止数据竞争和不安全的操作。这意味着即使某个项是公有的，Rust 编译器也会确保该项在使用时是安全的。

下面是一个展示 pub 使用的简单示例：

```
1.   mod outer {
2.       pub struct PublicStruct {
3.           pub field: i32,
4.       }
5.
6.       pub fn public_function() {
7.           println!("This is a public function in the outer module.");
8.       }
9.
10.      impl PublicStruct {
11.              pub fn public_method(self) {
12.              println!("This is a public method of PublicStruct.");
13.          }
14.      }
15.
16.      struct PrivateStruct {
17.          field: i32,
18.      }
19.
20.      fn private_function() {
21.          println!("This is a private function in the outer module.");
22.      }
23.  }
24.
25.  fn main() {
26.      // 访问公有结构体
27.      let public_struct = outer::PublicStruct { field: 10 };
28.      println!("Field: {}", public_struct.field);
29.
30.      // 调用公有函数
31.      outer::public_function();
32.
33.      // 创建 PublicStruct 的实例并调用公有方法
34.      let instance = outer::PublicStruct { field: 20 };
35.      instance.public_method();
36.
37.      // 尝试访问私有结构体和函数
```

```
38.     // let _private_struct = outer::PrivateStruct {}; // 编译错误
39.     // outer::private_function(); // 编译错误
40. }
```

在这个例子中，PublicStruct 和 public_function 都被标记为 pub，因此它们可以被模块 outer
外部的代码访问；而 PrivateStruct 和 private_function 没有被标记为 pub，因此它们只能在模块
outer 内部被访问。

7.5　使用 use 关键字

在代码中，直接通过编写完整的路径来使用外部模块的函数，显然十分不便且重复。Rust
语言提供了 use 关键字，用于创建短路径，之后就可以在作用域中的任何地方直接使用该短路
径。

在作用域中增加 use 和路径，类似于在文件系统中创建符号链接（symbolic link，或称为
软链接）。例如：

```
1.  use std::collections::HashMap;          // 引入 HashMap
2.
3.  fn main() {
4.      let mut map = HashMap::new();        // 使用 HashMap
5.      map.insert(1, 2);                    // 插入键-值对
6.  }
```

通过 use 关键字，我们将 std 库中的 HashMap 引入当前的项目中。之后，在代码中就可以
直接使用 HashMap，而无须每次都写出完整的路径。

7.6　使用 as 关键字

当使用 use 语句将两个具有相同名称但功能不同的模块引入项目时，Rust 可能会产生混淆，
不知道该使用哪个模块。针对这种情况，Rust 提供了一个解决方法：允许我们在路径后使用
as 关键字指定一个新的本地名称或别名。示例如下：

```
1.  use std::fmt::Result;              // 引入 fmt 模块的 Result 类型
2.  // 将 io 模块的 Result 类型重命名为 IoResult
    use std::io::Result as IoResult;
3.
4.  fn function1() -> Result {
5.      // --snip--
6.  }
7.
```

```
8.   fn function2() -> IoResult<()> {
9.      // --snip--
10. }
```

在第二个 use 语句中，我们为 std::io::Result 项赋予了一个别名 IoResult，这样它与从 std::fmt 引入当前作用域的 Result 就不会产生冲突。

7.7　使用第三方的包

为了在项目中使用第三方的包（例如在项目中加入 rand 包来生成随机数），我们需要在 Cargo.toml 文件中添如下依赖：

```
rand = "0.8.5"
```

在 Cargo.toml 中添加 rand 依赖，告诉 Cargo 要从 crates.io 下载该包及其依赖，并使其在项目代码中可用。

接着，为了将 rand 包中的定义引入项目包的作用域，我们需要添加以 use 开头的语句，并以 rand 包名开头，列出需要引入的项。示例如下：

```
1.   use rand::Rng;      // 引入 rand::Rng trait
2.
3.   fn main() {
4.      // 生成随机数
        let secret_number = rand::thread_rng().gen_range(1..=100);
5.   }
```

crates.io 网站上有很多 Rust 社区成员发布的包，并且大多数都有详细的说明文档和使用教程等。在使用这些包前，建议先阅读相关的官方文档，学习如何正确使用它们。将包引入项目都需要一个相同的步骤：在 Cargo.toml 列出依赖项，并通过 use 将其中定义的项引入项目的作用域。

注意，std 标准库对于我们的项目来说也是一个外部 crate。因为标准库随 Rust 语言一同分发，所以无须在 Cargo.toml 中显式引入 std。不过，仍然需要通过 use 将标准库中定义的项引入项目的作用域。

7.8　总结与讨论

本章介绍了如何使用 Rust 语言中的模块系统来组织代码，如何使用自己编写的库，以及如何导入第三方的包。

通过掌握这些知识，读者将能够更有效地组织和管理 Rust 项目，提高代码的可读性和可维护性，并充分利用 Rust 的强大生态系统。

小张：“Rust 的包、crate、模块看起来都是为模块化设计使用的，应该如何区分它们呢？文件结构上又如何划分呢？”

大周：“在 Rust 中，包、crate 和模块是项目管理和代码组织的核心概念。

- 包：
  - ➢ 通常，一个包对应一个项目目录，包含一个 Cargo.toml 文件。
  - ➢ 包可以包含多个 crate，例如一个库 crate 和多个二进制 crate，这些 crate 通过 Cargo.toml 文件中的 [lib] 和 [bin] 段落进行声明。
- crate：
  - ➢ crate 通过 main.rs 或 lib.rs 文件定义，具体取决于是二进制项目还是库。
  - ➢ Crate 可以作为依赖被其他 crate 引用。
- 模块：
  - ➢ 模块通过 mod 关键字定义，例如 mod my_module;。
  - ➢ 模块可以嵌套，并且可以使用 super 和 self 关键字来引用父模块和当前模块。
  - ➢ 模块的私有性由它们的可见性修饰符决定（pub 关键字）。

组织结构示例：

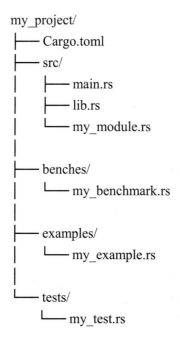

```
my_project/
├── Cargo.toml
├── src/
│   ├── main.rs
│   ├── lib.rs
│   └── my_module.rs
│
├── benches/
│   └── my_benchmark.rs
│
├── examples/
│   └── my_example.rs
│
└── tests/
    └── my_test.rs
```

在这个例子中：

- my_project 是一个包，包含一个二进制 crate（main.rs）和一个库 crate（lib.rs）。
- my_module 是一个模块，可以包含在库 crate 或二进制 crate 中。
- benches、examples 和 tests 是特殊目录，用于基准测试、示例和测试。"

7.9 练习

基于第 6 章的练习，把学生和班级的结构体以及相关函数分别定义为模块，并尝试在 main.rs 中调用这两个模块。

第 8 章

练手：写个猜数字游戏

小张学习到这里，感觉有些头晕目眩，一下子接触了太多的语法概念。大周建议他："既然觉得有些累了，不如写个猜数游戏。这样既能在编程过程中运用学到的知识，又能劳逸结合，放松一下。"

这个猜数游戏的规则是，程序随机生成一个 1~100 的数字，玩家猜测并输入一个数，程序会根据玩家的输入给出提示，告诉玩家是猜大了还是猜小了。小张决定尝试使用 let、match、方法、关联函数等来编写这个游戏。

8.1　处理输入和输出

首先，在 projects 目录下创建 guess_game 项目，命令如下：

```
cargo new guess_game
```

打开 main.rs 文件，可以看到，正如之前介绍的那样，使用 cargo 创建的项目会自动在 mian.rs 中添加"Hello world!"程序。现在，开始编写猜数字程序的第一部分——处理输入和输出。程序能够处理终端的输入，并检查输入是否符合预期。在 main.rs 中输入如下代码：

```
1.  use std::io;
2.
3.  fn main() {
4.      println!("Guess the number!");
5.
6.      println!("Please input your guess.");
7.
8.      let mut guess = String::new();
9.
10.     io::stdin()
11.         .read_line(&mut guess)
12.         .expect("Failed to read line");
```

```
13.
14.     println!("You guessed: {guess}");
15. }
```

为了获取用户输入并打印结果作为输出，需要将 io 库引入当前作用域。io 库来自于标准库 std，代码 use std::io;的作用就是引入 io 库。

fn 语法声明了一个名为 main 的函数，该函数是程序的入口点，main 后面的圆括号表明该函数没有任何参数，花括号中的内容是函数体。在 main 函数中，前两行的 println!宏用于在终端上打印字符串。接下来，创建一个类型为 String（字符串）的变量，用于存储用户的输入：

```
8.  let mut guess = String::new();
```

变量 guess 用于存储用户输入的值，并把它声明为可变变量，因为每次用户输入的值都可能不同。String 是标准库提供的一个字符串类型，采用 UTF-8 编码格式存储文本块。String::new 的意思是调用 String 类型的关联函数 new，该关联函数是针对 String 类型实现的，而不是针对 String 类型的某个实例而实现的。这一行代码的作用是创建一个新的 String 类型的可变变量。

一旦准备好接收变量，接下来就可以处理输入和输出了。调用 io 库中的 stdin 函数：

```
10. io::stdin()
11.     .read_line(&mut guess)
```

stdin 函数返回标准输入的句柄，接着调用 read_line(&mut guess)从标准输入句柄中获取用户输入。将&mut guess 作为参数传递给 read_line 函数，以使该函数能够将用户的输入存储到 guess 这个字符串变量中。&mut 表示传递的参数是可变引用，意味着 read_line 函数只能访问和修改该变量，而不会获取该变量的所有权。

继续查看下一部分代码：

```
12. .expect("Failed to read line");
```

前面提到，read_line 会将用户的输入附加到传递给它的字符串中，不过它也会返回一个类型为 Result 的值。Result 是一种枚举类型，包含两个成员：Ok 和 Err。Ok 成员表示操作成功，并包含成功时产生的值；Err 成员表示操作失败，并包含失败的原因。

Result 类型用于提供错误处理机制。像其他类型一样，Result 类型的值拥有定义其上的方法。Result 的实例拥有 expect 方法。如果 io::Result 实例的值是 Err，expect 会触发 panic 导致程序崩溃，并把作为参数传递给它的提示信息打印出来。如果 io::Result 实例的值是 Ok，expect 会获取 Ok 中的值并原样返回。在本例中，这个值是用户输入的字节数。

最后，来看最后一行代码：

```
14. println!("You guessed: {guess}");
```

这行代码打印出已存储的用户输入的字符串，语句中的{}是预留在特定位置的占位符：当打印变量的值时，变量名可以写进花括号中；当要打印表达式的执行结果时，格式化字符串（format string）中对应的占位花括号就要留空，而在整个格式化字符串后面要以逗号分隔需要打印的表达式列表，其顺序与每一个空花括号占位符的顺序一致。示例如下：

```
1.  let x = 8;
2.  let y = 10;
3.
4.  println!("x = {x} and y + 2 = {}", y + 2);
```

这行代码打印出的结果为：x = 8 and y + 2 = 12。

最后，运行代码，看看程序是否按预期把输入的值打印出来。

```
1.  cargo run
2.      Compiling guess_game v0.1.0 (E:\learning\rust_study\
Rust_sample_code\Rust_sample_code\project\guess_game)
3.       Finished `dev` profile [unoptimized + debuginfo]
target(s) in 1.56s
4.        Running `target\debug\guess_game.exe`
5.  Guess the number!
6.  Please input your guess.
7.  1
8.  You guessed: 1
```

可以看到，程序正确地接收了用户输入的数字 1，并将它打印出来。

8.2　生成一个秘密数字

接下来，需要生成一个秘密数字，让玩家来猜。每次游戏开始时都生成一个随机的秘密数字，以增加趣味性。虽然 Rust 标准库中不包含随机数生成器，但 Rust 团队提供了一个用于生成随机数的库 rand crate。

按照之前学习的添加外部 crate 的方法，首先修改 Cargo.toml 文件，在[dependencies]标题下引入 rand 依赖，代码如下：

```
1.  [dependencies]
2.  rand = "0.8.5"
```

我们指定 rand crate 的语义化版本（semantic versioning，简称为 SemVer）为 0.8.5。语义化版本是一种定义版本号的标准。0.8.5 实际上是^0.8.5 的简写，表示允许的版本范围为 0.8.5 到 0.9.0（不含）。

在不修改任何代码的情况下编译项目，编译信息如下所示：

```
1.  cargo build
2.  warning: `C:\Users\86139\.cargo\config` is deprecated in favor
of `config.toml`
3.  note: if you need to support cargo 1.38 or earlier, you can
symlink `config` to `config.toml`
4.      Compiling cfg-if v1.0.0
5.      Compiling ppv-lite86 v0.2.17
6.      Compiling getrandom v0.2.15
7.      Compiling rand_core v0.6.4
8.      Compiling rand_chacha v0.3.1
9.      Compiling rand v0.8.5
10.     Compiling guess_game v0.1.0 (E:\learning\rust_study\Rust_
sample_code\Rust_sample_code\project\guess_game)
11.     Finished `dev` profile [unoptimized + debuginfo]
target(s) in 1.63s
```

可以看到项目已成功将 rand 及其依赖的 crate 编译进来。由于有了外部依赖，Cargo 会从 registry 获取所有包的最新版本信息。这些信息来自 crates.io 数据库，crates.io 是 Rust 社区开发者共享开源项目的平台。

更新完 registry 后，Cargo 会检查[dependencies]段落并下载列表中尚未下载的 crates。在本例中，虽然只声明了 rand 这一个依赖，但 Cargo 还额外下载了 rand 所需的其他 crates，因为 rand 依赖它们来实现完整的功能。下载完成后，Rust 会编译这些依赖项，并在编译项目中一并使用。

下面使用 rand 来生成一个随机数。将 main.rs 的代码修改如下：

```
1.  use std::io;          // 引入标准库中的 io 模块，用于处理输入输出操作
2.  use rand::Rng;        // 引入 rand 库中的 Rng trait，以便生成随机数
3.
4.  fn main() {
5.      println!("Guess the number!");
6.
7.      // 生成一个 1~100 的随机数，并赋值给 secret_number 变量
        let secret_number = rand::thread_rng().gen_range(1..=100);
8.
9.      println!("The secret number is: {secret_number}");
10.
11.     println!("Please input your guess.");
12.
13.     // 创建一个可变字符串变量 guess，用于存储玩家的输入
        let mut guess = String::new();
14.
```

```
15.     io::stdin()      // 获取标准输入句柄
16.         // 从标准输入中读取玩家输入的内容，并存入 guess 变量
            .read_line(&mut guess);
17.         // 若读取失败，显示错误信息 "Failed to read line"
            .expect("Failed to read line");
18.
19.     println!("You guessed: {guess}");        // 输出玩家的猜测结果
20. }
```

首先，使用 use 关键字引入了 rand::Rng。Rng 是一个 trait（trait 用于定义某些类型拥有可能与其他类型共享的功能），它定义了随机数生成器实现的方法。

然后，在 main 函数中，新增了如下代码：

```
let secret_number = rand::thread_rng().gen_range(1..=100);
```

- rand::thread_rng 函数提供实际使用的随机数生成器。
- 接着，调用了随机数生成器的 gen_range 方法。这个方法由 Rng trait 定义，用于接收一个范围表达式（range expression）作为参数，并生成一个在此范围内的随机数。这里的范围表达式采用 start..=end 形式，表示包含上下边界。通过指定 1..=100，可以生成 1 和 100 之间的一个随机数。

main 函数中新增的另一行代码是打印生成的随机数，以便于我们在开发时进行测试。多运行几次程序，确保每次都能生成不同的随机数。

8.3　比较

现在，既获取到了用户输入的数字，又随机生成了一个秘密数字，就可以比较它们了。修改 mian.rs 的代码如下：

```
1.  use rand::Rng;
2.  use std::cmp::Ordering;
3.  use std::io;
4.
5.  fn main() {
6.      // --snip--
7.      println!("Guess the number!");
8.
9.      let secret_number = rand::thread_rng().gen_range(1..=100);
10.
11.     println!("The secret number is: {secret_number}");
12.
```

```
13.      println!("Please input your guess.");
14.
15.      let mut guess = String::new();
16.
17.      io::stdin()
18.          .read_line(&mut guess)
19.          .expect("Failed to read line");
20.
21.      println!("You guessed: {guess}");
22.
23.      match guess.cmp(&secret_number) {   // 比较用户的猜测与秘密数字
24.          Ordering::Less => println!("Too small!"),
25.          Ordering::Greater => println!("Too big!"),
26.          Ordering::Equal => println!("You win!"),
27.      }
28.  }
```

首先，增加了另一个 use 声明，从标准库中引入了名为 std::cmp::Ordering 的类型到作用域中。Ordering 是一个枚举类型，包含 Less、Greater 和 Equal 三个成员，用于表示比较两个值后的三种可能结果。

接着，在 main 函数最后增加了 math 匹配。cmp 方法用于比较两个值，可用于任何可比较的值。这里将 guess 和 secret_number 进行比较，返回 Ordering 枚举的成员。match 匹配语句会根据返回的 Ordering 成员进行相应处理。

不过，代码中还有一点问题，尝试编译代码会报错，报错提示信息如下：

```
1.  cargo build
2.      Compiling guess_game v0.1.0 (E:\learning\rust_study\Rust_
sample_code\Rust_sample_code\project\guess_game)
3.  error[E0308]: mismatched types
4.      --> src\main.rs:23:21
5.      |
6.  23 |      match guess.cmp(&secret_number) {
7.      |                  --- ^^^^^^^^^^^^^^ expected `&String`,
found `&{integer}`
8.      |                  |
9.      |                  arguments to this method are incorrect
10.     |
11.     = note: expected reference `&String`
12.                 found reference `&{integer}`
13. note: method defined here
14.     --> C:\Users\86139\.rustup\toolchains\stable-x86_
```

```
64-pc-windows-msvc\lib/rustlib/src/rust\library\core\src\cmp.rs:836:8
15.    |
16. 836 |        fn cmp(&self, other: &Self) -> Ordering;
17.    |           ^^^
18.
19. For more information about this error, try `rustc --explain E0308`.
20. error: could not compile `guess_game` (bin "guess_game")
due to 1 previous error
```

报错提示信息指出 cmp 方式使用了不匹配的类型。guess 是一个字符串，而 secret_number 是一个整型数，Rust 不知道如何比较这两种类型，因此报错了。

修改方式也很简单，只需把从输入读取到的字符串转换为一个真正的数字，就能与秘密数字进行比较。main.rs 的代码修改如下：

```
1.  use rand::Rng;
2.  use std::cmp::Ordering;
3.  use std::io;
4.
5.  fn main() {
6.      println!("Guess the number!");
7.
8.      let secret_number = rand::thread_rng().gen_range(1..=100);
9.
10.     println!("The secret number is: {secret_number}");
11.
12.     println!("Please input your guess.");
13.
14.     // --snip--
15.
16.     let mut guess = String::new();
17.
18.     io::stdin()
19.         .read_line(&mut guess)
20.         .expect("Failed to read line");
21.
22.     // 去掉输入字符串两端的空白字符，并尝试将其转换为 u32 类型的数字
        //  如果失败，则抛出异常并显示错误信息
        let guess: u32 = guess.trim().parse().expect("Please
type a number!");
23.
24.     println!("You guessed: {guess}");
25.
```

```
26.      match guess.cmp(&secret_number) {
27.          Ordering::Less => println!("Too small!"),
28.          Ordering::Greater => println!("Too big!"),
29.          Ordering::Equal => println!("You win!"),
30.      }
31. }
```

这里新创建了一个名为 guess 的变量。读者可能会疑惑：不是已经有一个名为 guess 的变量了吗？确实如此，不过在 Rust 中，允许用一个新的值来"隐藏"原来变量（此例中为 guess）的值。这种机制在需要转换变量类型的场景中尤其有用。它允许我们复用同一个变量名 guess，而不是被迫创建两个不同的变量，如 guess_str 和 guess 之类。

我们将这个新变量绑定到 guess.trim().parse()表达式上。这里的 guess 指的是原始的包含输入内容的字符串类型变量。String 类型的 trim 方法会去掉字符串两端的空白字符。我们必须调用此方法才能将字符串与 u32 类型的值进行比较，因为 u32 类型只能包含数字字符，不能包含空格或换行符。用户输入并按回车键后，输入的字符串中通常包含一个换行符（在 Windows 系统中是\r\n）。例如，用户输入 5 并按下回车键，guess 的内容看起来像这样：5\n 或 5\r\n。其中\n 代表"换行"，\r 代表"回车"。trim 方法会去掉换行和回车符，只留下 5。

字符串类型的 parse 方法将字符串转换为其他类型。在这里，我们使用它将字符串转换为数字。我们通过 let guess: u32 来指定要转变换为 u32 类型的整数。

parse 方法只有当字符串在逻辑上可以转换为目标类型时才会成功，因此它很容易出错。例如，字符串中如果包含非数字字符（如 A%），就无法转换成数字。parse 方法返回的是 Result 类型。像前面讨论的 read_line 方法一样，我们使用 expect 方法处理异常。如果 parse 无法将字符串转换为数字，那么在返回 Result 的 Err 成员时，expect 会触发 panic，使猜数游戏程序崩溃并打印预设的出错提示信息。如果 parse 成功将字符串转换为数字，它会返回 Result 的 Ok 成员，然后 expect 会返回转换成功的数字。

现在让我们运行程序：

```
1. cargo run
2.     Finished `dev` profile [unoptimized + debuginfo]
target(s) in 0.02s
3.      Running `target\debug\guess_game.exe`
4. Guess the number!
5. The secret number is: 62
6. Please input your guess.
7. 12
8. You guessed: 12
9. Too small!
```

可以看到，程序已按照预期运行，能够比较输入的数字和秘密数字，并返回相应的提示信息。

然而，目前用户只能猜一次。接下来，我们可以增加一个循环，让用户多次猜测。

8.4　循环猜数

在代码中增加 loop 关键字创建一个循环，给用户多次猜数的机会：

```
1.  // --snip--
2.
3.      println!("The secret number is: {secret_number}");
4.
5.      loop {        // 增加一个循环
6.          println!("Please input your guess.");
7.
8.          // --snip--
9.
10.
11.         let mut guess = String::new();
12.
13.         io::stdin()
14.             .read_line(&mut guess)
15.             .expect("Failed to read line");
16.
17.         let guess: u32 = guess.trim().parse().expect("Please
type a number!");
18.
19.         println!("You guessed: {guess}");
20.
21.         match guess.cmp(&secret_number) {
22.             Ordering::Less => println!("Too small!"),
23.             Ordering::Greater => println!("Too big!"),
24.             Ordering::Equal => println!("You win!"),
25.         }
26.     }
```

如上述代码所示，我们添加了 loop 循环，并将读取用户输入和比对的过程放入循环体。再次运行程序时，会出现一个新问题：即使猜对了，程序依然会执行 loop 循环，无法正常退出。解决方法也很简单：在 loop 循环体中，添加一个 break 语句，在用户猜对数字时退出循环。请读者尝试在适当的地方添加 break 语句，并试玩一下吧。当然，别忘了删掉打印秘密数字的println!宏。

8.5　总结与讨论

本章运用前几章介绍的概念编写了一个猜数游戏，让读者体会 Rust 的一些基本语法和特性。当然，目前我们所接触的 Rust 语言特性仍只是冰山一角。

小张学习了 Rust 的语法概念，并且应用这些语法编写了一个简单的猜数字游戏，俨然觉得自己对 Rust 语法的学习已初见成效。大周对他说："Rust 的 match 控制流确实厉害，它对目标类型没有限制，可以根据不同类型进行匹配，代码的意图也更加清晰。接下来，你可否帮我用 Rust 在嵌入式 Linux 系统下编写几个小工具吗？运用 Rust 的其他一些特性。"

小张答道："小菜一碟！"

8.6　练习

1. 尝试修改猜数字游戏的代码，达到如下目的：

（1）删掉打印秘密数字的代码部分。
（2）优化异常处理，让程序接收到非整型数字时能提示用户输入有效数字。

2. 尝试用枚举的方法重写猜数字游戏程序。
3. 思考以下问题：

（1）为什么 C/C++中常见的 long、shot、int 类型在 Rust 中都没有了？
（2）C/C++中 int 类型到底占用多少字节？
（3）为什么 Rust 没有强制要求对 except 进行异常处理？
（4）C、Python 和 Rust 对异常处理机制有何不同？

第 9 章

嵌入式系统简介

小张在平时的工作中，经常听到"嵌入式系统"这个词。虽然听到的次数不少，自己做的工作也都属于嵌入式系统范畴，但他对于这个概念究竟是什么意思，一直懵懵懂懂。

于是，他找到 Tom 和大周，问道："汤总，周工，我们平时一直在说嵌入式系统，但它的准确定义是什么呢？与我们要做的汽车电子有什么关系呢？"

大周说："我对嵌入式系统的理解，是指为某个特定功能而设计开发的系统，它包含了特定的软件和硬件。"

"周工说的算是比较笼统的解释。小张，你去网上查查资料，整理一下，再给我们做个培训，这样既能自己学习，也能让我们温故知新。"Tom 对小张说。

9.1　嵌入式系统概述

嵌入式系统（embedded computer system），从字面上可以这么理解，它是一种被嵌入其他设备或系统内部的计算机系统，目的是实现某种特定的功能应用。从广义上来说，任何带有微处理器的专用硬件系统都可以称为嵌入式系统。IEEE（美国电气和电子工程师协会）对嵌入式系统的定义是，用于控制、监视或辅助操作机器和设备的装置。

嵌入式系统的历史可以追溯到 20 世纪 70 年代，随着微处理器的出现以及大规模集成电路和微型处理器技术的进步，嵌入式系统开始崭露头角。在起步阶段，嵌入式系统主要以 4 位到 8 位的单片机为核心，构成可编程控制系统。然而，随着技术的不断发展和创新，市场上逐渐以 16 位和 32 位系统为主导。

更具体地说，嵌入式系统是以应用为核心，以计算机技术为基础的专用计算机系统。它的软件可以根据应用需求进行裁剪，以适应应用系统在功能、可靠性、成本、体积、功耗等方面的多种约束。通常情况下，嵌入式系统是一个控制程序存储在只读存储器（ROM）中的嵌入式处理器控制板。实际上，所有带有数字接口的设备，如手表、微波炉、录像机、汽车等，都使用了嵌入式系统。

嵌入式系统已经渗透到我们生活的方方面面，无论是在家庭生活中，还是在工业、医疗、交通等领域，都有嵌入式系统的身影。例如，智能台灯内嵌了一个嵌入式系统，支持蓝牙、Wi-Fi 等无线通信协议，使我们的生活更加便捷；在汽车中，嵌入式系统非常复杂，具有极高的可靠性，能够处理大量的数据和任务。

总之，嵌入式系统是一种广泛应用于各种设备和系统内部的计算机系统，它的存在是为了实现特定的功能应用。随着技术的不断进步和创新，嵌入式系统将继续发展和完善，为我们的生活带来更多的便利和可能。

9.2　汽车中的嵌入式设备

随着技术的发展，汽车进入了电子化的进程，汽车电子化被认为是汽车技术发展中的一次革命。目前，电子技术的应用几乎已经渗透到汽车的所有系统中。毫无疑问，增加汽车电子设备的数量，推动汽车电子化，是未来在汽车市场竞争中取得优势的重要手段之一。嵌入式系统是汽车智能化和自动化的核心组成部分，广泛应用于汽车的各个方面，从发动机控制单元到车载娱乐系统，几乎涵盖了整车系统。按照功能，汽车嵌入式系统大致可以分为以下各类：

（1）发动机控制单元（ECU）：管理发动机的燃油喷射、点火时机和空气/燃油混合比，确保发动机高效、清洁地运行。

（2）底盘控制：包括防抱死制动系统（ABS）、电子稳定控制系统（ESC）、牵引力控制系统（TCS）等，提升车辆操控性和安全性。

（3）车身电子：涵盖车窗升降、座椅调节、灯光控制、车门锁等车身相关的电子控制单元。

（4）安全气囊系统：快速响应碰撞，控制气囊的展开，保护乘客安全。

（5）车载诊断系统（OBD）：监控车辆的性能，并在出现问题时提供故障代码，便于诊断和维修。

（6）车载娱乐系统（IVI）：包括导航、音频和视频播放以及与智能手机的互联等功能。

（7）通信系统：如车载蓝牙、无线通信模块（包括 4G/5G 网络）、车载 Wi-Fi 等。

（8）车载传感器：包括雷达、激光雷达（LIDAR）、摄像头等，用于自动驾驶辅助系统。

（9）电动汽车控制：管理电池管理系统（BMS）、电机控制单元等。

（10）智能交通系统（ITS）：涉及车辆与道路基础设施的通信，以及车辆之间的通信（V2X）。

（11）驾驶辅助系统：包括自适应巡航控制（ACC）、车道保持辅助（LKA）、自动泊车等功能。

（12）仪表盘和显示屏：提供车速、油量、水温等信息，以及高级驾驶信息系统。

这些嵌入式系统可按其功能进一步细分为车辆动力总成控制系统、车辆底盘控制系统、车身电子控制系统、信息与通信系统等类别。随着汽车电子技术的不断进步，嵌入式系统的种类和数量也在不断增加，汽车的智能化、网络化和自动化水平将进一步提高。

近年来，电动汽车（EV）作为新兴产业，凭借智能化和环保特点受到越来越多人的青睐。而电动汽车得以快速发展的重要原因之一，是嵌入式控制系统能的功能越来越强大。可以说，嵌入式控制系统是电动汽车能高效、安全行驶的关键。在电动汽车上，嵌入式技术通常包括以下各个方面：

（1）电池管理系统（BMS）：

- 监控电池的充放电状态、温度、电压和电流。
- 管理电池包内各电池单元的均衡，确保电池性能优良和可用时间更长。
- 提供过充、过放、过热和短路保护。

（2）电机控制器（MC）：

- 控制电动机的启动、运行、制动和反向。
- 管理电机的扭矩和速度，提供平稳的加速和减速。
- 优化电机效率，以延长续航里程。

（3）车载充电器（OBC）：

- 将交流电（AC）转换为直流电（DC）为电池充电。
- 实现快速充电功能，同时管理充电过程中的热量和电压。

（4）DC-DC 转换器：

- 将高电压电池输出的直流电转换成低电压直流电，供车辆低压系统使用。
- 稳定输出电压，确保车辆电子系统正常工作。

（5）能量管理系统：

- 管理和优化电能的使用，包括再生制动能量的回收。
- 根据驾驶模式和需求，分配电能至电动机、加热系统、空调等。

（6）车辆控制系统：

- 集成控制单元，如车辆控制模块（VCM）或整车控制器（VCU），协调各子系统的运行。
- 实现驾驶模式选择、动力系统保护、故障诊断等功能。

（7）传感器和执行器：

- 传感器包括温度传感器、电流传感器、电压传感器、转速传感器等，用于监测系统状态。
- 执行器根据控制指令进行物理操作，如接触器、继电器等。

（8）通信网络：

- 实现车内各个电子控制单元（ECU）之间的数据交换，通常采用 CAN（控制器局域网络）

　　或以太网等通信协议。

（9）诊断和监控系统：

● 实时监控车辆状态，提供故障诊断和预测性维护信息。

（10）人机交互界面（HMI）：

● 提供驾驶员与车辆控制系统交互的界面，如显示屏、仪表盘、触控屏等。

　　这些嵌入式技术的应用不仅提高了能源利用效率，减少了环境污染，还提升了驾驶的舒适性和安全性。随着技术的不断进步，电动汽车的嵌入式系统将更加智能化和自动化。

9.3　嵌入式系统的组成

　　嵌入式系统装置是一个高度集成的系统，由嵌入式计算机系统和执行装置两大部分构成。嵌入式计算机系统作为核心，负责指挥和控制整个系统的运行，由硬件层、中间层、系统软件层和应用软件层 4 个层级组成。

1. 硬件层

　　硬件层是嵌入式计算机系统的基石，包含中央处理器（CPU）、存储器、输入输出接口和其他设备。在嵌入式处理器的基础上，加入电源电路、时钟电路、存储电路、看门狗电路等辅助电路，即构成一个嵌入式核心控制模块。

　　（1）中央处理器：作为系统的控制中心，是硬件层的核心组件，负责执行计算机程序中的指令、处理数据以及控制其他硬件设备。它的主要组成部分包括：

● 控制单元（control unit，CU）：负责从存储器中提取、解释指令，并指导其他部件执行这些指令。
● 算术逻辑单元（arithmetic logic unit，ALU）：负责执行算术运算（如加法、减法）和逻辑运算（如比较、位运算）。
● 寄存器：是 CPU 内部的小容量存储区域，用于存储指令、数据和地址。它们位于 CPU 内部，因此可以提供快速访问。
● 缓存（cache）：是一种位于 CPU 和主存储器之间的小容量高速存储器，用于存储最近或频繁使用的数据和指令，以减少 CPU 访问主存储器的次数。

　　（2）存储器：也就是记忆单元，用于存储系统获取的外部数据以及内部的数据和指令等。常见的存储器类型有 EEPROM、DRAM、FLASH ROM 等。

　　（3）输入输出接口和设备：接口是不同系统、设备或组件之间进行通信的桥梁。它们的设计和稳定性直接影响到信息传输的准确性、实时性和可靠性。良好的接口设计能够确保数据的有效传输，并减少通信故障。

- 输入输出接口的类型有串行总线式接口（如 USB）、异步串行接口（如 RS-485）、无线信号接口（Wi-Fi 接口）和汽车电子接口（CAN、LIN 等）。
- 输入输出设备分为两大类：人机交互（HMI）设备，如 LCD 和 LED 显示器、键盘、鼠标、打印机等；机机交互（M2M）设备，如传感器、控制器等。

（4）电源：嵌入式系统一般采用直流稳压电源，可分为化学电源、线性稳压电源和开关型稳压电源。

- 化学电源：包括干电池、铅酸蓄电池、镍镉、镍氢和锂离子电池。在嵌入式应用中，理想的化学电池需具备价格低廉，体积小，放电时间长，温度适应性好，自放电功率低等特点，且需具备良好的多次充放电性能，环保型电池则是趋势。
- 线性稳压电源：特点是功率调整管工作在线性区，通过调节调整管两端的电压降来稳定输出。该类电源的优点是稳定性高、纹波小、可靠性高；缺点是体积较大，效率相对较低。
- 开关型稳压电源：与线性稳压电源不同，开关型稳压电源的调整管工作在饱和导通和截止区，即开关状态，因此而得名。它的主要特点是功率损耗较低。常见的电路形式包括单端反激式、单端正激式、半桥式、推挽式和全桥式。开关型稳压电源的变压器工作在几万赫兹到几兆赫兹之间。由于开关频率较高，可减小变压器的尺寸，从而缩小整机的体积和质量，提高工作效率。

2. 中间层

中间层位于硬件层和软件层之间，也被称为硬件抽象层（hardware abstract layer，HAL）或者板级支持包（board support package，BSP），用于将系统上层软件与底层硬件分离开，实现系统与硬件的解耦。中间层为上层的软件开发人员提供接口，使开发人员无须关心底层硬件的具体细节，只需根据中间层提供的接口即可进行开发。

3. 系统软件层

系统软件层是嵌入式系统的核心，负责管理整个系统的资源和任务。系统软件层可分为以下几个层次，每个层次有其特定的功能和任务。

（1）裸机程序（bare metal）：裸机程序直接运行在硬件上，没有操作系统提供的抽象层。程序员需直接控制硬件资源，编写程序时需管理所有的资源分配、任务调度和中断处理。这种方式的优点是执行效率高，资源占用少；缺点是开发难度大，可维护性和可扩展性较差。裸机程序多用于简单的嵌入式系统，如微控制器（MCU）。

（2）固件（firmware）：固件是嵌入在硬件设备中的软件，负责控制硬件的运行并提供基础功能。

（3）实时操作系统（real-time operating system，RTOS）：提供任务调度、多任务处理、时间管理等服务，简化开发难度。适用于需要实时响应的复杂系统。常用的 RTOS 有 VxWorks，FreeRTOS、uC/OS 等。

（4）嵌入式操作系统（embedded operation system）：用于不严格要求实时性的场景，能提供文件系统、网络通信等更丰富的功能。适用于需要较多人机交互和复杂应用的嵌入式设备。常用的嵌入式操作系统有嵌入式 Linux、Windows Embedded、QNX 等。

（5）中间件（middleware）：提供了嵌入式应用开发中的常见抽象层，简化复杂的编程任务。可能包括网络协议栈、数据库和用户图形界面等。

（6）支持库和应用程序编程接口（application programming interface，API）：支持库是一组预编译的函数，用于实现特定功能，便于应用开发。API 是一组定义了软件组件间交互方式的规范和协议，允许不同的软件模块或系统进行通信和数据交换，而无须了解对方的内部实现细节。

4. 应用软件层

应用软件层是为特定应用设计开发的软件，可以使用嵌入式系统提供的服务和其他软件层的功能。应用软件的复杂度不一，可以是简单的控制程序，也可以是复杂的系统，如智能家居控制系统、工业自动化系统等。

应用软件层为用户提供直接交互的功能，通常根据用户的特定需求进行定制开发。例如，在智能家居系统中，应用软件可以控制智能家电的开关、调节温度等，实现家庭环境的智能化管理；在工业自动化领域，应用软件则可用于监控设备状态，进行故障诊断和生产过程控制等。

此外，应用软件层还包括人机交互界面，为用户提供操作界面和交互方式。随着技术的发展，应用软件层正在朝着更智能、更人性化的方向发展，为用户提供更便捷和高效的使用体验。

9.4　汽车中的嵌入式技术

汽车电子与其他嵌入式系统在开发技术上有显著差异，主要体现在以下方面：

（1）安全性要求：汽车电子系统直接关系到行车安全，尤其是那些与车辆安全密切相关的系统，如制动系统、转向系统、ESP 电子稳定系统。这些系统必须严格遵循 ISO26262 等功能安全标准，要求制造商在系统设计、实现和测试过程中采取特定的技术和方法，以确保系统在故障情况下仍能安全运行。

（2）实时性要求：汽车控制系统通常需要实时响应，这要求系统必须在严格的时间约束内响应外部事件。例如，ABS 系统必须在驾驶员踩下刹车踏板的瞬间作出反应。实现这一点需要使用实时操作系统和特定的硬件设计。

（3）环境适应性：汽车嵌入式系统需要适应恶劣环境，要求在极端温度、湿度、震动和电磁干扰环境下仍能正常工作。

（4）高集成度：现代汽车的嵌入式系统非常复杂，集成了大量传感器、控制单元和网络。在不同用途的嵌入式系统之间需考虑接口交互和通信的兼容性。

（5）网络通信：汽车电子系统通常使用特定的网络协议，如 CAN（控制器局域网络）、LIN（局部互联网络）和 MOST（媒体导向系统运输）。这些协议专为车辆环境设计，以支持车内各电子控制单元之间的通信。

（6）软件开发流程：汽车电子系统的软件开发通常严格遵循 ASPICE（汽车软件过程改进和能力确定）等流程，以确保软件质量。

（7）验证和测试：汽车电子系统的验证和测试过程极为严格，包括模拟测试、实车测试和在各种环境条件下的测试。这要求使用专门的测试设备和工具，以及在复杂的测试场景下进行。

（8）长期支持和维护：汽车电子系统的设计和开发需考虑长期的支持和维护，包括软件更新、硬件升级和故障修复。

总的来说，汽车电子系统的开发技术在安全性、可靠性、实时性、环境适应性、网络通信和系统集成等方面有更高的要求，面临特定的技术挑战。

9.5　嵌入式系统开发流程

嵌入式产品的开发过程需要遵循一些基本流程，从需求分析到总体设计，再到详细设计，最后到产品完成。开发流程涵盖嵌入式软件和嵌入式硬件两大部分。

1. 项目启动与需求分析

项目的第一步是弄清楚产品需求的来源，以及一个成功的产品需要满足哪些需求。只有明确了需求，产品开发的目标才能明确。

- 项目启动：明确项目的目标和愿景，组建项目团队。
- 需求分析：进行市场分析和调研，与客户或项目负责人深入沟通，收集和分析需求，明确产品的定义和功能。
- 编写需求文档：将收集到的需求整理成文档，并进行评审。

2. 系统设计与规划

需求明确后，就可以根据需求细化产品规格和性能参数，并根据这些信息进行方案设计。

- 设计系统架构：根据项目的目标和需求，确定系统的总体架构，包括硬件和软件的组件。
- 确定硬件规格：选择合适的处理器、内存、存储、外设等硬件组件，必要时进行预研和测试工作，以确保硬件性能满足项目需求。硬件选型还需要考虑成本、开发周期、芯片厂商的支持等因素。

- 确定软件规格：确定操作系统、中间件、应用程序等软件组件。
- 选择开发工具：选择合适的开发工具、编译器和调试器。
- 制订项目计划：制订项目计划和时间表。

3. 硬件设计与验证

主要从硬件角度出发，确认整个系统的架构，再按功能划分各个模块，并确定各个模块的实现方式。

- 电路板（PCB）设计：设计电路板的布局，包括传感器、执行器和外围设备。
- 硬件仿真：使用仿真工具进行硬件电路的仿真测试。
- 原型测试：制造 PCB 原型，并进行硬件测试验证。

4. 软件架构设计与开发环境搭建

主要依据系统要求，将整个系统按功能进行模块划分，定义好各个模块间的接口，以及模块内部的数据结构等。

- 软件架构设计：设计软件架构，包括操作系统、中间件、应用程序等。
- 开发环境搭建：配置 IDE、编译器、调试器、仿真器等开发工具。
- 编写系统初始化和硬件抽象层的代码。

5. 软件开发与调试

设计各个功能模块的运行流程，开发相关的功能函数、数据结构和全局变量。如果需要通信，还要设计通信协议以及通信数据格式。测试人员尽早参与系统设计过程，越熟悉涉及方案，越能有针对性地进行功能测试。

- 代码编写：根据软件设计，开始编写代码。
- 版本控制：使用版本控制系统（如 Git）管理代码。
- 单元测试：编写单元测试，进行调试和验证。
- 硬件调试：使用调试工具进行硬件调试。

6. 集成与系统测试

进行软硬件联调及系统测试，磨合软硬件的设计，修正存在的问题和 bug，以满足立项时的需求。如果产品在恶劣环境下工作，还需进行抗干扰测试、防潮湿测试、高低温测试等。

- 集成测试：将硬件和软件集成，进行系统级测试。
- 性能测试：测试系统性能，包括响应时间、吞吐量等。
- 稳定性测试：测试系统的稳定性和可靠性。

- 问题修复和优化：根据测试结果进行问题修复和性能优化。

7. 验证与优化

在此阶段，产品已满足最基本的交付要求，可以交付客户进行试用。此时，客户可能会根据使用情况提供反馈并提出修改建议。

- 现场测试：在实际环境中测试系统性能。
- 用户反馈：根据用户反馈进行系统优化和功能增强。
- 测试和优化：可能需要进行多轮的测试和优化。

8. 文档与交付

在此阶段，产品开发已完成。开发人员与项目经理需要编写相关文档，并准备正式交付。

- 文档编写：编写详细的系统文档，包括设计文档、用户手册、维护指南等。
- 交付物准备：准备硬件和软件的发行版。
- 项目评审和交付：进行项目评审，交付最终产品。

9. 后续支持与维护

产品交付后，还需要保证后续的支持与维护。

- 用户支持：提供用户支持和维护服务。
- 性能监控：监控系统的性能，收集用户反馈。
- 系统升级：根据需要进行系统升级和维护。

每个阶段都需要良好的团队协作、项目管理、风险管理和质量保证。随着项目的进展，可能需要不断地调整和优化流程，以适应新的需求和挑战。

9.6　汽车嵌入式软件开发

目前，汽车的电气架构主要采用分布式架构，即将汽车的功能分解到各个模块，由每一个模块负责一部分功能。因此，汽车软件的复杂度被拆解，但质量要求极高。为了解决软件开发过程中的各种问题，汽车行业先后引入了瀑布模型和 V 模型。

1. 瀑布模型

瀑布模型由温斯顿·罗伊斯（Winston Royce）于 1970 年提出，他将软件生命周期分为若干阶段和固定的顺序，形如瀑布流水，最终得到软件产品。直到 20 世纪 80 年代早期，瀑布模型都是唯一被广泛采用的软件开发模型。瀑布模型是软件开发模型的鼻祖，在软件工程中占有举足轻重的地位，为软件开发提供了基本框架。后续的 V 模型、螺旋模型、快速原型模型、增量模型、喷泉模型等，都是在瀑布模型的基础上改进或借鉴的。

瀑布模型的核心思想是按工序将问题化简，将功能的实现与设计分开，以便于分工协作，即采用结构化的分析与设计方法，将逻辑实现与物理实现分开。瀑布模型将软件生命周期划分为问题定义和规划、需求分析、架构设计、详细设计、编码、测试和运行维护等7个基本活动，并且规定了它们自上而下、相互衔接的固定次序，犹如瀑布流水逐级下落。

瀑布开发模型如图9.1所示，按照从上到下的顺序，完成一个阶段后才能进入下一个阶段。各个阶段说明如下：

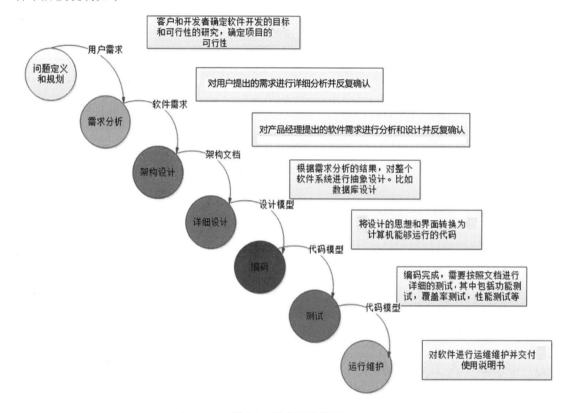

图 9.1　瀑布开发模型

（1）问题定义和规划：在这个阶段，客户和开发者确定软件开发的目标，并进行可行性研究，确定项目的可行性。

（2）需求分析：在这个阶段，开发团队与客户合作，详细收集和记录所有软件需求。这些需求将被编写成详细的软件需求规格说明书（SRS）。

（3）架构设计：基于需求分析的结果，软件和系统架构师将设计软件的总体结构和组件。这个阶段会产出设计文档，包括数据流图、实体关系图、状态转换图等。

（4）详细设计：在这个阶段进行具体的功能设计，包括用户界面设计、异常处理、资源管理等。

（5）编码：在这个阶段，程序员根据设计文档开始编写代码。这是构建软件产品的核心阶段。

（6）测试：编码完成后，软件进入测试阶段。目标是发现并修复程序中的错误。测试可以分为单元测试、集成测试、系统测试和验收测试。

（7）运行维护：在生产环境中部署后，可能需要对软件进行更新和修改，以修复潜在的bug，满足用户新的需求或适应新的环境。

瀑布模型的优点如下：

● 按阶段划分的价差审核，保证质量。
● 分工明确，每个工序的人只需关注当前工序。
● 模板化，标准化。系统分析、设计、编码、测试和支持等工序遵循相同的模板和标准，确保项目朝着一致的方向前进。

瀑布模型的缺点如下：

● 各个阶段的划分完全固定，阶段之间会产生大量文档，显著增加了工作量。
● 由于开发模型是线性的，用户只有等到整个过程的末期才能见到开发成果，因此增加了开发的风险。
● 通过设定过多的强制完成日期和里程碑来跟踪项目进度（即跟踪项目的各个阶段）。
● 瀑布模型的主要缺点是难以适应用户需求的变化。

瀑布模型的优点使其非常适合需求明确、不易变化的项目，但它的灵活性较差，难以适应需求的变化。

2. V 模型

V 模型即快速应用开发模型（Rapid Application Development，RAD），由瀑布模型演变而来，是目前汽车行业应用最广泛的软件开发模型之一。它特别强调测试阶段的重要性。V模型的名字来源于软件开发过程中各阶段与测试阶段的对应关系，呈现出 V 字形状，如图9.2 所示。

V 模型用于描述软件测试过程，反映了测试活动与软件开发活动之间的关系。V 模型强调测试活动应与开发活动同步进行，并且每个开发阶段都应有一个对应的测试阶段。

V 模型的主要组成部分如下：

（1）需求建模：这是软件开发过程的起点，开发团队与客户或利益相关者沟通，收集并分析需求。在这个阶段，应进行需求的验证和确认。

（2）概要设计：根据需求分析的结果，进行系统架构设计和模块划分，选择软件框架、开发语言和工具等。

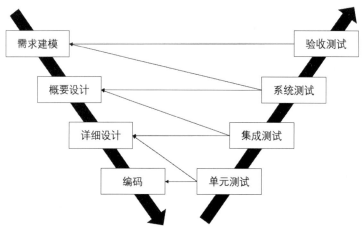

图 9.2　V 模型

（3）详细设计：在此阶段，细化系统设计，为每个组件进行详细设计，定义模块内部的逻辑结构、数据结构、算法和接口等。

（4）编码：根据设计文档，开发团队开始编写代码。此阶段是将设计转化为实际可执行的软件的过程。

（5）单元测试：编码完成后，对每个模块或单元进行测试，以确保它们符合设计要求且没有缺陷。

（6）集成测试：单元测试完成后，将各个模块集成为一个完整的系统，并进行集成测试。这个阶段的目标是验证系统组件之间的交互和通信是否正常。

（7）系统测试：测试软件在特定场景下的工作情况，以验证整体系统性能和功能。

（8）验收测试：这是最后一个测试阶段，通常由客户或利益相关者执行。目标是验证系统是否满足业务需求并确保用户满意。

总体而言，V 模型是对瀑布模型的细化和完善。相比瀑布模型，V 模型的优势在于：

● 解决了瀑布模型中开发和测试阶段严格分离难以实现的问题。

● 软件回溯较为方便、快捷。

● 测试提前进行，能及早发现问题并解决问题。

● 问题追溯性更强。

● 提高了开发效率，降低了开发成本。

不过，V 模型和瀑布模型一样，在过程中会产生大量文档，项目的响应速度也难以满足当前汽车行业日新月异的需求和快速更新换代的节奏。在实际应用中，V 模型可以与其他开发模型（如敏捷模型）结合使用，以适应不同的项目需求和开发环境。

9.7　嵌入式系统常见的问题

嵌入式系统的常见问题如下：

- 资源限制：嵌入式系统通常具有有限的处理器速度、内存和存储空间。开发者必须高效地利用这些资源，避免浪费。因此，需选择执行效率较高的语言，并尽量使用实时操作系统，以更好地管理资源。

- 实时性要求：许多嵌入式系统需满足严格的实时性要求，即在规定时间内完成任务。这可能需要在系统设计和调度策略上进行权衡。应合理划分任务优先级，优化代码执行逻辑，减少中断延迟。

- 电源管理：嵌入式系统往往在电池或有限电源下运行，因此电源管理至关重要。开发者需优化代码以降低能耗，延长设备的使用时间。

- 环境适应性：嵌入式设备可能需在极端温度、湿度、震动等环境下运行，这要求硬件和软件具备适应性设计。例如，使用温度传感器进行监控并采取相应措施。

- 安全性：随着越来越多的嵌入式设备连接至互联网，安全性问题（如数据泄露、恶意攻击等）变得突出，需要制定适当的安全策略。

- 兼容性和可扩展性：嵌入式系统可能在不同硬件平台上需要不同实现，同时还需要考虑未来的可扩展性。应采用标准化接口和协议，并进行兼容性测试，以便逐步升级和替换旧组件。

- 调试和测试：由于嵌入式系统缺乏直观的调试工具，因此调试和测试变得十分困难。优先选择便于调试的平台和语言进行开发，有助于减轻这一问题。

- 固件更新和维护：嵌入式系统可能需要通过固件更新来修复错误或增加功能，因此固件设计需具备良好的可维护性。

- 跨平台开发：许多嵌入式设备使用不同的处理器和操作系统，这要求开发者能适应不同的开发环境和工具。

- 用户界面和交互：嵌入式系统可能需要提供用户界面，但受限于硬件，这些界面可能不如通用计算机的界面丰富和直观。

- 文件系统和小数据存储：嵌入式系统可能需存储和检索数据，但受限于存储空间，需特别考虑文件系统的选择和数据管理策略。

- 网络通信：嵌入式系统可能需要通过网络与其他设备通信，但网络协议的实现和网络栈的优化是需要面临的挑战。

- 外设集成：嵌入式系统往往需要与各种外设（如传感器、显示屏、键盘等）集成，这要求开发者对各种外设的接口和驱动有深入的了解。

- 成本和时间压力：在商业嵌入式开发中，成本和时间是关键因素，这要求开发者高效地工作，并在预算内完成项目。

9.8　Rust 语言在嵌入式系统中的优势

Rust 语言在嵌入式系统中的优势主要体现在以下方面：

（1）内存安全：Rust 通过所有权、借用和生命周期等机制，提供了编译时内存安全检查，这可以显著减少嵌入式系统中常见的内存安全问题，如缓冲区溢出、空悬指针、数据竞争等。对于嵌入式系统而言，这尤为重要，因为嵌入式系统通常资源有限，无法处理运行时错误，并且可能缺少实时的人为干预。

（2）无垃圾回收：嵌入式系统对性能和资源使用有严格的限制。Rust 不需要垃圾回收机制，从而避免了垃圾回收带来的不可预测的暂停和额外的内存占用，这使得 Rust 非常适合资源和处理能力受限的嵌入式设备。

（3）零成本抽象：Rust 提供了许多高级编程特性，如范型、模式匹配和宏，且不会引入运行时开销。这使得开发者可以使用这些特性来编写清晰、简洁的代码，同时保持高性能。

（4）跨平台编译：Rust 支持跨平台编译，可以为目标系统生成高效的机器代码。开发者可以在一个平台上编写代码，然后编译为多个嵌入式目标系统的可执行代码。

（5）强大的并发支持：Rust 的并发模型基于所有权和类型系统，能有效防止数据竞争和其他并发错误。对于需要处理多个任务或硬件事件的嵌入式系统来说，这是一个重要特性。

（6）工具链和生态系统：Rust 拥有成熟的工具链，包括包管理器（Cargo）、构建系统和测试框架。此外，Rust 的社区和生态系统正在快速增长，提供了丰富的库和工具来支持嵌入式开发。

（7）与 C 语言的兼容性：Rust 可以轻松地与 C 语言代码集成，使得它可以在现有的嵌入式系统项目中逐步引入，而无须完全重写现有代码库。

（8）安全性：Rust 的编译时内存安全检查可以减少运行时错误，这对于需要高可靠性的嵌入式系统而言是一个重要的特性。

总之，Rust 的内存安全、性能、跨平台能力和现代化的语言特性，使它成为适合现代嵌入式系统开发的强大工具。

9.9　总结与讨论

Tom 和大周听了小张关于嵌入式系统的汇报后，觉得收获颇丰。

Tom 总结道：“小张的报告对我很有启发。嵌入式系统是一种广泛用于各种设备和系统内部的计算机系统，它不仅仅涉及软件开发的工作，开发这类系统还是一个系统级的工程，它涵盖了硬件层、中间层、系统软件层和应用软件层。我们正在转型到汽车电子软件开发，对于安全性和可靠性的要求比之前更高。我们要强化对嵌入式系统基础知识的培训，特别是实时操作系统、硬件接口和通信协议。"

　　大周说道: "我觉得就开发环节而言, V 模型在开发的各个环节都设有对应的测试, 可以有效保证软件产品的质量。对于我们软件工程师而言, 必须加深对嵌入式系统软硬件的理解, 才能编写出高质量且易于移植的代码。"

　　小张回应道: "作为一名初级工程师, 我认为嵌入式系统是一个充满挑战和机遇的领域。我会向两位前辈学习, 在项目中积极实践, 通过解决实际问题不断学习和成长。"

9.10　练习

　　1. CPU 由哪几部分组成?

　　2. 中间层的作用是什么?

　　3. 分析瀑布模型与 V 模型各自的缺点。

　　4. 提供一组预编译的代码以实现某个特定功能, 这被称为什么?

第 10 章

Rust 在 Linux 中的应用

大周看小张对 Rust 语言已有一定掌握，便提议让小张在嵌入式 Linux 平台上编写一些 Rust 程序来练练手。一方面检验小张对 Rust 编程的学习成果，另一方面也验证 Rust 的开发效率和运行稳定性。

小张欣然接受挑战，从容地打开了代码编辑工具。

10.1 在 Windows 系统下编译 Linux 程序

之前，我们一直在 Windows 平台上编译程序并运行。接下来，我们需要在 Windows 平台上编译程序，但在 Linux 平台上运行。这种在一个平台上编译生成另一个不同平台上的可执行代码的方式被称为交叉编译。

交叉编译通常用于为不同的硬件或操作系统编译生成软件。例如，在 x86-Linux 平台下为 ARM-Linux 平台编译生成软件，或在 x86-Windows 平台下为 ARM-Linux 平台编译生成软件。由于嵌入式 ARM 平台在性能和系统裁剪方面的限制，通常不推荐直接在 ARM-Linux 平台上进行软件编译。

我们现在准备在 x86-Windows 平台上为 ARM-Linux 平台开发 Rust 程序，所使用的 ARM-Linux 平台是树莓派（Raspberry Pi）2B，如图 10.1 所示。树莓派实质上是一台迷你的嵌入式计算机，类似于其他任何一台台式机或笔记本电脑，树莓派可用于开发许多项目。当然，它与普通计算机也有一些不同：普通计算机主板依靠硬盘存储数据，而树莓派则使用 TF 卡作为"硬盘"（存储设备）。

树莓派 2B 于 2015 年 2 月 2 日发布，是树莓派的第二代 B 型。它配备了专门定制的 BCM2836 处理器，集成了当时最新的 ARM Cortex-A7 四核处理器，每个核心的工作频率高达 900MHz。为配合新的处理器，树莓派 2B 的存储器增加至 1GB，工作频率为 450MHz。它保留了树莓派 B+的 40-pin GPIO 接口，且引脚分布与树莓派 B+和 A+完全相同，因此所有开发项目和外接 GPIO 板卡在这三款板子上都通用。大多数专门为树莓派 A 系列和 B 系列设计的模块也能用于树莓派 2B，除非模块的外形与 B+不兼容。

图 10.1　树莓派 2B 的实物图

使用树莓派不仅可以编辑文档、浏览网页、玩游戏、播放视频和音频等，还可以制作智能小车、示波器、电子相框、家庭影院、相机等。在树莓派的官网上，有许多开源的应用示例，可通过 https://projects.raspberrypi.org/en 访问。

Raspbian 是专门用于树莓派的操作系统，它基于 Debian 开发，并针对树莓派进行了硬件优化。

在简单介绍完硬件平台和交叉编译的基本知识后，下面开始配置交叉编译环境。

步骤 01 安装交叉编译工具链。Rust 在 Linux 系统中的工具链是 raspberry-gcc，它是树莓派官方提供的 C/C++工具链，下载网址是 https://gnutoolchains.com/raspberry/。下载并成功安装后，需要将安装目录\SysGCC\bin 添加到环境变量中。在终端中输入以下命令，检查工具链是否安装正确：

```
arm-Linux-gnueabihf-gcc.exe -v
```

如果安装正常，终端会显示出安装的 gcc 工具链的版本号，如下所示：

```
gcc version 12.2.0 (Raspbian 12.2.0-14+rpi1)
```

步骤 02 添加目标平台。在终端中执行以下命令，添加工具链对应的目标平台 target armv7-unknown-Linux-musleabihf。

```
rustup target add armv7-unknown-Linux-musleabihf
```

说　　明
armv7-unknown-Linux-musleabihf 通常用于编译针对 ARMv7 架构、运行于 Linux 操作系统并需要使用硬件浮点运算的程序。这种配置在嵌入式系统和一些对性能有较高要求的应用中较为常见。

可以输入以下命令查看已安装的目标平台（target）类型：

```
rustup target list
```

步骤 03 创建项目并验证交叉编译环境。在 projects 目录下输入以下命令，创建项目 cross_compile，以验证交叉编译环境是否配置正确：

```
1.  cargo new cross_compile
2.  cd cross_compile
```

步骤 04 配置交叉编译设置。在 cross_compile 目录下创建文件 cross_compile\.cargo\config.toml，并输入以下内容：

```
1.  [target.armv7-unknown-Linux-musleabihf]
2.  linker = "/path/to/the/gcc/arm-Linux-gnueabihf-gcc.exe"
3.
4.  [build]
5.  target = "armv7-unknown-Linux-gnueabihf"
```

> **注　意**
>
> Linker 字段需要填写 arm-Linux-gnueabihf-gcc.exe 的实际路径。target 标签的名称需与 rustup target add 命令中指定的目标平台名称一致。

步骤 05 接下来尝试编译代码，生成可在树莓派上运行的执行文件。编译命令如下：

```
cargo build --target armv7-unknown-Linux-musleabihf
```

这里是在普通编译命令后加上参数--target armv7-unknown-Linux-musleabihf。这个命令是让 cargo 工具构建一个适用于 ARMv7 架构、运行于 Linux 操作系统且使用 musl libc 和硬件浮点 ABI 的程序。而 config.toml 文件中的[target.armv7-unknown-Linux-musleabihf]配置项会在编译 Rust 程序时使用 arm-Linux-gnueabihf-gcc.exe 作为链接器，而不是默认的链接器。

步骤 06 编译成功，终端显示如下信息：

```
1.  cargo build --target armv7-unknown-Linux-musleabihf
2.     Compiling cross_compile v0.1.0 (E:\learning\
rust_study\Rust_sample_code\Rust_sample_code\project\cross_compile)
3.     Finished `dev` profile [unoptimized +
debuginfo] target(s) in 0.77s
```

现在，我们获得了可以在树莓派上运行的可执行文件，路径为：cross_compile\target\armv7-unknown-Linux-musleabihf\debug\cross_compile。

步骤 07 将编译出的可执行文件复制到树莓派上，在终端中进入该可执行文件所在目录，执行如下命令：

```
1.  pi@raspberrypi:~ $ ./cross_compile
```

```
2.  Hello, world!
```

终端显示出 "Hello, world!"，表明我们的交叉编译环境配置成功！

10.2　命令行程序

命令行程序（command-line interface，CLI）是一种通过输入文本命令与计算机程序交互的程序。它允许用户通过键盘输入特定的命令，这些命令被程序解析并执行相应的操作。命令行程序通常在终端中运行，具有语法简洁、快速执行特定任务的特点。用户通过终端与命令行程序进行交互。

常见的命令行程序包括：

- ls：列出目录内容。
- cd：更改当前工作目录。
- grep：在文件中搜索特定的文本字符串。
- find：在目录树中搜索文件。
- cp：复制文件或目录。
- mv：移动或重命名文件或目录。
- mkdir：创建新目录。
- rm：删除文件或目录。
- chmod：更改文件权限。

10.3　my_ls 程序

我们尝试用 Rust 编写自己的 ls 命令。首先在 projects 目录下创建项目 my_ls，然后按照第 10.1 节介绍的方法，把 my_ls 项目配置为交叉编译的项目。

1. 获取参数

my_ls 需要获取调用时的参数。在 Rust 的标准库中，可以通过函数 std::env::args() 来遍历命令行中的参数。参数的序号从 0 开始，第一个参数是程序名（my_ls），接下来的参数才是用户输入的参数。

修改 main.rs 的代码，打印输入的参数：

```
1.  use std::env;   // 导入标准库中的 env 模块，用于获取命令行参数
2.
3.  fn main() {
4.      // 获取第一个参数（程序名），若为空则报错并显示 "no command"
        let arg0 = env::args().nth(0).expect("no command");
```

```
5.
6.        // 获取第二个参数（用户输入的参数），若为空则报错并显示 "not given path"
          let arg1 = env::args().nth(1).expect("not given path");
7.
8.        // 获取第二个参数（用户输入的参数），若为空则报错并显示 "not given path"
          println!("arg0: {:?}, arg1: {:?}", arg0, arg1);
9.   }
```

在上述代码中：

● 第 1 行代码引入标准库的 env 模块，该模块提供了与程序运行环境相关的功能。

● 第 4 行与第 6 行代码的功能类似，env::args()函数返回一个迭代器，包含传递给程序的命令行参数；nth(0)方法用于获取迭代器的第一个元素，这里元素的类型为 Option<String>，如果值是空，则返回 None；expect("no command") 方法会对 nth(0)返回的 Option<String> 进行解包；如果 nth(0)返回 Some<String>，则取出 String 类型的值返回；如果返回 None，则触发 panic（程序报错并退出），并输出 "no command" 作为错误信息。

● 第 8 行代码打印第一个和第二个参数（第一个参数必定是 my_ls）。

将可执行文件发送到树莓派上，并用以下命令运行：

```
1.   pi@raspberrypi:~ $ ./my_ls a
2.   arg0: "./my_ls", arg1: "a"
```

至此，my_ls 程序已经能够获取命令行参数并打印到终端。用户可以通过命令行参数的方式告诉程序要查看哪个目录的内容。

2. 读取文件夹内容

上面我们已经能通过命令行参数的方式获取到用户指定的目录，接下来需要读取目录中的内容。继续修改 main.rs 文件：

```
1.   use std::env;          // 导入标准库中的 env 模块，用于获取命令行参数
2.   use std::path;         // 导入标准库中的 path 模块，用于处理路径
3.
4.   fn main() {
5.        let arg0 = env::args().nth(0).expect("no command");
6.
7.        let path_str = env::args().nth(1).expect("not given path");
8.
9.        println!("arg0: {:?}, arg1: {:?}", arg0, path_str);
10.
11.       // 将用户输入的路径字符串转换为 Path 对象，方便后续读取
          let path = path::Path::new(&path_str);
```

```
12.
13.      // 使用 read_dir 读取目录内容, 若失败则报错 "read dir fail"
     for entry in path.read_dir().expect("read dir fail") {
14.         // if let 语句检查 entry 是否成功, 如果成功则进入代码块
        if let Ok(tmp) = entry {
15.            println!("{:?}", tmp.path());
16.         }
17.     }
18. }
```

在上述代码中：

● 第 2 行代码引入了标准库中的 path 模块, 用于处理路径。

● 第 11 行代码通过传入表示路径的字符串构造了一个 Path 类型的结构体, 用于进行目录和文件。

● 第 13 行代码使用 for 循环, 配合 Path 结构体的 read_dir 方法, 遍历指定目录下的文件。read_dir 方法返回一个 Result<ReadDir>, 其中包含目录中文件名的迭代器。expect 方法对 Result 枚举进行处理, 以确保在读取失败时显示报错信息。entry 变量表示每次迭代读取到的文件或子目录内容。

● 第 14 行代码使用 if let 控制流获取 entry 的值, 并将它赋值给 tmp, 如果读取成功则进入

● 第 15 行代码打印获取到的文件名或目录路径。

执行上述代码, 看看它的运行结果是否与执行系统命令 ls 的结果是否一致：

```
1.  pi@raspberrypi:~/test $ ls
2.  my_ls  test1
3.
4.  pi@raspberrypi:~/test $ ./my_ls ./
5.  arg0: "./my_ls", arg1: "./"
6.  "./my_ls"
7.  "./test1"
```

可以看出, 代码的执行结果与系统命令 ls 的输出一致。

10.4　错误处理

错误处理是软件中不可或缺的一部分, 因此在 Rust 中也有一些特性用于处理出错情况。在上一节的代码中, 如果用户没有输入命令行参数, 代码会报错, 并打印错误信息以提示用户。Rust 将错误分为两大类：可恢复的错误和不可恢复的错误。对于一个可恢复的错误, 我们通常希望只向用户报告问题并重试操作。而不可恢复的错误往往是程序存在 bug 的征兆, 遇到这

种情况时需要立即停止程序。

1. 不可恢复的错误

不可恢复的错误会导致程序的 panic 操作（即崩溃操作或恐慌操作），比如访问超出数组边界的内容，或者显式调用 panic!宏。显式调用 panic!宏的示例代码如下：

```
panic!("crash and burn");
```

2. 可恢复的错误

对于可恢复的错误，Rust 使用 Result<T, E>枚举来处理，它的定义如下：

```
1.  enum Result<T, E> {
2.      Ok(T),
3.      Err(E),
4.  }
```

其中 T 和 E 是泛型类型参数：T 代表成功时返回 Ok 成员中包含的数据类型，而 E 代表失败时返回 Err 成员中包含的错误类型。因为 Result 是泛型枚举，所以可以在许多不同的场景中使用它，它允许开发者根据需要返回成功值和失败值。

Result 是枚举类型，因此可以使用 match 控制流进行处理，不过 match 语句可能有些冗长。在这种情况下，可以使用 unwrap 方法来处理 Result 值。如果 Result 值是成员 Ok，unwrap 会返回 Ok 中的值；如果 Result 是成员 Err，unwrap 则会调用 panic!宏。unwrap 的示例代码如下：

```
1.  use std::fs::File;
2.
3.  fn main() {
4.      let greeting_file = File::open("hello.txt").unwrap();
5.  }
```

File::open 的返回值是 Result<T, E>。其中，泛型参数 T 的具体类型是 std::fs::File，代表成功时返回的文件句柄，而错误返回类型 E 则是 std::io::Error。这些返回类型意味着 File::open 调用可能成功，并返回一个可读写的文件句柄；也可能会失败，例如当文件不存在或访问文件的权限不足时。File::open 使用 result 枚举来告诉我们调用是否成功，同时返回文件句柄或错误信息。

当 File::open 调用成功时，greeting_file_result 将包含文件句柄的 Ok 实例；当调用失败时，greeting_file_result 将包含 Err 实，内含具体的错误信息。

需要注意的是，与 Option 枚举类似，Result 枚举及其成员也被导入 Rust 的 prelude 中，所以在 match 分支中使用 Ok 和 Err 时，不需要指定 Result::前缀。

此外，Rust 还提供了另一个类似于 unwrap 的方法，它允许我们自定义 panic!的报错提示信息：expect。使用 expect 代替 unwrap 并提供一个有意义的报错提示信息，可以更清晰地表达我们的意图，也更易于追踪程序触发 panic 的根源。expect 的语法示例如下：

```
1.  use std::fs::File;
2.
3.  fn main() {
4.      let greeting_file = File::open("hello.txt")
5.          .expect("can't open hello.txt");
6.  }
```

3. 传播错误

在编写执行可能失败的操作的函数时，除了在函数内部处理错误外，还可以选择将错误传递给调用者，由调用者决定如何处理。这种方法称为传播错误。采用这种方法可以更灵活地控制代码的调用，因为调用者可能比当前代码拥有更多的上下文信息，从而能更合理地处理错误。Rust 提供了问号（？）运算符来简化 Result 类型的错误处理过程。下面是使用问号运算符的示例代码，该示例代码读取文件内容，如果文件不存在，则将错误返回给调用者；如果读取成功，则返回文件内容。

```
1.  fn read_from_file() -> Result<String, io::Error> {
2.      let mut file_result = File::open("test.txt")?;
3.      let mut content = String::new();
4.      file_result.read_to_string(&mut content)?;
5.      Ok(content)
6.  }
```

Result 值之后的问号（？）与使用 match 表达式处理 Result 的工作方式相同。如果 Result 的值是 Ok，则 match 表达式将会返回 Ok 中的值并继续执行程序；如果值是 Err，则 Err 将作为整个函数的返回值，就如同使用了 return 关键字一样，这样错误值就被传播给了调用者。在上述代码的第 2 行，let mut file_result = File::open("test.txt")?;表示尝试打开文件，open 函数返回 Result 类型的值。如果返回的是 Ok，问号（？）会解析 Ok 中的值并赋给 file_result；如果返回的是 Err，则会终止函数的执行，并将 Err 返回给调用者。

针对 my_ls 程序，我们在代码中添加了 expect 方法来处理错误。接下来，可以测试是否会按照设计显示错误信息。尝试不输入命令行参数，看看 my_ls 是否会打印 "not given path" 的报错提示信息。

```
1.  pi@raspberrypi:~/test $ ./my_ls
2.  thread 'main' panicked at src\main.rs:7:39:
3.  not given path
4.  note: run with `RUST_BACKTRACE=1` environment variable to
display a backtrace
```

从输出结果可知，my_ls 程序成功地显示出报错提示信息。

10.5 优化 my_ls

我们的 my_ls 程序已经设计完成了，接下来进行优化。

优化命令行参数

Rust 提供了许多库用于获取命令行参数。其中，最流行的、用于解析命令行参数的库是 clap。它具备我们需要的各种功能，包括处理子命令、生成帮助信息等。

将 clap crate 引入项目有两种方法。第一种是在 my_ls 项目目录下执行以下命令：

```
cargo add clap --features derive
```

第二种是直接在 cargo.toml 文件中的[dependencies]标签下增加以下代码：

```
clap = { version = "4.5.4", features = ["derive"] }
```

然后，在 main.rs 中引入 clap crate 的模块：

```
1.  use clap::Parser;
2.
3.  /// Search for a pattern in a file and display the lines
that contain it.
4.  #[derive(Parser)]
5.  struct Cli {
6.      /// The path to read
7.      path: std::path::PathBuf,
8.  }
```

在上述代码中：

● 第 4 行代码#[derive(Parser)]是 clap crate 的宏，用于自动为结构体生成解析命令行参数的代码。

● 第 5~8 行代码声明了一个结构体类型 Cli，用于存放命令行参数。Cli 结构体中只有一个成员变量 path，类型是 std::path::PathBuf，用于存放路径。

接着，实现 main 函数：

```
1.  fn main() {
2.      let args = Cli::parse();
3.
4.      println!("path: {:?}", args.path)
5.  }
```

在 main 函数中，先通过 parse 方法实例化 Cli 类型的变量 args。parse 方法的作用是解析命令行参数，并返回封装好的 Cli 结构体。然后，将读取到的路径参数打印出来进行验证。

编译以上代码并运行，查看结果。

```
1.   pi@raspberrypi:~ $ ./my_ls ./
2.   path: "./"
```

读者可以继续修改 main 函数，完成 my_ls 的功能并进行测试验证。在测试验证过程中，可以故意不传入命令行参数，看看终端会打印出什么信息。

10.6 总结与讨论

本章实现了 my_ls 程序。在 my_ls 程序中，使用了标准库中的 std::env 模块来获取命令行参数。env 模块用于查看和修改环境变量、获取当前目录等。此外，程序还使用了 clap crate。相较于 env，clap crate 能处理更复杂的命令行参数，还支持子命令、标记和参数等功能。

本章还介绍了两类错误处理方式——可恢复错误的处理和不可恢复错误的处理。在 my_ls 程序中，我们使用了 expect 来处理错误；同时还介绍了错误传播机制，将错误返回给调用者，由调用者决定如何处理错误。

大周看了两个小工具的代码实现后说道："Rust 的库不仅多，而且功能强大。在软件开发中可以轻松地在项目中使用它们，不像在 C/C++中使用其他开源项目时那么麻烦，既要克隆 git 项目，还要编译动态库，然后在自己的项目中使用。相比之下，Rust 的错误处理机制比 C/C++ 的错误处理机制更加可靠和清晰，能帮助软件开发者快速定位问题代码。这不仅提高了开发效率，也保证了代码质量。"

10.7 练习

1. 继续完成使用 clap crate 的 my_ls 程序。

2. 尝试在 my_ls 示例程序中，把目录的处理拆分到一个单独的函数中，并将 expect 替换成问号运算符以处理错误。

3. 尝试使用其他循环控制改写遍历目录的 for 循环。

第 11 章

Rust 的文件操作

小张实现了自己的 my_ls 程序, 兴高采烈地与 Tom 和大周分享自己写 Rust 程序的心得: "用 Rust 语言编写程序, 安全性确实很高。标准库中的每个函数返回的都是 Result 类型, 倒逼开发者添加错误判断。"

大周说道: "确实如此, Rust 的 Result 枚举很好地防止了程序中的许多潜在 bug。"

Tom 接着说: "在我们之前的开发中, 文件处理是最容易出现 bug 的部分。不知道 Rust 的文件处理机制是否同样健壮?"

小张听罢, 说道: "那我来试试看吧!"

11.1 Linux 的文件系统

"万物皆文件"(everything is a file)是 Linux 系统的一种哲学思想和设计原则, 即系统中的所有资源都可以通过文件进行访问和管理。所有设备、进程、网络连接、文件和目录等实体都被抽象为文件的概念, 通过文件系统实现统一的管理和访问。这种设计理念有以下几个优点:

(1)统一接口: 由于所有资源都是文件, 因此用户和程序可以使用相同的命令和操作来处理不同类型的资源。例如, 用户使用 cat 命令不仅可以查看文件内容, 还可以查看设备文件的内容。

(2)灵活性: 文件系统的这种设计使得添加新的设备或资源相对简单。只需在文件系统中添加相应的文件, 系统就可以识别并使用新的资源。

(3)安全性: 文件系统的权限控制机制可以保护系统资源。通过设置文件的权限, 可以限制对文件的访问, 从而提高系统的安全性。

(4)简洁性: 由于所有资源都是文件, 系统的设计和维护变得更加简洁。系统开发者可以专注于文件操作的实现, 而不需要为每种资源编写特定的代码。

这种"万物皆文件"的思想, 使 Linux 系统具有统一的接口和操作方式。文件不仅指磁盘上的文件，系统中的所有可用实体都能被抽象为文件，并统一使用文件接口进行管理。

注意，本章中的文件操作说明及示例均基于 Linux 系统。

11.2　Rust 创建文件

既然要使用 Rust 开发 Linux 系统下的应用，那么文件操作必不可少。本节将研究如何使用 Rust 语言来读写文件，并探讨它与其他编程语言的区别。

首先，在 project 目录下创建 file_test 项目，并正确配置项目。

然后，在 main.rs 文件中编写一个创建文件的函数，代码如下：

```
1.  use std::{self,
2.      fs,
3.      fs::File,
4.  };
5.  use std::path::{
6.      self,
7.      Path,
8.      PathBuf,
9.  };
10.
11. /// 创建路径为 path，文件名为 f_name 的文件
12. ///
13. fn my_create_file(path: &String, f_name:
&String) -> Result<File, std::io::Error> {
14.     // 将路径字符串 `path` 转换为 PathBuf 类型
        let mut my_path_buf = PathBuf::from(path);
15.
16.     my_path_buf.push(f_name);   // 在路径中追加文件名 f_name
17.
18.     // assert_eq!(my_path_buf, PathBuf::from("a/b.c"));
        // 可选的断言语句，用于检查路径是否符合预期
19.     println!("create file {:?}", my_path_buf.as_path());
20.     // 尝试在指定路径创建文件，并将结果赋给 file
        let file: File = File::create(my_path_buf.as_path())?;
21.
22.     Ok(file)     // 返回创建的文件对象 file
23. }
```

第 1~9 行代码将创建文件所需的模块引入到作用域中。

- std::fs 模块中包含一些基本的操作本地文件系统内容的基本方法。该模块中的所有方法均

为跨平台的文件系统操作。std::fs::File 表示一个文件实例，用于根据打开文件时指定的选项进行读取和写入。文件类型还实现了 Seek 方法来改变文件内部逻辑指针（或称为游标）的位置。当文件超出作用域时，文件会自动关闭；在关闭时若检测到错误，该错误会被 Drop 实现的代码忽略。如果必须手动处理这些错误，可以使用 sync_all 方法。

● std::path 模块提供了两种类型，PathBuf 和 Path（类似于 String 和 str），用于抽象地处理路径。这两种类型封装了 OsString 和 OsStr，这意味着可以根据本地平台的路径语法直接操作字符串。通过遍历 Path 类型上的 components 方法返回的结构，可以将路径解析为组件。组件大致对应路径分隔符（如"/"或"\"）之间的子字符串。可以使用 PathBuf 的 push 方法将组件重建为等效路径。注意，路径组件在语法上可能有所不同，因为组件方法文档中描述的路径会被标准化。

第 13~23 行代码定义的函数 my_create_file 用于创建文件。其形参 path 和 f_name 均为 String 类型的引用，分别表示要创建的文件所在的路径和文件名。函数返回值是 Result 类型的枚举，如果函数执行成功，则返回 Ok(File)；如果失败，则返回原因。let mut my_path_buf = PathBuf::from(path); 代码通过形参 path 构建了 PathBuf 实例。my_path_buf.push(f_name); 把文件名添加到路径后面，形成带路径的完整文件名。let file: File = File::create(my_path_buf.as_path())?; 使用 create 函数创建文件，由于 create 函数的形参类型是 std::Path，因此需要使用 as_path 方法把 PathBuf 转换成 Path 类型。创建成功后，返回 Result<File>。

最后，在 main 函数中调用 my_create_file 函数，代码如下：

```
1.  fn main() {    // 创建指定路径的文件
2.      // my_create_file("./", "b.c");
3.      if let Ok(file) = my_create_file(&"./".to_string(),
&"a".to_string()) {
4.          println!("create file ok");
5.      }
6.  }
```

在树莓派上运行经编译生成的可执行文件，结果如下：

```
1.  pi@raspberrypi:~/test $ ls
2.  file_test
3.  pi@raspberrypi:~/test $ ./file_test
4.  create file "./a"
5.  create file ok
6.  pi@raspberrypi:~/test $ ls
7.  a  file_test
```

11.3　读写文件

文件已经创建好了，接下来我们试着对文件执行读写操作。在 main.rs 中，添加读取文件的函数，代码如下：

```
1.  fn my_read_file(path: &String) -> Result<String, Box<dyn
std::error::Error>> {
2.      Ok(String::from_utf8(fs::read(path)?)?)
3.  }
```

虽然 my_read_file 函数的代码只有两行，但涉及很多新的内容，让我们逐一解析。

1. 返回值

在返回值 Result 中，有一个类型 Box<dyn std::error::Error>，它由以下 3 部分组成：

1）Box<T>

Box<T>是一个智能指针类型，它允许我们将一个值存储在堆中而不是栈中。栈中存储的是指向堆中数据的指针。除数据被存储在堆中而不是栈中之外，Box 没有显著的性能损失，也没有额外的功能。它多用于以下场景：

- 当类型的大小在编译时未知，而又希望在需要确定大小的上下文中使用该类型的值时。
- 当数据量很大，并希望在确保数据不被复制的情况下转移所有权时。
- 当只关心值的类型是否实现了特定方法而不关心其具体类型时。

在这里，我们并不知道具体会返回什么类型的错误，也无法预知该错误类型的值在上下文中的确切大小。Box<T>作为指向堆中数据的指针，它的大小是确定的，因此可以用来处理这种不确定类型的错误。

2）dyn

dyn 关键字通常与类型擦除和多态性相关联，用来创建一个动态类型引用。这种引用不绑定到具体的类型，而是在运行时确定。这允许我们编写更灵活的代码，处理不同类型的数据。

dyn 还可以用来创建动态的 trait 对象，这种对象在运行时可以持有任何实现了特定 trait 的类型。这样一来，我们可以编写更加通用和可扩展的代码。

当使用动态 trait 对象时，Rust 会在运行时擦除对象的类型信息，这意味着我们无法在运行时直接访问对象的类型。这使得 Rust 实现了多态性，但也有可能导致增加性能开销，因为每次调用方法时，Rust 需要查询对象的方法。

与其他编程语言的动态类型系统相比，Rust 的动态类型系统更加安全和高效。这得益于 Rust 的其他特性，如类型系统、所有权和生命周期，它们帮助减少了类型错误和内存泄漏的风险。然而，动态 trait 对象仍然会增加一定的运行时开销，因为类型擦除和方法查找需要额外的检查操作。

3）std::error::Error

这是 Rust 标准库中定义的一个 trait，它提供了 source()方法来获取错误的源信息，以及 description()方法来获取错误描述。任何实现了 Error trait 的类型都可以被视为可抛出的错误类型。

2. trait 的定义

trait 定义了某个特定类型可能拥有的功能，这些功能也可能与其他类型共享。通过 trait，能以一种抽象的方式定义共同行为。可以使用 trait bounds 来指定泛型是任何拥有特定行为的类型。

注　意

trait 类似于其他编程语言中的接口（interfaces），虽然有一些不同之处。

一个类型的行为由其可供调用的方法构成。如果可以对不同类型调用相同的方法，那么这些类型就可以共享相同的行为。trait 定义是一种将方法签名组合起来的方法，目的是定义实现某些功能所必需的行为集合。

trait 的示例如下：

```
1.  pub trait Summary {
2.      fn summarize(&self) -> String;
3.  }
```

在这里，我们使用 trait 关键字声明一个 trait，名称为 Summary。同时，声明 trait 为 pub，以便依赖这个 crate 的其他 crate 也可以使用这个 trait。在花括号中声明实现这个 trait 的类型所需的行为的方法签名，在本例中是 fn summarize(&self) -> String。

在方法签名后跟分号，而不是在花括号中提供其实现。每个实现该 trait 的类型都需要提供自定义行为的方法体，编译器会确保任何实现 Summary trait 的类型都具有与该签名完全一致的 summarize 方法。

trait 体中可以包含多个方法：一行一个方法签名且都以分号结尾。

现在我们定义了 Summary trait 的签名，接下来可以在结构体中实现 trait 类型，示例如下：

```
1.  pub struct NewsArticle {          // 定义一个名为 NewsArticle 的结构体
2.      pub headline: String,         // 新闻标题
3.      pub location: String,         // 新闻地点
4.      pub author: String,           // 新闻作者
5.      pub content: String,          // 新闻内容
6.  }
7.
```

```
8.  impl Summary for NewsArticle {        // 为 NewsArticle 实现 Summary trait
9.      fn summarize(&self) -> String {
10.         // 使用 format! 宏生成一个格式化的字符串, 包含标题、作者和地点
            format!("{}, by {} ({})", self.headline, self.author,
self.location)
11.      }
12. }
```

在类型上实现 trait 类似于实现常规方法, 区别在于 impl 关键字之后提供需要实现 trait 的名称, 接着是 for 和需要实现 trait 的类型名称。在 impl 块中, 使用 trait 定义中的方法签名, 不再后跟分号, 而是需要在花括号中编写函数体, 以便为特定类型实现 trait 中的方法所拥有的行为。

现在, 在 NewsArticle 上实现了 Summary trait, 使用 crate 的用户可以像调用常规方法一样调用 NewsArticle 实例的 trait 方法。唯一的区别是, trait 必须与类型一起引入作用域, 以便使用额外的 trait 方法。

结合读取文件的示例代码来看, 当调用一个可能会返回多种不同错误类型的函数时, 可以返回一个 Result<String, Box<dyn std::error::Error>>, 其中 String 是函数正常返回的类型, 而错误则被包装在一个动态类型的 Box<dyn std::error::Error>中。这样, 无论错误是什么类型, 都可以使用 match 语句来处理它。

3. 函数体

继续分析 my_read_file 的函数体, 函数内部只有一行代码:

```
Ok(String::from_utf8(fs::read(path)?)?)
```

由内向外拆解分析, 最里层是 fs::read(path)?:执行 fs::read 方法, 形参是文件路径, 返回值类型是 Result<Vec<u8>>, 问号运算符用于处理错误。外面一层是 String::from_utf8()方法, 由于 fs::read 方法执行成功后返回的是包含 u8 类型的向量, 因此 String::from_utf8 会将此向量转换成字符串, 问号运算符同样用于处理错误。最后, 当没有错误发生时, 返回包含字符串类型的 Ok 枚举。

在 main 函数中, 添加 my_read_file 的调用, 代码如下:

```
1.  fn main() {
2.      println!("{:?}", my_read_file(&"./a".to_string()).unwrap());
3.  }
```

将编译出的可执行文件发送到树莓派上, 执行命令 echo "hello world" > a, 创建文件 a 并写入字符串"hello world"。执行命令./file_test, 终端输出如下:

```
1.  pi@raspberrypi:~/test $ echo "hello world" > a
2.  pi@raspberrypi:~/test $ cat a
```

```
3.  hello world
4.  pi@raspberrypi:~/test $ ./file_test
5.  "hello world\n"
```

接下来添加写入文件的函数，代码如下：

```
1.  fn my_write_file(path: &String, s: &String) -> Result<(),
Box<dyn std::error::Error>> {
2.      fs::write(path, s)?;
3.
4.      Ok(())
5.  }
```

形参 path 和 s 都是 String 类型的引用，避免获取所有权。返回值是 Result<(), Box<dyn std::error::Error>>。调用 fs::write(path, s)?;方法执行写入操作，问号运算符用于处理错误。写入成功后，返回不带任何具体数据的 Ok。

在 main 函数中调用 my_write_file 函数写文件，并使用 my_read_file 函数读出内容：

```
1.  fn main() {
2.      //写文件
3.      my_write_file(&"./a".to_string(), &"write file
test\n".to_string()).unwrap();
4.      //读取文件
5.      println!("{:?}", my_read_file(&"./a".to_string()).unwrap());
6.  }
```

在树莓派上的执行结果如下：

```
1.  pi@raspberrypi:~/test $ cat a
2.  hello world
3.  pi@raspberrypi:~/test $ ./file_test
4.  "write file test"
5.  pi@raspberrypi:~/test $ cat a
6.  write file test
```

细心的读者可能会发现，调用写文件函数时，会把文件已有的内容覆盖掉。但是在有些应用场景中，我们只想在文件末尾追加内容，如何实现呢？为此，Rust 提供了 std::fs::OpenOptions 结构体，它提供了追加文件内容的方法，示例如下：

```
1.  fn my_append_file(path: &String, s: &String) -> Result<(),
Box<dyn std::error::Error>> {
2.      // 使用 OpenOptions 结构体来打开文件，准备进行追加操作
        let mut file = fs::OpenOptions::new()
3.          .append(true)        // 设置文件打开方式为追加模式
```

```
4.           .open(path)?;           // 打开指定路径的文件，如果失败则返回错误
5.           // 将传入的字符串写入文件，将字符串转换为字节数组进行写入。使用问号运算符处理可
能的错误
          file.write(s.as_bytes())?;
6.
7.     Ok(())           // 如果一切成功，返回 Ok(()) 表示没有错误发生
8. }
```

上述代码构建了可变变量 file，并配置了文件的打开方式，以及允许在打开的文件上执行的操作。File::open 和 File::create 方法的实现是基于 OpenOptions 的构造器，并通过链式调用结构体方法来完成。File::open 方法的内部实现为：

```
OpenOptions::new().read(true).open(path.as_ref());
```

File::create 方法的内部实现为：

```
OpenOptions::new().write(true).create(true).truncate(true).open(path.as_r
ef());
```

一般来说，使用 OpenOptions 时，首先调用 new 方法创建一个新的空实例，然后通过链式调用各个方法来设置文件的选项，最后调用 open 方法并传入要打开的文件路径。Open 方法会返回 Result<File> 类型的值，失败时返回错误（Err），成功时返回文件句柄。此外，这里还使用了追加（append）模式，最终调用 open 传入路径并打开文件。

接着，使用 file.write 把内容写入文件中。需要注意的是，file.write 的形参类型是 &[u8]，因此需要调用函数 as_bytes 方法将字符串转换为 u8 类型的字节数组。最后，函数返回 OK(())。

在 main 函数中调用 my_append_file 函数，代码如下：

```
1. fn main() {
2.     // 添加文件内容
3.     my_append_file(&"./a".to_string(),
&"append file test\n".to_string()).unwrap();
4.     // 读取文件
5.     println!("{:?}", my_read_file(&"./a".to_string()).unwrap());
6. }
```

编译并执行代码，结果如下：

```
1. pi@raspberrypi:~/test $ cat a
2. write file test
3. pi@raspberrypi:~/test $ ./file_test
4. "write file testappend file test\n"
5. pi@raspberrypi:~/test $ cat a
6. write file testappend file test
7. pi@raspberrypi:~/test $
```

11.4   设置文件指针指向的位置

在实际应用中，经常需要设置文件指针指向的位置，以修改或读取指定位置的数据。在 C/C++中，常用库函数 fseek 来实现此功能。而在 Rust 中，也有类似功能的函数。std::IO::Seek 提供了在文件中移动指针的功能，使用起来也很简单。下面在 file_test 工程中编写一个测试函数。

```
1.  use std::io::{
2.      Seek,                // 导入 Seek trait，用于在文件中移动指针
3.      SeekFrom             // 导入 SeekFrom 枚举，用于指定偏移位置
4.  };
5.
6.  fn seek_test(file_path: &String) -> Result<(), Box<dyn
std::error::Error>> {
7.      let mut file = fs::OpenOptions::new()
8.          .write(true)            // 以写模式打开文件
9.          .read(true)             // 以读模式打开文件
10.         .open(file_path)?;      // 打开指定路径的文件
11.
12.     // 获取文件指针当前的位置
        let mut file_pos = file.seek(SeekFrom::Current(0))?;
13.     println!("open file, the position {:?}", &file_pos);
14.
15.     // 将文件指针移到文件末尾，用于判断文件大小
        file_pos = file.seek(SeekFrom::End(0))?;
16.     println!("file end position {:?}", &file_pos);
17.
18.      // 在文件末尾追加内容
        file.write_fmt(format_args!("append to end\n"))?;
19.     file_pos = file.seek(SeekFrom::Current(0))?;// 获取文件指针当前的位置
20.     // 输出写入后文件指针的位置
        println!("append file, the end position {:?}", &file_pos);
21.
22.     file.seek(SeekFrom::Start(5))?;       // 将文件指针移到位置 5
23.     // 从位置 5 开始覆盖内容
        file.write_fmt(format_args!("cover at address 5\n"))?;
24.     file_pos = file.seek(SeekFrom::Current(0))?;//获取当前文件指针的位置
25.     // 输出覆盖后文件指针的位置
        println!("cover at address 5, cover contents length {:?},
new position {:?}", "cover at address 5\n".as_bytes().len(), &file_pos);
26.
```

```
27.    file.seek(SeekFrom::Start(5))?;        // 将文件指针重新移到位置 5
28.    // 创建一个缓冲区，长度与覆盖内容相同
       let mut read_buf = [0; "cover at address 5\n".as_bytes().len()];
29.    file.read_exact(&mut read_buf)?;        // 从位置 5 读取数据到缓冲区
30.    print!("cover content is {:?}", String::from_utf8_lossy(&read_
buf));        // 将读取的内容转换为字符串并输出
31.
32.    Ok(())
33. }
```

seek_test 函数相对复杂，下面我们逐行分析：

- 第 1~4 行代码引入了标准库 io 模块中的 seek 和 SeekFrom。
- 第 7~10 行代码使用 OpenOptions 结构体打开文件，并设置读写功能。
- 第 12 行代码中，seek 函数配合 SeekFrom::Current 函数设置文件指针相对于当前位置的偏移，并返回相对于文件起始位置的新位置。此处的形参传递的值为 0，即不修改当前位置，并当前位置记录至变量 file_pos。
- 第 13 行代码打印当前文件指针的位置。
- 第 15、16 行代码将文件指针移至文件末尾，并打印文件指针的位置，即为文件大小。
- 第 18~20 行代码在文件指针当前的位置（即文件末尾）写入数据。写数据完成后，获取文件指针当前指向的位置，其值即为文件大小。
- 第 22~25 行代码将文件指针修改至离起始地址 5 字节的位置，此时写入数据即为覆盖之前的数据。
- 第 27~30 行代码将文件指针重新移回离起始地址 5 字节的位置，读取数据，此时读取到的应为新写入的数据。

在 main 函数中调用此函数，编译并执行，结果如下：

```
1.  pi@raspberrypi:~/test $ cat a
2.  write file testappend file test
3.  pi@raspberrypi:~/test $ ./file_test
4.  open file, the position 0
5.  file end position 32
6.  append file, the end position 46
7.  cover at address 5, cover contents length 19, new position 24
8.  cover content is "cover at address 5\n"pi@raspberrypi:~/test $
9.  pi@raspberrypi:~/test $ cat a
10. writecover at address 5
11. le test
12. append to end
13. pi@raspberrypi:~/test $
```

原始文件内容为 write file testappend file test。执行 file_test 后，打开文件时，文件指针指向文件的起始地址，读出文件长度为 32 字节；在文件结尾添加数据后，文件指针移动到文件末尾；在地址为 5 字节的位置写入长度为 19 字节的新数据后，文件指针指向第 24 字节的位置（19+5）；从第 5 字节开始读取内容，即为覆盖写入的数据。执行 cat 命令查看新文件的内容，以验证示例程序中的文件写操作把相应的内容都正确写入文件中了。

11.5　总结与讨论

本章主要介绍了如何使用 Rust 标准库中的模块来实现文件读写功能，具体包括使用 path 和 PathBuf 模块来拼接路径，使用 fs 模块读写文件，如何使用 OpenOptions 对文件做更精细的操作。

此外，本章还介绍了智能指针 Box<T>、dyn 关键字和 Error 的通用处理方法，以及 trait 的定义。

Rust 标准库的说明文档网址是 https://doc.rust-lang.org/1.39.0/std/index.html，其中有许多值值得探索的宝藏。

大周说："对于 Linux 而言，文件具有至关重要的意义。在 Linux 中，几乎所有的事务都被视为文件，包括普通文本文件、可执行程序、设备文件、目录等。这种统一的文件视图使得系统的管理和操作更加简便、高效。

文件是 Linux 存储数据和信息的基本单位。无论是系统配置文件、用户数据文件还是程序的二进制文件，在文件系统中都以文件的形式存在。用户和系统可以通过对文件的操作实现数据的读取、写入、修改和删除等功能。

在 Linux 中，设备也被抽象为文件，称为设备文件。例如，硬盘、打印机、串口等设备都可以通过对应的设备文件进行访问和控制。这种方式使得设备的管理与普通文件的操作类似，大大简化了设备驱动程序的开发和使用。

目录在 Linux 中也是一种特殊的文件，用于组织和管理其他文件。通过目录结构，用户可以方便地查找所需文件，并对文件进行分类和整理。

Rust 对文件的操作延续了其一贯的代码简洁和高效的特点，提供了清晰的错误处理机制，而不是忽略错误或使用不恰当的方式处理错误，从而提高了程序的稳定性和可靠性。"

11.6　练习

1. 搜集资料，理解什么是文件系统。
2. 结合第 10 章的获取命令行参数，尝试用 Rust 实现 cat 和 echo 指令。

第 12 章

多线程处理

这天，Tom 问小张：“对于多线程处理，Rust 是如何实现安全性和高效率的？在 C/C++ 的多线程编程中，内存管理和线程同步机制都是比较难的点。”

小张回答道：“目前我还没学到这部分内容。”

Tom 说：“那正好，你可以学习一下 Rust 的多线程处理，研究一下 Rust 在多线程方面有哪些与众不同的特点。”

“好嘞！”小张回应道。

12.1　进程与线程

线程（thread）和进程（process）是操作系统中的两个核心概念，是计算机程序执行的基本单元。

1. 进程

进程是操作系统进行资源分配和调度的独立单位，通常被描述为程序的执行实例。每个进程拥有独立的地址空间，因此一个进程的崩溃不会影响其他进程。进程间的通信需要依赖特定的机制（如管道、信号、共享内存等）。

进程的特点如下：

- 独立性：每个进程都有自己的地址空间、数据和堆栈。
- 动态性：进程有自身的创建、存在和销毁过程。
- 并发性：多个进程可以并发执行，以提高系统资源的利用率和系统的吞吐量。
- 异步性：由于进程在执行过程中可能因资源或其他原因导致暂停，因此进程的执行是异步的。

2. 线程

线程是进程中的一个实体，是进程的执行流程，也是 CPU 调度和分派的基本单位。一个进程可以由一个或多个线程组成,进程内的线程共享进程的资源,如内存和文件句柄等。

线程的特点如下:

- 轻量级:线程的创建、销毁和切换比进程快。
- 资源共享:同一个进程中的线程可以直接存取进程的数据段中的变量(如全局变量)。
- 协作执行:线程间可以通过同步工具来协调执行。
- 独立调度和分派:线程能够被操作系统独立调度。

3. 线程与进程的关系

线程与进程的关系如下:

- 包含关系:线程是进程的一部分。一个进程可以没有线程,但线程必须存在于某个进程之中。
- 执行环境:每次进程执行时,某地址空间和资源会被初始化。而线程的执行是伴随着进程的执行,不需要单独的地址空间。
- 资源使用:进程拥有独立的地址空间,一个进程崩溃后在保护模式下不会影响其他进程。线程则没有独立的地址空间,它们只是进程内的不同执行路径,具有独立的堆栈和局部变量。但线程崩溃会导致整个进程崩溃。

将程序中的计算拆分到多个线程可以改善性能,因为程序可以并行执行多个任务,但这也增加了复杂性。因为线程是并行运行的,所以无法预先保证不同线程中的代码执行顺序,可能导致以下问题:

- 竞态条件(race conditions):多个线程以不一致的顺序访问数据或资源。
- 死锁(deadlocks):两个线程相互等待对方,阻止双方继续运行。
- 难以重现的 bug:一些错误仅在特定条件下发生,且难以稳定重现和修复。

Rust 尝试减轻多线程带来的负面影响,但在多线程上下文中编程时仍需格外小心,其代码结构也不同于单线程程序。

12.2 闭包

首先介绍一个新概念——闭包(closures)。Rust 的闭包是一种可以捕获其环境中变量的匿名函数。闭包可以有参数,可以返回值,并且可以无限制地捕获外部环境中的变量。它们在 Rust 中非常有用,允许我们编写灵活且表达性强的函数式代码。可以在一个地方创建闭包,然后在不同的上下文中执行闭包。不同于函数,闭包能够捕获定义时所在作用域中的值。

在 Rust 中,闭包在多线程编程中扮演着重要角色。Rust 的标准库提供了多种并发编程工具,其中许多工具都与闭包紧密集成,以实现线程之间的任务分配和数据传递。

闭包的语法类似于函数，但没有名称。闭包的定义以"|"开始，后跟着参数，再加上"|"和闭包体。

1. 闭包捕获其环境

首先了解如何通过闭包捕获定义它的环境中的值，以便之后使用。考虑如下场景：有时 T恤公司会赠送限量版 T 恤给邮件列表中的成员。成员可以选择将自己喜爱的颜色添加到个人信息中。如果被选中的成员设定了喜爱的颜色，他们将获得该颜色的 T 恤；如果没有设定喜爱的颜色，他们会获得公司库存中数量最多颜色的 T 恤。

实现这一场景的方法有很多种。例如，使用包含 Red 和 Blue 两个成员的 ShirtColor 枚举（为了简单起见，颜色限定为两种）。可以使用 Inventory 结构体代表公司的库存，其中包含一个类型为 Vec<ShirtColor>的 shirts 字段，用于表示库存中的 T 恤颜色。定义在 Inventory 上的 giveaway 方法接收得主喜爱的颜色（如有），并返回其获得的 T 恤颜色。代码如下：

```
1.  #[derive(Debug, PartialEq, Copy, Clone)]
2.  // 自动为 ShirtColor 枚举实现 Debug、PartialEq、Copy 和 Clone 特性
    enum ShirtColor {
3.      Red,
4.      Blue,
5.  }
6.
7.  struct Inventory {
8.      shirts: Vec<ShirtColor>,    // 表示库存中的 T 恤颜色的向量
9.  }
10.
11. impl Inventory {
12.     fn giveaway(&self, user_preference: Option<ShirtColor>) ->
ShirtColor {    // 定义一个方法 giveaway，接收用户偏好的颜色（Option<ShirtColor>）并返
回给用户的 T 恤颜色
13.         user_preference.unwrap_or_else(|| self.most_stocked())// 如果用
户有偏好的颜色，返回该颜色；否则调用 most_stocked 方法返回库存最多的颜色
14.     }
15.
16.     // 定义一个方法 most_stocked，返回库存中数量最多的 T 恤颜色
        fn most_stocked(&self) -> ShirtColor {
17.         let mut num_red = 0;    // 红色 T 恤的计数
18.         let mut num_blue = 0;    // 蓝色 T 恤的计数
19.
20.         for color in &self.shirts {    // 遍历库存中的所有 T 恤颜色
21.             match color {
22.                 // 若颜色为红色，红色计数+1
```

```
                        ShirtColor::Red => num_red += 1,
23.                     // 若颜色为蓝色，蓝色计数+1
                        ShirtColor::Blue => num_blue += 1,
24.                 }
25.             }
26.             if num_red > num_blue {
27.                 ShirtColor::Red            // 如果红色 T 恤数量多于蓝色 T 恤
28.             } else {
29.                 ShirtColor::Blue           // 否则返回蓝色
30.             }
31.         }
32. }
33.
34. fn main() {
35.     let store = Inventory {
36.         shirts: vec![ShirtColor::Blue, ShirtColor::Red,
ShirtColor::Blue], // 创建 Inventory 实例 store，初始化库存有蓝色、红色和蓝色 T 恤
37.     };
38.
39.     let user_pref1 = Some(ShirtColor::Red);          // 用户偏好红色
40.     // 调用 giveaway 方法，根据偏好获取 T 恤颜色
        let giveaway1 = store.giveaway(user_pref1);
41.     println!(
42.         // 打印结果：用户偏好和获得的 T 恤颜色
            "The user with preference {:?} gets {:?}",
43.         user_pref1, giveaway1
44.     );
45.
46.     let user_pref2 = None;          // 用户没有偏好
47.     // 调用 giveaway 方法，根据库存获取 T 恤颜色
        let giveaway2 = store.giveaway(user_pref2);
48.     println!(
49.         // 打印结果：用户偏好和获得的 T 恤颜色
            "The user with preference {:?} gets {:?}",
50.         user_pref2, giveaway2
51.     );
52. }
```

main 函数中定义的 store 库存中还剩两件蓝 T 恤和一件红 T 恤可在限量版促销活动中赠送。我们使用一个期望获得红 T 恤和一个没有特定期望的用户来调用 giveaway 方法。

giveaway 方法接收类型为 Option<ShirtColor>的用户期望颜色，并在 user_preference 上调用 unwrap_or_else 方法。Option<T>上的方法 unwrap_or_else 由标准库定义，它接收一个不带

参数、返回值类型为 T 的闭包作为参数（这里的 T 是 ShirtColor，与 Option<T>的 Some 成员所存储的值类型相同）。如果 Option<T>是 Some 成员，unwrap_or_else 返回 Some 中的值；如果 Option<T>是 None 成员，则 unwrap_or_else 会调用闭包并返回闭包的返回值。

我们将闭包表达式 "|| self.most_stocked()" 作为 unwrap_or_else 的参数。这个闭包本身没有参数（如果闭包有参数，它们会出现在两道竖杠之间）。闭包体调用了 self.most_stocked() 方法。我们在这里定义了闭包，而 unwrap_or_else 的实现会在需要其结果时执行这个闭包。

运行代码，结果如下：

```
1.  $ cargo run
2.     Compiling shirt-company v0.1.0 (file:///projects/shirt-company)
3.      Finished `dev` profile [unoptimized + debuginfo] target(s)
in 0.27s
4.       Running `target/debug/shirt-company`
5.  The user with preference Some(Red) gets Red
6.  The user with preference None gets Blue
```

这里有一个有趣的地方：我们传递了一个会在当前 Inventory 实例上调用 self.most_stocked() 的闭包。标准库不需要了解我们定义的 Inventory 或 ShirtColor 类型，也无须知道我们在该场景下使用的逻辑。闭包捕获了一个 Inventory 实例的不可变引用 self，并连同其他代码一起传递给 unwrap_or_else 方法。相比之下，函数无法以这种方式捕获其环境。

2. 闭包类型推断和注解

函数与闭包还有更多区别。闭包并不总是像函数那样要求在参数和返回值上注明类型。函数中需要类型注解，是因为它们是暴露给用户的显式接口的一部分，严格定义这些接口对于保证所有人都一致理解函数的使用方式和返回值类型非常重要。然而，闭包并不是暴露在外的接口，因此不需要命名或暴露给外部用户。

闭包通常比较简短，并且只关联一个小范围的上下文。在这些有限的上下文中，编译器能够可靠地推断出参数和返回值的类型。

类似于变量，如果我们希望增加闭包的明确性和清晰度，也可以添加类型标注，示例代码如下：

```
1.  let expensive_closure = |num: u32| -> u32 {
2.      num
3.  };
4.
5.  let a: u32 = 10;
6.  println!("{:?}", expensive_closure(a));
```

有了类型注解，闭包的语法就更类似函数了。下面是一个对其参数加 1 的函数的定义与具有相同行为的闭包语法的纵向对比：

```
1.  fn  add_one_v1   (x: u32) -> u32 { x + 1 }   // 函数
2.  let add_one_v2 = |x: u32| -> u32 { x + 1 };  // 带类型注解的闭包
3.  let add_one_v3 = |x|            { x + 1 };    // 省略类型注解的闭包
4.  let add_one_v4 = |x|             x + 1  ;     // 去掉花括号的闭包
```

为了对齐相关部分，代码中增加了一些空格。可以看到，除了使用竖线以及一些可选的语法外，闭包语法与函数语法十分相似。

虽然编译器会对闭包定义中的每个参数和返回值推断出具体的类型，但是如果尝试两次调用闭包，并且每次调用时的类型不同，就会报错。编译器会在闭包第一次调用时推断出参数和返回值的类型，并将其"锁定"在闭包内。如果后续调用时类型不一致，就会产生类型错误。

3. 捕获引用或者移动所有权

闭包可以通过 3 种方式捕获其环境中的变量：不可变借用，可变借用和获取所有权。闭包根据其函数体内如何使用被捕获的值来决定采用哪种方式捕获。以下是 3 种方式的示例代码：

```
1.  fn main() {
2.      // 定义一个可变的 vector，并初始化为 [1, 2, 3]
        let mut list = vec![1,2,3];
3.      // 输出定义闭包之前 list 的值
        println!("Before defining closure: {list:?}");
4.
5.      let only_borrows = || println!("from only borrow closure:
{list:?}");     // 定义一个闭包，只借用 list 的值
6.      only_borrows();      // 调用闭包，只借用 list
7.      // 输出调用闭包后的 list 值，list 应该未改变
        println!("after only borrow closure: {list:?}");
8.
9.      // 定义一个闭包，借用 list 并修改其值（向其中添加 10）
        let mut borrows_mut = || list.push(10);
10.     borrows_mut();
11.     // 输出调用闭包后 list 的值，list 应该变为 [1, 2, 3, 10]
        println!("after borrow mut closure: {list:?}");
12.
13.     let owner_change = move || println!("owner change closure:
{list:?}");     // 定义一个闭包，获取 list 的所有权
14.     owner_change();      // 调用闭包，捕获并移动 list 的所有权
15.     println!("after owner change closure: {list:?}"); // 输出调用闭包后
的 list 值，list 的所有权已被移动，因此这里会发生编译错误
16. }
```

在上述代码中：

- 第 2、3 行代码定义了一个 vec 类型的变量 list，并打印其初始值。
- 第 5~7 行代码首先定义了 only_borrows 闭包，编译器根据该闭包的函数体内容使用了不可变借用，接着调用此闭包并打印 list 的值。
- 第 9~11 行代码首先定义了 borrows_mut 闭包，然后在函数体中向 list 插入了数字 10，编译器根据此内容使用了可变借用，然后调用此闭包并打印 list 的值。
- 第 13~15 行代码首先定义了 owner_change 闭包，并在 "||" 之前加了 move 关键字，表示强制获取闭包内使用的环境变量的所有权，最后调用此闭包并打印 list 的值。

这段代码在编译时会报错：

```
1.  error[E0382]: borrow of moved value: `list`
2.    --> src\main.rs:75:43
3.     |
4.  62 |     let mut list = vec![1,2,3];
5.     |         -------- move occurs because `list` has type `Vec<i32>`,
which does not implement the `Copy` trait
6.  ...
7.  73 |     let owner_change = move || println!("owner change closure:
{list:?}");
8.     |                        ------- value moved into
closure here      ---- variable moved due to use in closure
9.  74 |     owner_change();
10. 75 |     println!("after owner change closure: {list:?}");
11.    |                                           ^^^^^^^^ value
borrowed here after move
```

报错信息提示变量的所有权被移动进闭包中，因此 println!无法借用这个变量。

把移动所有权到闭包的测试代码注释掉后，再执行代码，结果如下：

```
1.  cargo run
2.     Compiling cli v0.1.0 (E:\learning\rust_study\projects\cli)
3.     Finished `dev` profile [unoptimized + debuginfo]
target(s) in 0.57s
4.      Running `target\x86_64-pc-windows-msvc\debug\cli.exe`
5.  Before defining closure: [1, 2, 3]
6.  from only borrow closure: [1, 2, 3]
7.  after only borrow closure: [1, 2, 3]
8.  after borrow mut closure: [1, 2, 3, 10]
```

代码能正常运行了。

4. 闭包返回值和 fn trait

一旦闭包捕获了定义它的环境中的一个值的引用或者所有权，并且闭包体中的代码定义了稍后在闭包计算时对引用或值如何操作，闭包体就可以做以下任何事：

- 将一个捕获的值移出闭包。
- 修改捕获的值。
- 既不移动也不修改值。
- 一开始就不从环境中捕获值。

闭包捕获和处理环境中的值的方式会影响闭包实现的 trait。trait 是函数和结构体指定它们能用的闭包类型的方式。根据闭包体如何处理值，闭包会自动、渐进地实现一个、两个或三个 fn trait。

（1）FnOnce 适用于能被调用一次的闭包。所有闭包都至少实现了这个 trait，因为所有闭包都能被调用。一个会将捕获的值移出闭包体的闭包只实现 FnOnce trait，因为它只能被调用一次。

（2）FnMut 适用于不会将捕获的值移出闭包体的闭包，但它可能会修改被捕获的值。这类闭包可以被调用多次。

（3）Fn 适用于既不将被捕获的值移出闭包体也不修改被捕获的值的闭包，当然也包括不从环境中捕获值闭包。这类闭包可以被调用多次而不改变它们的环境，这在会多次并发调用闭包的场景中十分重要。

下面看一下 Option<T> 上的 unwrap_or_else 方法的定义：

```
1.  impl<T> Option<T> {      // 为 Option<T> 类型实现方法
2.      // 定义 unwrap_or_else 方法，该方法接收一个闭包 f，并返回类型 T
        pub fn unwrap_or_else<F>(self, f: F) -> T
3.      where
4.          // 限定闭包 f 必须是一个接收无参数并返回 T 类型值的函数
            F: FnOnce() -> T
5.      {
6.          match self {          // 匹配 Option 类型的值
7.              Some(x) => x,     // 如果是 Some(x)，返回 x
8.              None => f(),      // 如果是 None，调用 f() 闭包并返回其结果
9.          }
10.     }
11. }
```

T 既是表示 Option 中 Some 成员的值类型的泛型，也是 unwrap_or_else 函数的返回值类型。例如，在 Option<String> 上调用 unwrap_or_else 会得到一个 String。

泛型 F 的 trait bound 是 FnOnce()->T，这意味着 F 必须能够被调用一次，没有参数并返回一个 T。在 trait bound 中使用 FnOnce，表示 unwrap_or_else 最多调用一次 f。在 unwrap_or_else 的函数体中可以看到，如果 Option 是 Some，则 f 不会被调用；如果 Option 是 None，则 f 将被调用一次。由于所有闭包都实现了 FnOnce，因此 unwrap_or_else 能接收绝大多数不同类型的闭包，十分灵活。

接下来，我们看看定义在 slice 上的标准库的 sort_by_key 方法，其代码为：

```
1.    // 定义一个公共函数 sort_by_key，接收可变引用 self 和一个闭包 f
2.    pub fn sort_by_key<K, F>(&mut self, f: F)
3.    where
4.        // 闭包 f 必须是 FnMut 类型，接收 T 类型的引用作为参数，并返回 K 类型的值
5.        F: FnMut(&T) -> K,
6.        K: Ord, // K 类型必须实现 Ord 特征，表示 K 类型的值可以进行比较（用于排序）
7.    {
8.        stable_sort(self, |a, b| f(a).lt(&f(b)));// 调用 stable_sort 对 self
进行排序，使用闭包 f 来提取排序键，并用 lt 方法比较两个键的大小
9.    }
```

看看它与 unwrap_or_else 有何区别，以及 sort_by_key 使用 FnMut 而不是 FnOnce trait bound 的原因。这个闭包函数（FnMujt(&T) -> K）以 slice 中当前被考虑的元素的引用（&T）作为参数，返回一个可以用来排序的 K 类型的值。在下面的示例代码中，有一个 Rectangle 实例的列表，使用 sort_by_key 按 Rectangle 的 width 属性从低到高进行排序。

```
1.    // 自动为结构体实现 Debug trait，允许通过 println! 宏打印结构体的值
      #[derive(Debug)]
2.    struct Rectangle {  // 定义一个名为 Rectangle 的结构体
3.        width: u32,        // 结构体的 width 字段，类型为 u32，表示矩形的宽度
4.        height: u32,       // 结构体的 height 字段，类型为 u32，表示矩形的高度
5.    }
6.
7.    fn main() {
8.        let mut list = [// 定义一个可变的 Rectangle 数组 list，包含多个矩形实例
9.            // 定义一个名为 Rectangle 的结构体
            Rectangle { width: 10, height: 1 },
10.            // 创建一个矩形，宽度为 3，高度为 5
            Rectangle { width: 3, height: 5 },
11.            // 创建一个矩形，宽度为 7，高度为 12 12.];
            Rectangle { width: 7, height: 12 },
12.        ];
13.
14.        // 使用 sort_by_key 方法按矩形的宽度排序 list
```

```
        list.sort_by_key(|r| r.width);
15.     // 使用调试输出打印 list, #?格式用于打印结构体内容
        println!("{list:#?}");
16. }
```

代码执行结果如下:

```
1.  cargo run
2.     Compiling cli v0.1.0 (E:\learning\rust_study\projects\cli)
3.     Finished `dev` profile [unoptimized + debuginfo] target(s)
in 0.87s
4.      Running `target\x86_64-pc-windows-msvc\debug\cli.exe`
5.  [
6.     Rectangle {
7.         width: 3,
8.         height: 5,
9.     },
10.    Rectangle {
11.        width: 7,
12.        height: 12,
13.    },
14.    Rectangle {
15.        width: 10,
16.        height: 1,
17.    },
18. ]
```

sort_by_key 被定义为接收一个 FnMut 闭包的原因是，它会多次调用这个闭包，每个 slice 元素会调用一次。闭包|r| r.width 不捕获、修改或获取所有权，所以它满足 trait bound 的要求。

下面修改一下代码，展示一个只实现 FnOnce trait 的闭包，它会将一个变量从环境中移出。此段代码将无法通过编译。

```
1.  #[derive(Debug)]          // 自动为结构体生成调试输出功能
2.  struct Rectangle {        // 定义一个矩形结构体
3.      width: u32,           // 矩形的宽度
4.      height: u32,          // 矩形的高度
5.  }
6.
7.  fn main() {
8.      let mut list = [      // 创建一个矩形数组
9.          Rectangle { width: 10, height: 1 },    // 第一个矩形，宽10，高1
10.         Rectangle { width: 3, height: 5 },     // 第二个矩形，宽3，高5
11.         Rectangle { width: 7, height: 12 },    // 第三个矩形，宽7，高12
```

```
12.      ];
13.
14.      let mut sort_operations = vec![];  // 创建一个空的向量用于记录排序操作
15.      // 创建一个字符串，表示闭包被调用
         let value = String::from("closure called");
16.
17.      list.sort_by_key(|r| {         // 按照矩形的宽度对列表进行排序
18.          sort_operations.push(value);   // 在排序过程中记录闭包被调用的操作
19.          r.width                   // 以矩形的宽度作为排序的关键字
20.      });
21.      println!("{list:#?}");         // 打印排序后的矩形列表
22. }
```

修改后的闭包在第一次调用时，会将 value 放入 sort_operations 向量中。闭包捕获了 value，并将其所有权转移给了 sort_operations 向量。第二次调用时将报错，因为闭包无法再次获取 value 的所有权。

12.3　迭代器

迭代器（iterator）模式允许对序列中的每一项进行某些处理。迭代器负责遍历序列中的每一项，并决定序列何时结束。在使用迭代器时，我们无须重新实现这些逻辑。

在 Rust 中，迭代器是惰性求值（lazy），这意味着在调用消费迭代器的方法之前，迭代器不会执行任何操作。通过调用定义在 Vec 上的 iter 方法，可以在一个向量上创建迭代器。示例代码如下：

```
1.  let v1 = vec![1, 2, 3];
2.
3.  let v1_iter = v1.iter();
4.
5.  for val in v1_iter {
6.      println!("Got: {val}");
7.  }
```

迭代器被存储在 v1_iter 变量中。创建迭代器之后，可以有多种使用方式。本例中通过 for 循环遍历这个迭代器并打印内容。

在多线程环境中，迭代器可以发挥重要作用，特别是在处理大量数据和并行计算时。以下是迭代器在多线程中的主要作用：

● 数据并行处理：迭代器可以与多线程结合使用，将数据分割成多个部分，并在不同的线程中并行处理。这可以显著提高处理速度和效率。

- 提高性能：通过将迭代器的数据分发到多个线程，可以充分利用多核处理器的能力，从而提高程序的性能。
- 简化并行编程：迭代器提供了一种简捷的方式来编写并行代码，无须手动管理线程和同步。例如，Rust 的标准库提供了 rayon 这样的数据并行性库，它允许我们通过简单的方法调用将迭代器转换为并行迭代器。
- 避免数据竞争：迭代器可以确保每个线程处理的数据块是独立的，从而避免数据竞争和其他并发问题。
- 简化数据分发：迭代器可以自动将数据分发到多个线程，开发者不需要手动分割数据。
- 线程安全：迭代器通常设计为线程安全，这意味着它们可以在多线程环境中安全使用。
- 懒加载：迭代器的懒加载特性允许按需计算和处理数据，这在多线程环境中可以减少不必要的计算和内存使用。
- 错误处理：迭代器可以方便地在多线程环境中进行错误处理，例如，可以捕获并处理每个线程中发生的错误。
- 可组合性：迭代器链允许将多个迭代器操作组合在一起，这在多线程环境中非常有用，因为可以轻松地将数据的转换和处理步骤链式组合。
- 减少全局状态：使用迭代器可以减少对全局状态的依赖，因为每个线程可以独立地处理自己的数据块。

1. Iterator trait 和 next 方法

迭代器都实现了一个名为 Iterator 的 trait，该 trait 定义于标准库中。这个 trait 的定义如下：

```
1.  pub trait Iterator {
2.      type Item;
3.
4.      fn next(&mut self) -> Option<Self::Item>;
5.
6.      // 此处省略了方法的默认实现
7.  }
```

这里有两个新语法：type Item 和 Self::Item，它们定义了 trait 的关联类型（associated type）。这意味着要实现 Iterator trait，必须同时定义一个 Item 类型，这个 Item 类型作为 next 方法的返回值类型。换句话说，Item 类型是迭代器返回元素的类型。

next 是 Iterator 实现者必须定义的唯一方法。Next 每次返回迭代器中的一个项，并将它封装在 Some 中。当迭代器结束时，它返回 None。使用 next 方法的示例如下：

```
1.  fn iterator_demonstration() {
2.      let v1 = vec![1, 2, 3];      // 创建一个包含整数的 vector v1
3.
4.      // 使用 iter 方法创建一个不可变的迭代器 v1_iter
```

```
        let mut v1_iter = v1.iter();
5.
6.       // 调用迭代器的 next 方法，获取第一个元素的引用并断言其为 Some(&1)
         assert_eq!(v1_iter.next(), Some(&1));
7.       // 调用迭代器的 next 方法，获取第二个元素的引用并断言其为 Some(&2)
         assert_eq!(v1_iter.next(), Some(&2));
8.       // 调用迭代器的 next 方法，获取第三个元素的引用并断言其为 Some(&3)
         assert_eq!(v1_iter.next(), Some(&3));
9.
11.      // 调用迭代器的 next 方法，此时迭代器已到达末尾，返回 None 并断言结果为 None
         assert_eq!(v1_iter.next(), None);
12.  }
```

注意，v1_iter 是可变的，因为在迭代器上调用 next 方法会改变迭代器中用来记录序列位置的状态。换句话说，代码消费或使用了迭代器。每一个 next 调用都会从迭代器中消费一个项。使用 for 循环时，无须将 v1_iter 声明为可变，因为 for 循环会获取 v1_iter 的所有权，并在后台使 v1_iter 可变。

另外需要注意，从 next 调用中得到的值是 vector 的不可变引用。iter 方法生成一个不可变引用的迭代器。如果需要获取 v1 的所有权并返回拥有所有权的迭代器，则可以调用 into_iter 而不是 iter。类似地，如果希望迭代可变引用，则可以调用 iter_mut 而不是 iter。

2. 使用捕获环境的闭包

很多迭代器适配器会接收闭包作为参数，而这类闭包通常会捕获其所在环境的闭包。

例如，我们可以使用 filter 方法来获取一个闭包，该闭包从迭代器中获取一项并返回一个布尔值。如果闭包返回 true，该值将会包含在 filter 提供的新迭代器中；如果闭包返回 false，则不会包含。代码如下：

```
1.  fn main() {
2.      let a = [0, 1, 2, 3, 4, 5];
3.      let iter: Vec<i32> = a.into_iter().filter(|x| *x > 2).collect();
4.      println!("{:?}", iter);
5.  }
```

a 是一个 Vec<i32>类型的数组。iter 是一个迭代器，首先通过 into_iter 方法创建一个拥有获取 a 所有权的迭代器。接着，调用 filter 方法，将该迭代器适配为一个只含有那些闭包返回 true 元素的新迭代器。在闭包|x| *x > 2 中，|x|是闭包的参数部分，其中 x 是闭包的参数，用于匹配 into_iter()方法生成的迭代器中的每个元素。闭包的主体是*x > 2。

在这个过程中，闭包从环境中捕获了 a 的每个元素，并把大于 2 的值保留下来。最后，通过 collect 方法将迭代器适配器返回的值集合成新的向量并返回。

12.4　线程

在 Rust 语言中，创建新线程时需要调用 thread::spwan 函数，并传递一个闭包，其中包含希望在新线程中运行的代码。通俗地说，传递的闭包就相当于新线程的执行函数。

下面，我们来动手编写一段测试代码。在 projects 目录下创建名为 thread_test 的项目，并在 main.rs 文件中添加如下代码：

```
1.  use std::thread;              // 导入标准库的线程模块
2.  use std::time::Duration;      // 导入标准库的时间模块，用于指定时间间隔
3.
4.  fn main() {
5.      // 定义一个闭包函数 thread_fun，包含新线程中要执行的代码
        let thread_fun = || {
6.          for i in 1..10 {      // 循环输出 1 到 9 的数字
7.              // 输出当前数字，标识为来自新线程
                println!("hi number {i} from the spawned thread!");
8.              // 让线程休眠 1 毫秒，模拟耗时操作
                thread::sleep(Duration::from_millis(1));
9.          }
10.     };
11.
12.     thread::spawn(thread_fun);        // 创建一个新线程并执行 thread_fun 闭包
13.
14.     for i in 1..5 {        // 在主线程中循环输出 1 到 4 的数字
15.         // 输出当前数字，标识为来自主线程
            println!("hi number {i} from the main thread!");
16.         thread::sleep(Duration::from_millis(1));    // 让主线程休眠 1 毫秒
17.     }
18. }
```

在上述代码中：

● 第 1、2 行代码引入了所需的模块，其中 std::thread 模块提供线程支持。

● 第 5~10 行代码定义了一个闭包 thread_fun，其作用是每间隔 1ms 打印一次文本，总共执行 10ms。

● 第 12 行代码使用 thread::spawn 函数和闭包创建了一个子线程。

● 第 14~17 行代码是在主线程中，每间隔 1ms 打印一次数据，总共 5ms。

执行结果如下：

```
1.  cargo run
2.     Compiling thread_test v0.1.0 (E:\learning\rust_study\
```

```
Rust_sample_code\Rust_sample_code\project\thread_test)
3.        Finished `dev` profile [unoptimized + debuginfo]
target(s) in 0.57s
4.          Running `target\debug\thread_test.exe`
5.  hi number 1 from the main thread!
6.  hi number 1 from the spawned thread!
7.  hi number 2 from the main thread!
8.  hi number 2 from the spawned thread!
9.  hi number 3 from the main thread!
10. hi number 3 from the spawned thread!
11. hi number 4 from the main thread!
12. hi number 4 from the spawned thread!
13. hi number 5 from the spawned thread!
```

由执行结果可以看出，当 Rust 的主线程结束时，无论此时新线程是否执行完毕，都会被一并结束。thread::sleep 函数的调用会强制线程暂停执行一小段时间，而允许其他的线程继续运行。

1. 等待子线程结束

在上述示例代码中，主线程的退出会导致新线程提早结束运行，因为无法保证线程的运行顺序，甚至不能保证新线程会被执行完成。这在实际应用中是不利的。可以通过将 thread::spawn 的返回值存储在变量中，来判断新线程的结束状态。thread::spawn 的返回值类型是 JoinHandle。JoinHandle 是一个拥有所有权的值，对它调用 join 方法时会阻塞主线程，直到其对应的线程结束。下面的示例代码展示了如何通过 JoinHandle 来确保新线程正常结束。

```
1.  use std::thread;    // 引入标准库中的线程模块，用于创建和管理线程
2.  use std::time::Duration;    // 引入标准库中的时间模块，用于设置线程的暂停时间
3.
4.  fn main() {
5.      // 定义一个闭包，命名为 thread_fun，它将作为子线程的执行函数
        let thread_fun = || {
6.          for i in 1..10 {    // 循环从 1 到 9，打印消息
7.              // 打印来自子线程的问候消息
                println!("hi number {i} from the spawned thread!");
8.              // 使子线程暂停 1 毫秒，以便主线程也有机会执行
                thread::sleep(Duration::from_millis(1));
9.          }
10.     };
11.
12.     // 创建一个新线程并启动，返回一个 JoinHandle 保存在 handle 变量中
        let handle = thread::spawn(thread_fun);
```

```
13.
14.     for i in 1..5 {       // 主线程中的循环，从 1 到 4，打印消息
15.         // 打印来自主线程的问候消息
            println!("hi number {i} from the main thread!");
16.         // 使主线程暂停 1 毫秒，让子线程有机会执行
            thread::sleep(Duration::from_millis(1));
17.     }
18.
19.     // 使用 handle 的 join 方法阻塞主线程，直到子线程执行完毕
        handle.join().unwrap();
20. }
```

在上述代码中：

● 第 12 行代码把 thread::spawn 的返回值保存到 handle 变量中。

● 第 19 行代码调用 handle 的 join 方法，阻塞主线程以等待子线程结束运行。

代码的执行结果如下：

```
1.  hi number 1 from the main thread!
2.  hi number 1 from the spawned thread!
3.  hi number 2 from the main thread!
4.  hi number 2 from the spawned thread!
5.  hi number 3 from the main thread!
6.  hi number 3 from the spawned thread!
7.  hi number 4 from the main thread!
8.  hi number 4 from the spawned thread!
9.  hi number 5 from the spawned thread!
10. hi number 6 from the spawned thread!
11. hi number 7 from the spawned thread!
12. hi number 8 from the spawned thread!
13. hi number 9 from the spawned thread!
```

2. 线程获取所有权

move 关键字常用于传递给 thread::spawn 的闭包，因为该闭包会获取从环境中取得的值的所有权，从而将这些值的所有权从一个线程传递到另一个线程。

接下来，我们尝试在新建的线程中借用主线程的数据，示例代码如下：

```
1.  use std::thread;               // 引入标准库中的线程模块，用于创建和管理线程
2.  use std::time::Duration;       // 引入时间模块，以便使用延时功能
3.
4.  fn main() {
5.      let v = vec![1, 2, 3]; // 定义一个名为 v 的向量，包含整数 1、2 和 3 6.
```

```
6.
7.        // 使用 thread::spawn 创建一个新线程，并传入一个闭包
       let handle = thread::spawn(|| {
8.            // 在新线程中打印向量 v 的内容
           println!("Here's a vector: {v:?}");
9.        });
10.
11.       // 调用 handle 的 join 方法，阻塞主线程直到新线程结束
       handle.join().unwrap();
12. }
```

闭包使用了 v，因此会捕获 v 并使其成为闭包的一部分。因为 thread::spawn 在一个新线程中运行闭包，所以可以在新线程中访问 v。但是编译时，得到如下错误：

```
1.  cargo run
2.     Compiling thread_test v0.1.0 (E:\learning\rust_study\Rust_
sample_code\Rust_sample_code\project\thread_test)
3.  warning: unused import: `std::time::Duration`
4.   --> src\main.rs:2:5
5.    |
6.  2 | use std::time::Duration;
7.    |     ^^^^^^^^^^^^^^^^^^^
8.    |
9.    = note: `#[warn(unused_imports)]` on by default
10.
11. error[E0373]: closure may outlive the current function,
but it borrows `v`, which is owned by the current function
12.   --> src\main.rs:7:32
13.    |
14. 7 |     let handle = thread::spawn(|| {
15.    |                                ^^ may outlive borrowed value `v`
16. 8 |         println!("Here's a vector: {v:?}");
17.    |                                     - `v` is borrowed here
18.    |
19. note: function requires argument type to outlive `'static`
20.   --> src\main.rs:7:18
21.    |
22. 7 |     let handle = thread::spawn(|| {
23.    |  _____^
24. 8 | |         println!("Here's a vector: {v:?}");
25. 9 | |     });
26.    | |_____^
```

```
27. help: to force the closure to take ownership of `v`
(and any other referenced variables), use the `move` keyword
28.   |
29. 7 |     let handle = thread::spawn(move || {
30.   |                              ++++
31.
32. For more information about this error, try `rustc --explain E0373`.
33. warning: `thread_test` (bin "thread_test") generated 1 warning
34. error: could not compile `thread_test` (bin "thread_test")
due to 1 previous error; 1 warning emitted
```

Rust 会推断如何捕获 v，因为 println!只需要 v 的引用，所以闭包尝试借用 v。但这有一个问题：Rust 不知道新线程会执行多久，因而无法知晓对 v 的引用是否在新线程执行期间始终有效。

为了解决这个问题，可以在闭包前添加 move 关键字，强制闭包获取其捕获的值的所有权。这样就可以按照预期成功编译并运行：

```
1.  use std::thread;            // 引入 std::thread 模块，用于线程操作
2.  use std::time::Duration;    // 引入 std::time::Duration 模块，用于时间操作
3.
4.  fn main() {
5.      let v = vec![1, 2, 3]; // 创建一个向量 v，包含整数 1, 2, 3
6.
7.      // 创建一个新线程，并使用 move 关键字获取 v 的所有权
        let handle = thread::spawn(move || {
8.          // 打印 v 向量的内容，使用 {:?} 格式化输出
            println!("Here's a vector: {v:?}");
9.      });
10.
11.     // 等待子线程结束并获取其结果，如果失败则调用 unwrap() 触发 panic
        handle.join().unwrap();
12. }
```

3. 线程间消息的传递

Rust 的标准库提供了信道（channel）的实现。信道是一个通用编程概念，表示数据从一个线程发送到另一个线程。这是一种确保安全并发的主流方式。

信道由两部分组成，一个发送者（transmitter）和一个接收者（receiver）。在代码中，一个线程调用发送者的方法并传递希望发送的数据，另一个线程则检查接收者接收的消息。当发送者或接收者的任何一个数据被丢弃时，信道就会被关闭。

例如，在一个线程中向信道发送数据，在另一个线程中接收并打印该数据，代码如下：

```
1.  use std::thread;                      // 导入线程模块
2.  // 导入时间模块（虽然在此代码中未使用，但如果需要线程暂停可以使用）
    use std::time::Duration;
3.  use std::sync::mpsc;// 导入多生产者单消费者（mpsc）信道模块，用于线程间通信
4.
5.  fn main() {
6.      let (tx, rx) = mpsc::channel();// 创建信道，tx 是发送者，rx 是接收者
7.
8.      // 启动一个新的线程，并使用 move 关键字将 tx 的所有权转移到线程中
        thread::spawn(move || {
9.          let val = String::from("hi");  // 创建一个字符串 val
10.         tx.send(val).unwrap(); // 通过发送者 tx 发送数据 val 到信道
11.     });
12.
13.     let received = rx.recv().unwrap(); // 主线程从接收者 rx 中接收数据
14.     println!("Got: {received}");        // 打印接收到的数据
15. }
```

在上述代码中：

● 第 3 行代码引入了 std::sync::mpsc 模块到当前作用域中。

● 第 6 行代码使用 mpsc::channel 方法创建了一个信道。mpsc 是"多个生产者，单个消费者"（multiple producer, single consumer）的缩写。简而言之，Rust 标准库实现的信道允许一个信道有多个产生值的发送（sending）端，但只能有一个消费这些值的接收（receiving）端。mpsc::channel 函数返回一个元组：第一个元素是发送端—发送者，第二个元素是接收端—接收者。由于历史原因，tx 和 rx 常被用作发送者和接收者的缩写，因此我们常用这些名字来绑定这两端对应的变量。这里使用 let 语句和模式来解构这个元组。

● 第 8~11 行代码使用 thread::spawn 方法创建了一个线程，并使用 move 将 tx 移动到闭包中，这样新线程就拥有了信道的发送端，能够向信道发送消息。调用信道的 send 方法来发送消息，send 方法返回 Result<T, E> 类型，如果接收端已被丢弃且没有接收者，发送操作将返回错误。此处如果在出错时调用 unwrap，会触发 panic 导致程序崩溃。

● 第 13 行代码调用了信道接收端的 recv 方法，该方法会阻塞主线程的执行，直到从信道中接收到一个值。一旦有值发送过来，recv 会以 Result<T, E> 的形式返回该值。当信道的发送端关闭时，recv 会返回一个错误，表示不会再有新的值发送过来。

执行当前代码后，接收的结果如下：

```
1.  cargo run
2.      Compiling thread_test v0.1.0 (E:\learning\rust_study\
Rust_sample_code\Rust_sample_code\project\thread_test)
3.  warning: unused import: `std::time::Duration`
```

```
4.     --> src\main.rs:2:5
5.     |
6.   2 | use std::time::Duration;
7.     |     ^^^^^^^^^^^^^^^^^^^
8.     |
9.     = note: `#[warn(unused_imports)]` on by default
10.
11. warning: `thread_test` (bin "thread_test") generated 1 warning
(run `cargo fix --bin "thread_test"` to apply 1 suggestion)
12.     Finished `dev` profile [unoptimized + debuginfo] target(s)
in 1.89s
13.       Running `target\debug\thread_test.exe`
14. Got: hi
```

4. 信道与所有权转移

所有权规则在消息传递中起着至关重要的作用，有助于编写安全的并发代码。使用所有权来防止并发编程中的错误，是 Rust 编程中的一大优势。接下来，我们将在 thread_test 项目中进行一个实验，看看信道与所有权如何协同工作。我们尝试在新线程中通过信道发送变量 val，并在发送后再继续使用它，代码如下：

```rust
1.   use std::thread;            // 引入线程模块
2.   use std::time::Duration;    // 引入计时模块，用于设置时间延迟
3.   use std::sync::mpsc;        // 引入多生产者单消费者信道模块
4.
5.   fn main() {
6.       let (tx, rx) = mpsc::channel();// 创建信道，tx 是发送端，rx 是接收端
7.
8.       thread::spawn(move || {// 创建一个新线程，并将 tx 的所有权转移到该线程
9.           let val = String::from("hi");  // 定义一个字符串变量 val，值为"hi"
10.          // 通过发送端 tx 发送 val，若发送失败则调用 unwrap 触发 panic
             tx.send(val).unwrap();
11.          // 打印 val 的值（此处会发生编译错误，因为 val 的所有权已被转移）
             println!("val is {val}");
12.      });
13.
14.      // 主线程阻塞，等待接收端 rx 接收一个消息
         let received = rx.recv().unwrap();
15.      println!("Got: {received}");    // 打印接收到的消息
16.  }
```

这里尝试在通过 tx.send 发送 val 到信道后将它打印出来。但 Rust 不允许这么做，因为在将一个值发送到另一个线程后，该线程可能会在我们再次使用该值之前将其修改或丢弃。其他

线程对该值的修改可能导致数据不一致或数据缺失，从而产生错误或意外的结果。Rust 编译这段代码时会给出如下错误：

```
1.  cargo run
2.     Compiling thread_test v0.1.0 (E:\learning\rust_study\
Rust_sample_code\Rust_sample_code\project\thread_test)
3.  warning: unused import: `std::time::Duration`
4.   --> src\main.rs:2:5
5.    |
6.  2 | use std::time::Duration;
7.    |     ^^^^^^^^^^^^^^^^^^^^
8.    |
9.    = note: `#[warn(unused_imports)]` on by default
10.
11. error[E0382]: borrow of moved value: `val`
12.   --> src\main.rs:11:26
13.    |
14. 9 |         let val = String::from("hi");
15.    |             --- move occurs because `val` has type `String`,
which does not implement the `Copy` trait
16. 10 |         tx.send(val).unwrap();
17.    |                 --- value moved here
18. 11 |         println!("val is {val}");
19.    |                           ^^^^^ value borrowed here after move
20.    |
21.    = note: this error originates in the macro
`$crate::format_args_nl` which comes from the expansion of the macro `println
` (in Nightly builds, run with -Z macro-backtrace for more info)
22. help: consider cloning the value if the performance cost is acceptable
23.    |
24. 10 |         tx.send(val.clone()).unwrap();
25.    |                    +++++++
26.
27. For more information about this error, try `rustc --explain E0382`.
28. warning: `thread_test` (bin "thread_test") generated 1 warning
29. error: could not compile `thread_test` (bin "thread_test")
due to 1 previous error; 1 warning emitted
```

并发错误会导致编译时错误。send 函数会获取参数的所有权并将其转移给接收者，从而防止在发送后再次意外地使用该值。所有权系统检查一切操作是否符合规则。

5. 多个发送者

在前面介绍 mpsc 时提到，mpsc 是"多个生产者，单个消费者"的缩写。我们可以在代码中创建多个线程，将值发送到同一接收者，这可以通过克隆发送者来实现。示例代码如下：

```
1.   use std::thread;              // 引入线程模块，用于创建和管理线程
2.   use std::time::Duration;      // 引入 Duration 模块，用于指定时间间隔
3.   use std::sync::mpsc;// 引入多生产者单消费者 (MPSC) 模块，用于线程间的消息传递
4.
5.   fn main() {
6.       let (tx, rx) = mpsc::channel();// 创建一个通道，tx 是发送端，rx 是接收端
7.
8.       // 克隆发送端 tx，生成第二个发送端 tx1，以便多个线程可以发送消息
         let tx1 = tx.clone();
9.       thread::spawn(move || {      // 启动一个新的线程，并传递 tx1 所有权
10.          let vals = vec![          // 定义一个字符串向量，包含一组消息
11.              String::from("hi"),
12.              String::from("from"),
13.              String::from("the"),
14.              String::from("thread"),
15.          ];
16.
17.          for val in vals {         // 遍历向量中的每个字符串
18.              // 通过发送端 tx1 发送消息，如果发送失败则触发错误处理
                 tx1.send(val).unwrap();
19.              // 线程休眠 1 秒，以控制消息发送的间隔
                 thread::sleep(Duration::from_secs(1));
20.          }
21.      });
22.
23.      thread::spawn(move || {      // 启动另一个新的线程，并传递 tx 所有权
24.          let vals = vec![          // 定义另一个字符串向量，包含另一组消息
25.              String::from("more"),
26.              String::from("messages"),
27.              String::from("for"),
28.              String::from("you"),
29.          ];
30.
31.          for val in vals {         // 遍历向量中的每个字符串
32.              // 通过发送端 tx 发送消息，如果发送失败则触发错误处理
                 tx.send(val).unwrap();
33.              // 线程休眠 1 秒，以控制消息发送的间隔
```

```
                   thread::sleep(Duration::from_secs(1));
34.          }
35.      });
36.
37.      for received in rx {     // 在主线程中接收消息，rx 会阻塞直到接收到消息
38.          println!("Got: {received}");    // 打印接收到的消息内容
39.      }
40. }
```

在创建新线程之前，我们调用了 clone 方法来克隆发送端。这使我们得到了一个可以传递给第一个新建线程的发送端句柄。随后，我们将原始的信道发送端传递给第二个新建线程。这样，就有两个线程，每个线程都会向信道的接收端发送不同的消息。

执行结果如下：

```
1.  cargo run
2.      Finished `dev` profile [unoptimized + debuginfo] target(s)
in 0.01s
3.      Running `target\debug\thread_test.exe`
4.  Got: hi
5.  Got: more
6.  Got: messages
7.  Got: from
8.  Got: the
9.  Got: for
10. Got: thread
11. Got: you
```

12.5 多线程共享状态

虽然消息传递是一种很好的并发处理方式，但在 Rust 中并不是唯一的处理方式。下面介绍其他几种方式。

1. 互斥器

互斥器（mutex）是一种机制，用于确保任意时刻只有一个线程能够访问某些数据。要访问互斥器中的数据，线程需要先获取互斥器的锁（lock），以表明它希望访问数据。锁是互斥器的一部分，它是一个数据结构，用于记录当前对数据的排他访问权。

使用互斥器时需要注意以下两个要点：

（1）在访问数据之前，必须先获取锁。

（2）处理完被互斥器保护的数据后，必须解锁，以便其他线程能够获取锁并访问数据。

下面是一段使用互斥器的示例代码，它将启动 10 个线程，并在各个线程中对同一个计数器的值加 1。

```
1.  use std::sync::Mutex;    // 引入互斥器模块，用于保护数据在多线程环境下的访问安全
2.  use std::thread;         // 引入线程模块，用于创建和管理线程
3.
4.  fn main() {
5.      let counter = Mutex::new(0);// 创建一个互斥器保护的整型变量，并初始化为 0
6.      let mut handles = vec![];    // 创建一个向量，用于存储线程句柄
7.
8.      for _ in 0..10 {    // 启动 10 个线程
9.          let handle = thread::spawn(move || {    // 创建新线程
10.             // 尝试获取锁，确保对 counter 的独占访问
                let mut num = counter.lock().unwrap();
11.
12.             *num += 1;              // 获取锁后，将 counter 的值加 1
13.         });
14.         handles.push(handle);    // 将线程句柄存入 handles 向量中
15.     }
16.
17.     for handle in handles {          // 遍历每个线程句柄
18.         handle.join().unwrap();      // 等待线程完成执行
19.     }
20.
21.     // 打印 counter 的最终值，获取锁以访问 counter
        println!("Result: {}", *counter.lock().unwrap());
22. }
```

在上述代码中，首先创建了一个名为 counter 的变量，它是一个包含 i32 的 Mutex<T>，用于保护该数据。在 for 循环中，创建了 10 个线程。这里使用了 thread::spawn 并对所有线程使用相同的闭包：它们都调用 lock 方法来获取 Mutex<T> 上的锁，接着将互斥器中的值加 1。当一个线程结束执行时，num 离开闭包作用域并释放锁，以使其他线程可以继续获取锁。

在主线程中，所有线程的 join 句柄被收集到一个向量中，然后逐一调用它们的 join 方法，确保所有线程都执行完成。最后，主线程获取锁并打印出计数器的最终结果。

不幸的是，编译这段代码时会报错，报错信息如下：

```
1.  cargo run
2.     Compiling shared-state v0.1.0 (file:///projects/shared-state)
3.  error[E0382]: borrow of moved value: `counter`
4.    --> src/main.rs:21:29
5.     |
6.  5 |     let counter = Mutex::new(0);
```

```
7.  |        ------- move occurs because `counter` has type
`Mutex<i32>`, which does not implement the `Copy` trait
8.  ...
9.  9 |        let handle = thread::spawn(move || {
10. |                    ------- value moved into
closure here, in previous iteration of loop
11. ...
12. 21 |    println!("Result: {}", *counter.lock().unwrap());
13. |                      ^^^^^^^ value borrowed here after move
14.
15. For more information about this error, try `rustc --explain E0382`.
16. error: could not compile `shared-state` (bin "shared-state")
due to 1 previous error
```

报错信息表明 counter 值在上一次循环中已被移动，因此 Rust 编译器提示我们不能将 counter 互斥量的所有权移动到后续的线程中。

2. Rc<T>和 Arc<T>

在多线程访问同一变量时，我们遇到一个问题：一旦新线程获取了主线程数据的所有权，其他新线程将无法访问该数据。为了解决这个问题，引入两个概念——引用计数 Rc<T>和原子引用计数 Arc<T>。

1）Rc<T>

在大多数情况下，所有权关系是非常明确的，可以清楚地知道哪个变量拥有某个值。然而，有些情况下单个值可能会有多个所有者。例如，在图数据结构中，多条边可能指向相同的节点，而这个节点从概念上讲属于所有指向它的边。存在边指向该节点或它拥有所有者时，该节点不应被清理。

为了启用多所有权，需要显式使用Rust类型Rc<T>，其中Rc为引用计数（reference counting）的英文缩写。引用计数用于记录一个值的引用数量，以判断该值是否仍被使用。如果某个值的引用数为零，表明它没有任何有效引用，因而可以被清理掉。

当我们希望在堆中分配一些内存以供程序的多个部分读取，但无法在编译时确定程序的哪一部分会最后结束使用堆中的数据时，可以使用 Rc<T>。如果确切知道程序的哪一部分最后结束使用堆中的数据，则可以令这部分程序成为数据的所有者，这样正常的所有权规则便可以在编译时生效。

使用 Rc<T>的示例代码如下：

```
1.  use std::rc::Rc;          // 引入 Rc（引用计数）类型，用于实现多重所有权
2.
3.  #[derive(Debug)]
4.  enum List {
```

```
5.         Test(u32, Rc<List>),      // 定义枚举类型 List，包含 Test 变体和 Nil 变体。
```
Test 包含一个 u32 和 Rc<List> 类型的引用，实现链表结构
```
6.         Nil,                      // Nil 表示链表的终止
7.     }
8.  use crate::List::{Test, Nil};// 将 List 的 Test 和 Nil 变体引入当前作用域
9.  fn Rc_test() {
10.     // 创建 Rc 引用计数的 Test 变体实例，表示链表的第一个节点
        let a = Rc::new(Test(1, Rc::new(Nil)));
11.     // 创建 Test 变体的第二个节点，通过 Rc::clone 克隆 a 的引用
        let b = Test(2, Rc::clone(&a));
12.     // 创建 Test 变体的第三个节点，通过 Rc::clone 克隆 a 的引用
        let c = Test(3, Rc::clone(&a));
13.
14.     // 打印链表结构中 a、b、c 的内容
        println!("a: {:?}, b: {:?}, c: {:?}", a, b, c);
15. }
16.
17. fn main() {
18.     Rc_test();         // 调用 Rc_test 函数
19. }
```

使用 Rc::new 创建了类型为 List::Test 的变量 a。创建变量 b 时，克隆了变量 a 中包含的 Rc<list>，这将引用计数增加到 2，并允许变量 a 和变量 b 共享 Rc<List>的所有权。同样地，创建变量 c 时也克隆了变量 a，将引用计数增加到 3。需要注意的是，Rc::clone 与其他类型的 clone 实现不同，它不会对所有数据进行深拷贝，而是执行浅拷贝，仅增加引用计数，因此对性能的影响微乎其微。

执行结果如下：

```
a: Test(1, Nil), b: Test(2, Test(1, Nil)), c: Test(3, Test(1, Nil))
```

下面我们调整一下 Rc_test 函数，以观察 Rc<T>引用计数的变化。

```
1.  fn Rc_test() {
2.      // 创建 Rc 引用计数的 Test 变体实例 a
        let a = Rc::new(Test(1, Rc::new(Nil)));
3.      // 打印创建 a 后的引用计数
        println!("count after creating a = {}", Rc::strong_count(&a));
4.      // 创建 Test 变体实例 b，克隆 a 的 Rc 引用，引用计数增加
        let b = Test(2, Rc::clone(&a));
5.      // 打印创建 b 后的引用计数
        println!("count after creating b = {}", Rc::strong_count(&a));
6.      {
7.          // 在新作用域内创建 Test 变体实例 c，克隆 a 的 Rc 引用，引用计数增加
```

```
            let c = Test(3, Rc::clone(&a));
8.          // 打印创建 c 后的引用计数
            println!("count after creating c = {}", Rc::strong_
count(&a));
9.      }       // 离开作用域，c 被销毁，引用计数减少
10.
11.     // 打印 c 离开作用域后 a 的引用计数
        println!("count after c goes out = {}", Rc::strong_ count(&a));
12. }
```

在该程序中，每调用一次 Rc::clone 函数，就会打印一次引用计数，其值通过 Rc::strong_count 函数获得。执行结果如下：

```
1.  count after creating a = 1
2.  count after creating b = 2
3.  count after creating c = 3
4.  count after c goes out = 2
```

可以看到，a 的初始计数为 1，每调用一次 clone，计数就会增加 1。当 clone 创建的变量离开作用域时，计数减 1。从这个例子中无法看到的是，在 Rc_test 函数的结尾，先是 b，然后是 a 离开作用域，此时计数会变为 0，Rc<List>会被完全清理。

使用 Rc<T>允许一个值有多个所有者；引用计数确保只要有所有者存在，该值保持有效。需要注意的是，Rc<T>仅适用于单线程场景。

2）Arc<T>

尽管可以多次获取 Rc<T>的所有权，但它仅限于在单线程中使用。在多线程开发环境中，Rust 提供了与 Rc<T>类似的类型——Arc<T>，其中字母 A 代表原子性（atomic），即原子引用计数类型。

接下来，我们将使用 Arc<T>类型修改之前的多线程访问相同变量的代码：

```
1.  // 引入 Arc 和 Mutex 模块，用于在多线程中共享数据并保证数据的互斥访问
    use std::sync::{Arc, Mutex};
2.
3.  fn main() {
4.      // 创建一个 Mutex，内部是一个初始值为 0 的计数器，并通过 Arc 进行引用计数
        let counter = Arc::new(Mutex::new(0));
5.      let mut handles = vec![];   // 用于存储所有线程的句柄
6.
7.      for _ in 0..10 {             // 启动 10 个线程
8.          // 克隆 Arc，创建一个新的引用，增加引用计数
            let counter = Arc::clone(&counter);
9.          let handle = thread::spawn(move || {    // 启动新线程
```

```
10.              // 获取 Mutex 的锁，若锁不可用则会阻塞
                 let mut num = counter.lock().unwrap();
11.
12.              *num += 1;              // 对计数器值进行加 1 操作
13.          });
14.          handles.push(handle);   // 将线程句柄存储到 handles 向量中
15.      }
16.
17.      for handle in handles {      // 等待所有线程执行完毕
18.          handle.join().unwrap();// 调用 join 方法，确保所有线程都执行完毕
19.      }
20.
21.      // 最终打印计数器的值，获取锁并解锁
         println!("Result: {}", *counter.lock().unwrap());
22. }
```

执行结果如下：

```
Result: 10
```

这段代码通过使用 Arc 和 Mutex 实现了一个简单的线程安全计数器。在 10 个线程中，每个线程都会将计数器的值加 1，最后输出结果为 10，确保了在并发环境中对共享数据的安全访问和修改。

12.6　总结与讨论

本章介绍了 Rust 语言对多线程的处理。首先介绍了进程与线程的概念，然后介绍了闭包与迭代器的概念，并通过闭包实现了多线程编程，最后详细介绍了线程间的通信方式——消息传递，线程同步方式——互斥器 Mutex<T>、原子引用计数 Arc<T>以及只适用于单线程的引用计数 Rc<T>。

在标准库中，std::sync::atomic 模块还有其他许多类型，这些类型提供了基本类型之上的安全、并发、原子操作。读者可以翻看标准库文档自行学习。

Tom 总结道：“多线程编程在 C/C++中运用广泛，但是由于 C/C++的灵活性，导致多线程编程会遇到很多 bug，调试起来也很难定位问题。Rust 在多线程编程领域有自己的长处：

● 闭包对于编写 C/C++的程序员来说是个全新的概念。用好了它，能简化子线程的实现。

● Rust 天生的内存安全特性避免了 C/C++中常见的内存安全问题，例如数据竞争、悬空指针、缓冲区溢出等。

● Rust 的错误处理机制更加可靠和清晰。在多线程环境下，能使开发者了解错误情况，更

好地解决 bug。

● Rust 标准库中的信道简化了多线程通信的代码实现，大大提高了开发效率，也降低了多线程编程的门槛。"

12.7 练习

1. 尝试编写一段造成 Mutex<T>死锁的代码。

2. 编写代码，创建一个长度为 1000 的向量，使用迭代器和闭包的方式遍历并从小到大排序，组成一个新的向量。

3. 编写一个多线程程序：一个线程生产并发送数据；另一个线程接收数据，并通知第一个线程当前待处理的数据量。

4. 查看标准库 std::sync::atomic 的文档，学习屏障（barrier），并尝试编写一个例程。

第 13 章

汽车电子生态环境介绍

Tom：如果说汽车是工业的皇冠，那么汽车电子就是汽车的灵魂。汽车电子不仅提升了车辆的性能和安全性，还极大地增强了驾驶的舒适性和便利性。当前，从辅助驾驶和电动汽车的发展趋势来看，汽车电子已成为汽车工业创新的重要驱动力。

汽车电子，简单来说，是指应用于汽车中的各种电子设备和系统，涵盖从简单的传感器和控制单元到复杂的信息娱乐系统和自动驾驶技术。汽车电子的主要功能可概括为以下各个方面：

- 动力控制：包括发动机控制单元、电池管理系统等。这些系统通过精确控制提高燃油效率和动力性能。
- 底盘控制：如防抱死制动系统（ABS）、电子稳定程序（ESP）等，通过电子信号处理提高车辆的稳定性和操控性。
- 车身电子：包括车窗控制、空调系统、照明系统等，提升了车辆的舒适性和便利性。
- 信息娱乐系统：集成导航、音响、通信等功能，为驾驶者和乘客提供信息和娱乐服务。
- 安全系统：如自动紧急制动、车道保持辅助等，这些系统通过先进的传感器和算法减少交通事故的发生。
- 车联网技术：通过无线通信技术实现车与车、车与基础设施、车与行人之间的信息交换，提高交通效率和安全性。
- 自动驾驶：集成多种传感器和高级算法，使车辆能够在特定条件下自主驾驶。

汽车电子的发展趋势正在向智能化、网络化和电动化方向迈进。随着技术的进步，未来的汽车将更加智能、互联和环保。

Tom 交给小张一个任务："虽然汽车电子为汽车带来了许多好处，但同时也带来了新的挑战，如系统的复杂性、安全性问题，以及如何快速适应新技术。我想了解大家对这些挑战有什么看法，以及我们如何准备应对这些挑战。小张，你去收集一下相关资料，整理好后给我。"

"好嘞！"小张答道。

13.1　汽车电子主要供应商

小张首先收集了汽车电子供应商的相关资料。

13.1.1　汽车电子 Tier 1 供应商

Tier1 供应商（也称为 Tier One）指一级供应商，它们通常提供高度集成的系统和组件，直接向汽车制造商（OEM）供货。以下是一些国内外知名的汽车电子 Tier 1 供应商及其产品和主要服务客户（仅供参考、排名不分先后）。

1. 国外 Tier 1 供应商

1）博世（Bosch）

产品：发动机管理系统、底盘控制系统（包括 ABS、ESP）、车身电子（如车窗控制）、信息娱乐系统、驾驶辅助系统（如自动泊车、自适应巡航控制）、电池管理系统（BMS）。

主要服务客户：大众、宝马、奔驰、福特、通用、丰田等。

2）大陆集团（Continental AG）

产品：轮胎、制动系统、动力总成技术、高级驾驶辅助系统（ADAS）、车身控制模块、信息娱乐系统。

主要服务客户：奥迪、宝马、福特、通用、本田、现代、起亚等。

3）电装（Denso Corporation）

产品：汽车空调系统、发动机管理系统、电子控制单元、传感器、驾驶辅助系统。

主要服务客户：丰田、本田、日产、福特、通用、大众等。

4）法雷奥（Valeo）

产品：照明系统（包括 LED 和激光照明）、驾驶辅助系统、电动动力系统、电子控制单元。

主要服务客户：宝马、奔驰、奥迪、福特、通用、标致、雪铁龙等。

5）德尔福科技（Delphi Technologies）

产品：动力总成管理系统、底盘控制系统、安全系统、电子电气架构。

主要服务客户：宝马、福特、通用、捷豹、路虎、沃尔沃等。

6）麦格纳国际（Magna International）

产品：车身、底盘、外饰、座椅、动力总成、电子系统。

主要服务客户：宝马、奔驰、奥迪、福特、通用、特斯拉等。

2. 国内 Tier 1 供应商

1）华域汽车系统（Huayu Automotive Systems Co., Ltd.）
产品：汽车电子、电气系统、底盘系统、车身控制系统。
主要服务客户：上汽集团、一汽集团、东风汽车、长安汽车等。

2）宁波华翔电子（Ningbo Huaxiang Electronics Co., Ltd.）
产品：汽车电子控制单元、传感器、车载网络系统。
主要服务客户：吉利汽车、上汽集团、广汽集团、长安汽车等。

3）宁波均胜电子（Joyson Electronics）
产品：智能座舱、智能网联、智能驾驶、新能源管理和汽车安全系统等。
主要服务客户：宝马、奔驰、奥迪、大众、通用、福特、本田和丰田等。

4）经纬恒润（JingWei Hirain）
产品：智能驾驶、智能网联、车身和舒适域电子产品、底盘系统。
主要服务客户：上汽集团、一汽集团、江铃汽车、博格华纳等。

5）宁德时代（CATL）
产品：动力电池。
主要服务客户：特斯拉、丰田、上汽集团、广汽集团、北汽集团、蔚来、理想、小鹏等。

6）比亚迪（BYD）
产品：电动汽车、电池管理系统、车载信息娱乐系统。
主要服务客户：比亚迪汽车、上汽集团、广汽集团等。

7）中航光电（Jonhon）
产品：连接器和电缆组件、车身控制系统。
主要服务客户：一汽集团、上汽集团、长安汽车、广汽集团等。

8）德赛西威（Desay SV Automotive）
产品：车载信息娱乐系统、导航系统、车载通信系统。
主要服务客户：吉利汽车、上汽集团、广汽集团、长安汽车等。

当然，这些信息随时可能发生变化，不同供应商也可能有更广泛的产品线和服务客户。此外，由于汽车行业的全球化特性，许多供应商都为全球多个汽车制造商提供服务。

13.1.2　汽车电子国内外主要芯片供应商

汽车电子芯片供应商提供各种类型的半导体产品，这些产品被广泛应用于汽车的各个系统和功能中。以下是一些国内外知名的汽车电子芯片供应商，以及他们的产品、应用场景和主要客户（仅供参考，排名不分先后）。

1. 国外芯片供应商

1）英飞凌科技（Infineon Technologies）
产品：微控制器（MCU）、功率半导体（如 IGBT 和 MOSFET）、传感器（如压力、位置、温度传感器）、安全芯片。
应用场景：发动机控制、电池管理、电机控制、安全系统、车身控制、信息娱乐系统。
主要客户：宝马、奔驰、奥迪、大众、福特、通用等。

2）恩智浦半导体（NXP Semiconductors）
产品：汽车微控制器、车载网络处理器、射频和微波产品、安全芯片、传感器。
应用场景：车身控制、信息娱乐、车载网络、安全系统、动力总成控制。
主要客户：特斯拉、宝马、福特、通用、丰田、现代等。

3）瑞萨电子（Renesas Electronics）
产品：微控制器（MCU）、片上系统（SoC）、射频产品、功率管理 IC。
应用场景：发动机控制、驾驶辅助系统、信息娱乐、车身控制、安全系统。
主要客户：丰田、本田、日产、大众、宝马、奔驰等。

4）德州仪器（Texas Instruments）
产品：模拟 IC、嵌入式处理器、电源管理芯片、接口芯片。
应用场景：汽车照明、信息娱乐系统、电池管理系统、电机控制。
主要客户：福特、通用、宝马、奔驰、奥迪、大众等。

5）意法半导体（STMicroelectronics）
产品：微控制器、传感器、功率管理 IC、模拟 IC。
应用场景：车身控制、信息娱乐、安全系统、电机控制、电池管理。
主要客户：宝马、奔驰、奥迪、福特、通用、丰田等。

2. 国内芯片供应商

1）地平线
产品：智能驾驶计算芯片和解决方案。
应用场景：面向高级辅助驾驶、自动驾驶及智能座舱等汽车智能化场景。
主要客户：国内多加汽车制造商。

2）华为（Huawei）
产品：车载通信芯片、自动驾驶芯片、信息娱乐系统 SoC。
应用场景：车载通信、自动驾驶、信息娱乐、车联网。

主要客户：国内多家汽车制造商，如上汽集团、广汽集团等。

3）紫光国微（GUO XIN MICRO）

产品：安全芯片、智能卡芯片。

应用场景：汽车电子安全、身份认证、支付系统。

主要客户：国内多家汽车制造商，以及金融和安全领域的企业。

4）兆易创新（GigaDevice）

产品：NOR Flash 存储器。

应用场景：数据存储、固件存储、缓存。

主要客户：不仅服务于汽车电子制造商，为汽车制造商提供车规级 MCU、存储产品以及高质量的芯片产品和解决方案，支持汽车行业的技术创新，也服务于其他消费电子和工业领域的企业。

5）北京君正（收购 ISSI）

产品：汽车电子存储器、模拟芯片。

应用场景：数据存储、模拟信号处理。

主要客户：国内外汽车电子制造商。

6）苏州国芯（China-Core）

产品：汽车级微控制器、存储器产品。

应用场景：车身控制、信息娱乐、数据存储。

主要客户：多家国内汽车制造商。

7）全志科技（Allwinner Technology）

产品：SoC 解决方案，包括信息娱乐系统芯片。

应用场景：车载信息娱乐、多媒体处理、车联网。

主要客户：多家国内汽车制造商。

13.2 汽车电子应用场景

这里以被称为"汽车电子超市"的英飞凌的产品为例，介绍汽车电子的应用场景。

（1）汽车安全：

● 远程信息处理控制单元

● 网关

（2）车身电子装置和照明：

- 车身控制模块
- 集成网关的车身控制模块
- 分散式后视镜模块
- 车门控制
- 网关
- 分散式前车灯模块
- 启动-停止系统的功率分配（采用双电池方法）
- 具备车内和环境光控制的车顶控制模块
- 座椅控制模块
- 智能门控模块
- 智能车窗升降器
- 雨刷控制器
- 座舱无线充电

（3）底盘安全& ADAS：

- 主动悬挂控制系统
- 高级驾驶辅助系统
- 安全气囊系统
- 24GHz 汽车雷达
- 77GHz 汽车雷达
- 车辆制动稳定性控制
- 底盘域控制
- 电子制动助力器
- 电动停车制动器
- 电动助力转向（EPS）
- EPS 用于 24V 商用车辆
- 基于飞行时间（ToF）原理的车内传感
- 多用途摄像头
- 可逆安全带预紧器
- 自动驾驶的传感器融合
- 轮胎压力监测系统（TPMS）

（4）商用、工程和农用车辆（CAV）：

- 商用车、工程车和农用车混合动力解决方案
- CAV 阀门控制

- 适用于卡车和农用车辆的辅助应用
- 适用于商用、工程和农用车辆的动力总成逆变器
- 电池管理系统（BMS）
- 50 kW 至 350 kW 的充电器
- EPS 用于 24V 商用车辆
- 电动汽车热管理
- 适用于 24V 商用车辆的故障后可操作电动助力转向
- 燃料电池电动汽车（FCEV）传动系统
- 多用途摄像头
- 无线充电

（5）电动驱动系：

- （H）EV－辅助逆变器
- （H）EV－辅助 HV-LV DC-DC
- 车载电池充电器
- （H）EV－主逆变器
- 电动汽车快速充电

（6）轻型电动车（LEV）：

- 信息娱乐系统
- 座舱
- 音响主机
- 仪表板
- 远程信息处理控制单元
- 汽车 USB Type-C 供电（PD）模块

（7）动力总成：

- 变速器
- 柴油直喷
- 双离合变速器－电气控制
- 双离合变速器－液压控制
- 汽油缸内直喷
- 汽油多点喷射
- LIN 交流发电机稳压器
- 小型发动机入门套件
- 小型单缸内燃机解决方案

- 分动箱无刷直流
- 分动箱有刷直流
- 48 V 混合动力系统

（8）燃料电池传动系统：

- 燃料电池控制单元（FCCU）
- 燃料电池 DC/DC 升压转换器
- 燃料电池电动空气压缩机

（9）电动汽车热管理：

- HVAC 控制模块
- 泵和风扇
- 高压电动压缩机
- 高压 PTC 加热器模块

由此可见，汽车电子的应用十分广泛。下面对这些应用进行归类，传统燃油汽车的电子系统分类如表 13.1 所示。

表 13.1　燃油汽车电子分类

分　　类	控制类型	主要用途
发动机控制系统	点火控制、燃油控制	急速控制、进气控制、排放控制等
底盘控制系统	电子控制自动变速箱、驱动防滑/牵引力控制、巡航控制、自动防抱死、四轮转向控制等	底盘控制相关功能
车身电子控制系统	安全气囊、安全带控制、灯光控制、电子仪表、电动座椅、中控门锁等	车身控制及安全相关功能
汽车信息系统	车辆行驶自身显示系统、车载通信系统、上网设备等	信息显示和通信功能
车载汽车导航系统	电子导航系统、全球定位系统（GPS）等	导航和定位功能
车载汽车电子装置	数字视听系统、数字音响等	娱乐技术及产品

相较于传统的燃油汽车，新能源汽车的核心已经变为三电系统：高压电池系统（简称电池）、电动机驱动系统（简称电机）和电子控制系统（简称电控）。

- 高压电池系统：也称为电池控制系统，用于存储并提供电能，以满足电动机的需求。
- 电动机驱动系统：将高压电池系统提供的电能转换为机械能，驱动车辆行驶。
- 电子控制系统：负责监控高压电池系统、电动机驱动系统以及其他相关系统，确保整个车辆高效、安全地行驶。

在这些系统中，并非所有应用都涉及软件编程，还包括模拟电子设备。然而，汽车电子的发展趋势显示，无论是传统燃油汽车还是新能源汽车，越来越多的传感器、ECU、MCU、域控制器和 AI 芯片被应用在汽车上。

在汽车电子领域，编程是实现复杂控制逻辑和系统功能的关键。针对上面的应用场景，我们来看看哪些需要进行软件开发。

1）远程信息处理控制单元

功能：处理车辆数据，提供 GPS 导航、紧急呼叫服务、远程诊断以及与智能手机的连接。

控制流程：收集车辆状态信息（如位置、速度、油耗等）；通过无线网络把数据发送到服务中心；接收来自服务中心的指令或软件更新；集成车载信息娱乐系统，提供实时交通信息和导航服务。

2）网关

功能：作为车辆内部网络的中心节点，管理不同网络域之间的通信。

控制流程：接收各控制单元的数据包；根据预定的通信协议将数据包路由到正确的接收者；提供安全机制以防止未授权用户访问车辆网络；管理网络节点的唤醒和睡眠以节省能源。

3）车身控制模块

功能：控制车身相关的各种功能，如车窗升降、车门锁定/解锁、车内照明等。

控制流程：接收驾驶员通过开关或遥控器给出的输入；解码输入信号，执行相应的动作（如打开车窗或解锁车门）；监控车身部件的状态，并反馈给驾驶员或中央显示屏。

4）主动悬挂控制系统

功能：实时调整悬挂刚度和阻尼，以优化乘坐舒适性和车辆操控性。

控制流程：收集加速度计和位置传感器的数据；根据路况和驾驶模式，计算悬挂系统的调整参数；控制执行器调整悬挂部件以实现最佳性能。

5）高级驾驶辅助系统

功能：提供驾驶辅助功能，如自动紧急制动、自适应巡航控制和车道保持辅助等。

控制流程：使用摄像头、雷达和传感器收集车辆周围环境的信息；处理数据，识别道路标志、其他车辆和行人等；根据算法判断是否采取行动（如自动减速或转向）；向驾驶员提供视觉和听觉警告，或直接控制车辆。

6）电池管理系统

功能：监控和管理电池组的状态，确保安全、高效地运行。

控制流程：监测电池电压、电流和温度；平衡电池单元以确保一致性；计算电池剩余电量和健康状态；必要时限制充电或放电以防止电池损坏。

7）车载信息娱乐系统

功能：提供多媒体播放、导航、通信和车辆信息显示等功能。

控制流程：接收用户输入（如触摸屏操作或语音命令）；播放音乐、视频或提供导航指引；与移动设备同步，显示通知和消息；显示车辆状态信息（如速度、油耗和行驶距离）。

8）电动助力转向系统

功能：在驾驶员转向时提供辅助力，提高操控性和舒适性。

控制流程：检测驾驶员的转向意图和转向扭矩；根据车速和转向角度计算所需的辅助力；控制电机提供相应的辅助力；监控系统状态以确保汽车安全行驶。

这些应用场景的编程通常涉及嵌入式系统开发，使用汇编、C 或 Rust 等低级语言，并在具有实时操作系统（RTOS）的微控制器上运行。编程内容不仅涉及控制算法的开发，还包括传感器、执行器、通信网络和其他电子控制单元（ECU）的接口设计。安全性和可靠性是汽车电子编程中的关键考虑因素。

13.3　MCU 简介

MCU 是 microcontroller unit（微控制器单元）的缩写，它是一种小型计算机，在单个芯片上集成了处理器核心、存储器（包括 RAM 和 ROM）、输入/输出外设（I/O）和可能的其他功能（如定时器、计数器、ADC、DAC 等）。图 13.1 显示了一个 MCU 内部集成的各个模块。

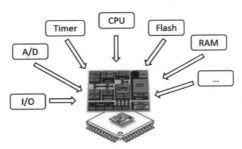

图 13.1　MCU 内部集成的各个模块

MCU 的主要特点包括：

- 集成度高：所有必要的计算组件都集成在一个芯片上，便于设计和小型化。
- 专用性：MCU 通常针对特定的应用或一组应用进行优化。
- 低功耗：MCU 设计用于低能耗运行，适合电池供电的便携式设备。
- 成本效益：相比通用计算机，MCU 因其专用性和小尺寸而具有成本优势。
- 控制功能：广泛用于自动化设备、机器人、家电等控制应用。
- 实时操作：许多 MCU 支持实时操作，确保任务在特定时间内执行。
- 编程灵活性：通过编程实现定制的控制算法和功能。
- 多种通信接口：MCU 通常集成 SPI、I2C、UART、CAN 等多种通信接口。

- 应用广泛：MCU 被广泛应用于汽车电子、工业控制、消费电子、医疗设备等各类电子产品和系统中。
- 开发工具支持：拥有丰富的开发工具和环境支持，如集成开发环境、编译器、调试器和仿真器等。

MCU 是现代电子系统中不可或缺的组件，为各种设备和系统提供智能控制的核心。随着技术的进步，MCU 的功能和性能不断提升，应用领域也在不断扩大。

13.3.1　车规级 MCU

Tom：电子元器件的等级分为商业级、工业级、车规级、军用级和航天级。一般来说，等级差一级，价格至少差一个数量级。

最初，克莱斯勒、福特和通用汽车为建立一套通用的零件资质及质量系统标准，设立了汽车电子委员会（Automotive Electronics Council，AEC）。发展至今，AEC 已成为主要汽车制造商与美国主要部件制造商汇聚在一起的团体，其目的是规范车载电子部件的可靠性和认定标准。AEC 建立了质量控制标准，符合 AEC 规范的零部件可以被上述三家车厂同时采用，这促进了零部件制造商交换产品特性数据的意愿，推动了汽车零部件通用性的实施，为汽车零部件市场的快速成长奠定了基础。主要的汽车电子成员包括：Autoliv（奥托立夫）、Continental（大陆）、Delphi（德尔福）、Johnson Controls（江森自控）和 Visteon（伟世通）。

要进入汽车领域并达到车规电子认证（AEC-Q 认证）标准，打入一级（Tier1）汽车电子大厂供应链，必须取得两张门票：第一张是由北美汽车产业推出的 AEC-Q100（集成电路 IC）、AEC-Q101（离散组件）、AEC-Q102（离散光电 LED）、AEC-Q104（多芯片组件）、AEC-Q200（被动组件）可靠性标准；第二张则要符合零失效（Zero Defect）的供应链质量管理标准 ISO/IATF 16949 规范（质量管理体系）。其测试条件比消费型芯片规范更为严苛。

不同等级芯片的技术要求对比如表 13.2 所示，包括商业级芯片、工业级芯片和车规级芯片。

表 13.2　不同等级芯片的技术要求对比

参数要求	商业级芯片	工业级芯片	车规级芯片
温度范围	−40℃ ~ +70℃	−40℃ ~ +85℃	−40℃~+125℃
湿度	低	根据使用环境而定	0% ~ 100%
JESD47 标准	AEC-Q100(Chips)	AEC-Q101(Chips)	JESD47(Chips)
验证标准	ISO16750	ISO16750	ISO16750
出错率	<3%	<1%	0
使用时间	1~3 年	5~10 年	10~15 年
供货时间	高至 2 年	高至 5 年	高至 30 年

汽车是 MCU 的一个非常重要的应用领域。据 IC Insights 数据显示，2023 年全球 MCU 在

汽车电子中的应用占比约为 40%。在高端车型中，每辆车用到的 MCU 数量接近 300 个，从行车电脑、液晶仪表，到发动机、底盘，汽车中大大小小的组件都需要 MCU 进行把控。早期，汽车中应用的主要是 8 位和 16 位的 MCU，但随着汽车电子化和智能化的不断发展，所需的 MCU 数量与质量都在不断提升。目前，32 位 MCU 在汽车 MCU 中的占比已达到 65%。其中，ARM 公司的 Cortex 系列内核因其成本低廉、功耗控制优异而成为各汽车 MCU 厂商的主流选择。

汽车 MCU 的主要参数包括工作电压、运行主频、Flash 和 RAM 容量、定时器模块和通道数量、ADC 模块和通道数量、串行通信接口种类和数量、输入输出 I/O 口数量、工作温度、封装形式及功能安全等级等。

按 CPU 位数划分，汽车 MCU 主要分为 8 位、16 位和 32 位。随着工艺的升级，32 位 MCU 成本持续下降，目前已成为主流，正在逐渐替代过去由 8/16 位 MCU 主导的应用和市场。

如果按应用领域划分，汽车 MCU 可以分为车身域、动力域、底盘域、座舱域和智驾域。对于座舱域和智驾域来说，MCU 需要具备较高的运算能力，并支持高速的外部通信接口，如 CAN FD 和以太网；车身域同样要求有较多的外部通信接口，但对 MCU 的算力要求相对较低；而动力域和底盘域则要求更高的工作温度和功能安全等级。

总之，车规级 MCU 是专为汽车电子系统设计，并符合汽车行业标准的微控制器单元。与传统的消费级或工业级 MCU 相比，车规级 MCU 需要满足更为严格的性能和可靠性要求，以适应汽车电子系统中的特殊应用环境。因此，车规级 MCU 通常在设计和生产过程中需要经过严格的测试和验证，以确保它们能够在汽车的整个生命周期内提供稳定且可靠的性能。这些 MCU 是实现现代汽车中各种复杂功能的关键组件，包括发动机管理、变速箱控制、车身电子、安全系统和信息娱乐系统等。随着汽车向电动化、智能化和网联化方向发展，车规级 MCU 的作用将变得更加重要。

13.3.2　ECU、MCU、VCU、HCU、PCU……

刚刚加入汽车电子行业的人看到这堆名字可能会感到头疼，难道这些不是 CPU 吗？它们都有什么功能？它们之间是什么关系？

在这里需要说明的是，汽车电子多用于控制，因此这些 CU 指的是控制单元，而非计算单元。

1. ECU（电子控制单元）

ECU（Electronic Control Unit）是汽车中用于控制特定子系统或功能的电子设备。现代汽车中有许多 ECU，各个 ECU 负责不同的任务，如发动机管理、变速箱控制、ABS、ESP 等。ECU 通过嵌入式软件实现其功能，通常包含一个或多个 MCU 来执行控制算法。

2. MCU（微控制器单元）

MCU 是 ECU 内部的核心组件，是一种集成了处理器核心、存储器（RAM 和 ROM）以及各种外设接口的单芯片计算系统。MCU 负责执行 ECU 的控制逻辑，处理来自传感器的输入信号，并生成控制执行器的输出信号。

3. VCU（车辆控制单元）

VCU 在电动汽车中扮演着核心角色，负责整车的管理和控制。VCU 协调和监控车辆的所有关键系统，包括电池管理、电机控制、能量回收以及与驾驶性能和安全相关的其他功能。

VCU 的主要功能如下：

- 系统集成：整合车辆中所有 ECU 的功能。
- 能量管理：监控和优化电池使用和能量回收。
- 驾驶模式控制：根据驾驶条件和驾驶员输入调整车辆性能。
- 诊断：进行车辆系统的健康检查和故障诊断。

4. HCU（混合动力控制单元）

HCU 是专为混合动力汽车设计的 ECU，控制混合动力系统中的发动机、电动机、电池和其他组件的协同工作。HCU 的任务是确保车辆在不同的驾驶条件下实现最佳的燃油效率和性能。

HCU 的主要功能如下：

- 动力管理：控制发动机和电动机的功率输出，以优化燃油效率。
- 模式控制：根据需要在纯电动、混合动力和发动机驱动模式之间切换。
- 电池管理：监控电池状态并管理充放电过程。

5. PCU（动力控制单元）

PCU 在电动汽车和混合动力汽车中负责管理高电压系统，特别是电池和电动机之间的能量流动。PCU 控制电动机的功率输入，确保电池的高效充放电，并管理车辆的动力分配。

PCU 的主要功能如下：

- 功率转换：将电池的直流电转换为电动机可以使用的交流电。
- 电池管理：监控电池状态，包括电压、电流和温度。
- 热管理：控制 PCU 和相关组件的温度，以保证最佳性能。

6. 它们之间的关系

ECU 是汽车中用于控制特定子系统的电子设备，通常包含一个或多个 MCU。

MCU 是 ECU 内部的微控制器（或称为微控制单元），负责执行控制算法并提供计算核心。

VCU 是电动汽车中的车辆控制器（或称为车辆控制单元），负责整车的管理和控制，通常包含多个 MCU 来处理不同的控制任务。

HCU 是混合动力汽车中的特殊类型的 ECU，专注于管理混合动力系统。

PCU 是电动汽车和混合动力汽车中的动力控制单元，负责管理电池和电动机之间的能量流动。

这些组件共同工作，通过复杂的软件和通信网络实现车辆的自动化控制，以提高车辆的性能、效率和安全性。随着汽车技术的发展，这些控制单元的功能和集成度将继续增加，为驾驶者提供更加智能化和个性化的驾驶体验。

例如，在 ADAS（高级驾驶辅助系统）中，不同的控制单元通过系统总线（LIN、CAN、LAN 等）连接在一起，协同工作，共同完成辅助驾驶功能，如图 13.2 所示。简而言之，高级驾驶辅助系统旨在紧急情况下，在驾驶员做出反应之前，汽车主动进行判断并采取预防措施，从而达到预防和辅助的作用。

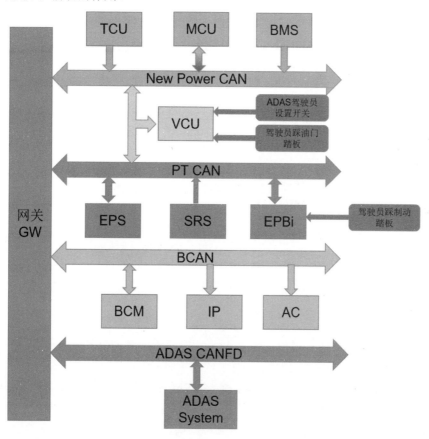

图 13.2　ADAS 系统

13.4　车规级 MCU 的分类及其主要产品

了解了什么是车规级 MCU 之后，接下来介绍它的主要产品和分类。

13.4.1　车规级 MCU 的分类

1. 按计算单元位数分类

车载 MCU 可分为 8 位、16 位及 32 位 MCU。车载 MCU 位数越多，结构就越复杂，处理能力也越强，可实现的功能也越多。从不同位数 MCU 的市场占比来看，32 位 MCU 凭借优异的性能及逐步降低的成本，已经占据主导地位。32 位 MCU 的销售额占比从 2010 年的 38.11% 提升至 2023 年的 74.1%。随着汽车电子电控功能的日益复杂，叠加电子电气架构集中化的趋势，预计 32 位 MCU 在车载 MCU 中的占比将进一步提高。

表 13.3 列出了不同位数 MCU 的特点和用途。

表 13.3　不同位数 MCU 的特点和用途

类　　型	主要特点	主要用途	市场价格
8 位 MCU	架构简单，更容易设计；在尺寸、功耗和成本方面都比较低	低端控制功能：风扇控制、空调控制、车窗升降、低阶仪表板、天窗、集线盒、座椅控制、门控模块等	<1 美元
16 位 MCU	具有比 8 位更高的性能，比 32 位更快的响应时间、更低的成本	中端控制功能：动力系统控制、离合器控制、电子式动力方向盘、电子刹车等	1~5 美元
32 位 MCU	性能优异、功耗更低，具有较多 RAM，可处理多个外部设备，提供更多的应用可能	高端控制功能：高阶仪表板控制、车身控制、多媒体信息系统、引擎控制、智能驾驶安全系统及动力系统等。	5~10 美元，部分高端产品在 10 美元以上

2. 按内核架构分类

根据内核架构分类，MCU 可以分为基于 PowerPC 架构、ARM 架构和 RISC-V 架构等。不同架构的芯片各有特点，在性能、功耗、应用领域和生态系统等方面存在差异。基于 PowerPC 架构的芯片具有较高的整合度和强大的性能；基于 ARM 架构的芯片在现代电子设备中非常流行；基于 RISC-V 架构的芯片因其灵活性和可定制性而受到广泛关注。在选择适合特定应用的芯片时，需要根据应用的具体需求来决定使用哪种架构。

3. 按应用领域分类

在汽车中，MCU 负责监控各种电子系统，以确保车辆的可靠性和安全性。按应用领域分类，MCU 可以分为以下几类：

1）发动机控制

功能：MCU 芯片在发动机控制单元（ECU）中起着核心作用，负责监控和管理发动机的性能，包括燃油喷射、点火时机、排放控制等。

应用：确保发动机在各种工况下都能稳定运行，提高燃油效率和减少排放。

2）传动系统

功能：在自动变速器中，MCU 芯片控制着换挡逻辑，确保车辆在不同的驾驶条件下获得最佳的动力传输和燃油效率。

应用：优化驾驶体验和提高燃油经济性。

3）车身电子

功能：MCU 芯片控制着车窗、门锁、座椅调节、灯光等车身电子系统。

应用：提供舒适和便捷的驾驶体验。

4）安全系统

功能：MCU 芯片在安全系统（如防抱死刹车系统、电子稳定控制系统和安全气囊控制器等）中，负责监测车辆的运动和碰撞情况，控制安全气囊的部署。

应用：在紧急情况下保障乘客安全。

5）车载娱乐和信息系统

功能：MCU 芯片在车载娱乐系统中负责处理和显示信息，如导航、音频和视频播放等。

应用：提供丰富的车载娱乐和信息功能，提高驾驶体验。

6）高级驾驶辅助系统

功能：MCU 芯片监控车辆的动态，如转向角、速度、偏航率等，以维持车辆的稳定性。

应用：在紧急避障或湿滑路面行驶时，帮助驾驶员控制车辆，防止失控。

13.4.2　车规级 MCU 的主要厂商及其产品

下面介绍几家国内外车规级 MCU 的主要厂商及其产品。

1. 国外车规级 MCU 的主要厂商及其产品

1）英飞凌科技 MCU

2023 年 3 月 7 日，英飞凌宣布其 32 位微控制器 AURIX™系列、TRAVEO™ T2G 系列和 PSoC™ MCU 系列支持 Rust 语言，从而成为全球领先、正式支持 Rust 的半导体公司。

英飞凌科技是全球领先的汽车半导体供应商之一，在汽车市场中占据重要地位，其产品广泛应用于全球各大汽车制造商和一级供应商的系统中。英飞凌的 MCU 产品以其高性能、高可靠性和安全性而闻名，是许多汽车安全和动力系统的关键组件。

英飞凌的汽车 MCU 产品主要基于以下几种架构：

（1）Tricore™ AURIX™架构：

TriCore™是首款针对实时嵌入式系统优化的统一单核32位微控制器-DSP 架构。TriCore™指令集架构（ISA）将微控制器的实时功能、DSP 的计算能力以及 RISC 加载/存储架构的高性价比特性结合在一个紧凑的可重复编程的内核中。

目前，英飞凌主推的产品包括 AURIX™ TC2xx 和 TC3xx 系列。其中，TC3xx 平台是一个高性能微控制器系列，具有多个 TriCore™ CPU、程序和数据存储器、总线、总线仲裁、中断系统、DMA 控制器以及一组功能强大的片上外设。AURIX™ TC3xx 平台旨在满足最苛刻的嵌入式控制系统应用需求，其中性价比、实时响应能力、计算能力、数据带宽和功耗是关键设计要素。该系列提供多种强大的片上外设单元，如串行控制接口、定时器单元和 ADC。

AURIX™ TC3xx 系列与 AURIX™ TC2xx 系列的引脚保持兼容，提供容量高达 16 MB 的闪存，集成超过 6 MB 的 RAM 和多达 6 个 TriCore™ 1.62 内核，每个内核的最快时钟频率可达 300 MHz。新功能包括一个新的 Radar 处理子系统，具有两个专用信号处理单元（SPU）、千兆以太网、CAN FD 和 LIN 接口，以及用于连接外部闪存的 eMMC 接口。

最新的是 AURIX™ TC4x 发布于 2024 年 4 月，官方介绍它时提到："a leader in real-time safety and security performance is coming!（实时安全和安保性能的领导者即将到来！）"

（2）ARM Cortex 架构：

英飞凌提供基于 ARM Cortex-M 系列的 MCU，包括 Cortex-M0+、Cortex-M3、Cortex-M4 等。

英飞凌的汽车 MCU 广泛应用于以下汽车子系统，覆盖从入门级到高性能级别的应用需求：

- 动力总成控制：发动机管理、变速箱控制、电池管理系统。
- 底盘控制：电子稳定程序、电子助力转向、制动系统。
- 车身电子：车身控制模块、照明控制、车窗和门锁控制。
- 安全系统：高级驾驶辅助系统、安全气囊控制器。
- 信息娱乐系统：导航、音频视频播放、车载通信。
- 车联网：车辆远程信息处理、车载诊断。

英飞凌汽车 MCU 的特点包括：

- 高性能：提供高性能的处理能力，满足复杂汽车控制算法的需求。
- 低功耗：优化的功耗设计，适应汽车电池供电环境。
- 高可靠性：严格的质量控制和测试，确保恶劣环境下的稳定运行。
- 集成度高：集成了多种外设和接口，如 CAN-FD、LIN、Ethernet 等。
- 安全性：支持硬件加密、安全启动等安全功能，满足汽车安全标准。
- 实时性能：支持实时操作系统（RTOS），确保任务的及时响应。

- 易用的开发工具：提供集成开发环境、调试器、编程器和软件库。
- 符合行业标准：产品符合汽车行业的安全和质量标准，如 ISO 26262。
- 软件和硬件协同设计：提供全面的软件支持，包括驱动程序、中间件和应用示例。
- 长期供货保证：为汽车行业提供长期的产品供货和服务支持。

英飞凌的汽车 MCU 产品因其卓越的性能、可靠性和安全性而受到汽车制造商和供应商的青睐。随着汽车行业向电动化、智能化和网联化的快速发展，英飞凌的 MCU 产品将继续在推动汽车技术创新中发挥关键作用。

2）意法半导体（ST）MCU

意法半导体为汽车应用提供广泛的微控制器产品组合，其中包括基于 Power Architecture® 技术的 32 位 SPC5 系列、8 位 STM8A 系列以及 16 位 ST10 传统 MCU。意法半导体近期发布了新款高性能 32 位车规级微控制器系列 Stellar，该系列基于 ARM R52 多核，配备创新型嵌入式相变存储器（ePCM），并采用 28nm FD-SOI 技术。

意法半导体提供的单核和多核 MCU 实现了可扩展的解决方案。由于具有硬件和软件兼容性，这些 MCU 可应用于从成本敏感的应用到高级汽车应用。该产品组合不仅支持前沿的汽车转型领域，如电动车、网关和 ADAS 应用，还为现有的应用带来了创新，如车身电子、动力系统、底盘控制和安全系统。

意法半导体的汽车 MCU 均为车规级产品，自上市以来，产品将持续投产 10~15 年。这些产品属于意法半导体的长期供货计划的一部分，旨在确保持续稳定地向意法半导体客户提供所选部件，尤其是那些需要产品保持长期可用性的客户。

图 13.3 展示了意法半导体公司产品的主要分类。

恒星32位汽车MCU
专为软件定义车辆和电动汽车设计的实时性和安全性增强性能

32位功耗架构MCU
通用和高性能MCU具有广泛的硬件和软件生态系统

8位MCU广泛的产品组合，适用于具有成本效益的汽车应用

st10 -16位传统MCU

图 13.3　意法半导体公司产品的主要分类

（1）SPC5 系列：

SPC5 系列的 32 位汽车微控制器设计用于一系列的汽车应用，包括网关、电动车、ADAS 到发动机、变速箱控制、车身、底盘和安全系统。

基于 PowerPC 架构，SPC5 微控制器提供 3 个运行速度达 200 MHz 的核心，并且结温达到 165℃。

SPC5 微控制器根据汽车 AEC-Q100 标准设计，具有以下特性：

- 长期供货：15 年保证，SPC56 系列可延长至 20 年。
- 安全性：符合 ASIL-D 标准。
- 数据安全：具有硬件加速（HSM）的安全密钥存储，符合 Evita 和 SHE 标准。
- 工作温度：全运行过程保证在-40℃ 到 165℃（TJ）之间。
- 数据完整性：最多 10 MB 的带 ECC 的 Flash 存储器，支持高达 25 万次擦写，并能在高温环境中实现数据保留。
- 通信：支持 CAN-FD、以太网、LIN、DSPI 和 FlexRay。

（2）Stellar 系列：

2023 年，意法半导体推出了 Stellar 32 位 MCU 系列，以满足高集成度的域控制和 ECU 需求。它们具有卓越的实时性能和安全性能（支持最高 ASIL-D 等级）。此外，Stellar 系列引入了基于硬件的虚拟化技术，简化了在同一硬件上开发和集成多个源软件的过程，同时最大化了软件性能。

Stellar 集成式 MCU 具有以下功能：

- 安全地运行多种关键实时功能。
- 支持不断增加的数据流的汇聚和调度。
- 确保高效的能源管理。
- 用于管理车辆生命周期并通过安全空中软件更新部署改进的新服务。

Stellar 集成式汽车 MCU 可随时满足数字化转型要求。它们提供增强型 7535 机控制接口和高级通用定时器模块（GTM）。该模块允许将多个功率转换器组合到单个控制单元中，以实现优越的车辆动力学管理。

Stellar 为各种应用提供了不同的集成式 MCU 系列：

- 用于运动控制的 Stellar P 集成式 MCU。
- 用于网关和车身的 Stellar G 集成式 MCU。

针对 Stellar MCU，意法半导体提出了软件定义车辆平台：

- 向软件定义车辆（SDV）的转型处于领先定位。基于软件所支持的特征和功能，硬件生命周期独立于软件，而软件则以独立应用的形式无缝集成到车辆中。

- 电动车辆（EV）将率先经历这种转型。可升级性对提高电动车辆的功率效率、增加行驶里程和提升性能至关重要。

传统的电子/电气（E/E）架构达到了支持这种软件驱动方法的能力极限。许多电子控制单元是基于低带宽连接的技术开发的，导致车辆网络的异质性，进而无法实现可扩展、灵活性和可升级性。意法半导体公司对于软件定义车辆的理解如图 13.4 所示。

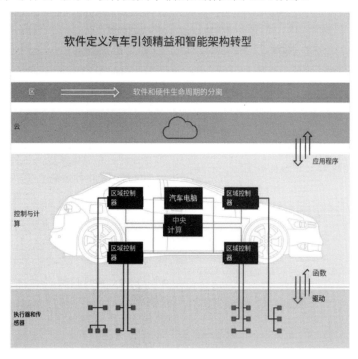

图 13.4　软件定义车辆

2. 国产车规级 MCU

截至 2023 年，国产汽车电子微控制器市场正在快速发展。随着国内半导体产业的崛起，一些中国企业开始在车规级 MCU 领域崭露头角。国内可供应车规级 MCU 产品的企业如表 13.4 所示。

表 13.4　国内可供应车规级 MCU 产品的企业

企业名称	首款车规 MCU 发布时间	内核	应用领域	市场进展（主要客户群体）
国芯科技	2014 年	基于自主 PowerPC 架构 c*Core CPU 内核	域控制器、整车控制、底盘控制、发动机控制以及电池管理等领域	东风汽车、上汽集团、长城汽车、比亚迪、奇瑞、kostal、ATECH

（续表）

企业名称	首款车规 MCU 发布时间	内核	应用领域	市场进展（主要客户群体）
杰发科技（四维图新旗下）	2018 年	ARM Cortex-M	汽车车身控制、座舱、车灯、新能源以及电机控制等应用领域	覆盖国内 95%以上的汽车制造商，如长城、五菱、上汽、广汽、长安、比亚迪、蔚来、小鹏、理想等主机厂
比亚迪半导体	2018 年	未查到公开信息	车内饰灯、氛围灯、门把手、空调触摸面板、各类传感器应用、BLDC 电机控制等	比亚迪汽车
赛腾微	2018 年	ARM Cortex-M	车身控制、车载电子以及新能源汽车电控系统	上汽通用、广州汽车、江铃福特、吉利、上汽通用五菱、奇瑞、小鹏、合创等
芯旺微电子	2019 年	自研 KungFu 架构	底盘动力、热管理控制系统、辅助驾驶控制系统、域控系统、车载网关控制、车灯控制、座椅控制、空调面板控制和车窗开关控制	一汽、长安、东风、上汽、上汽通用五菱、长城、吉利、奇瑞、比亚迪、小鹏、理想、现代、福特、大众和国际品牌韩国现代、德国大众等主流车
琪埔维半导体（CHIPWAYS）	2019 年	ARM Cortex-M	车身控制、车内空调控制、BLDC 电机控制	国内十余家主机厂上车量产
小华半导体（前身为华大半导体 MCU 事业部）	2019 年	ARM Cortex-M	车身控制、汽车电源与电机、汽车照明、智能座舱等	未公开
航顺	2019 年	ARM Cortex-M	汽车中控导航、空调、车载、车窗、娱乐系统以及其他车域控制	东南汽车、中兴汽车、江铃汽车、斯柯达等
芯海科技	2021 年	ARM Cortex-M	汽车传感器、车灯控制器、空调控制器、座椅、门面、泵机、风扇、方向盘、门把手、车内按键等	知名 Ter1 厂商

（续表）

企业名称	首款车规MCU 发布时间	内核	应用领域	市场进展（主要客户群体）
复旦微电	2021 年	ARM Cortex-M	雨刷、车窗、座椅位置、车顶、门锁、空调、尾门控制器、电子换挡器、照明控制等	多家客户实现导入和小批量产
云途半导体	2021 年	ARM Cortex-M	汽车车身控制、域控制器、BMS 控制器、ADAS、汽车跨界处理器	已送样 100+以上的重点客户，并获得了数千万的客户订单，产品已应用于多家整车厂及Tier1，2022 年第四季度开始批量出货
兆易创新	2022 年	ARM Cortex-M	车窗、雨刷、空调、智能车锁、电动座椅、电动后备箱等车身控制系统和电机电源系统，氛围灯、动态尾灯等车用照明系统，以及仪表盘、车载影音、娱乐音响、中控导航、车载无线充电等智能座舱系统，部分 ADAS 辅助驾驶系统	未公开
芯驰科技	2022 年	ARM Cortex-M	线控底盘、制动控制、BMS、ADAS/自动驾驶运动控制、液晶仪表、HUD、流媒体视觉系统CMS 等	覆盖中国 90%以上的车厂
国民技术	2022 年	ARM Cortex-M	汽车照明、车身电子、智能座舱、汽车电源	长安汽车、比亚迪、上汽集团、五菱汽车、东风汽车、小鹏
泰矽微	2022 年	ARM Cortex-M	触控开关、智能表面、触控门把手、方向盘离手检测、脚踢、阅读灯、充电盖、智能 B 柱等	大众、广汽、奇瑞、吉利、蔚来、红旗等

（续表）

企业名称	首款车规MCU 发布时间	内核	应用领域	市场进展（主要客户群体）
极海半导体	2022 年	ARM Cortex-M	车身域控制器、倒车雷达、汽车车灯、升窗器、故障检测仪、行车记录仪、电动尾门、OBC、车载仪表、汽车中控等细分车用场景	已与诸多国产车企品牌制造商达成合作，并已批量供货
中微半导	2022 年	ARM Cortex-M	丰身墟控型、娱乐信息域控制、动力域控制及辅助驾驶等	导入一线车企项目
旗芯微	2022 年	ARM Cortex-M	BCM、BCM+、BMS、照明、电机控制、HVAC、TPMS 和 T-BOX等	未公开

从表 13.4 中可以看出，国内的芯片原厂主要采用的是 ARM 架构的授权。这使得它们能够轻松获得包括 Rust 在内的生态圈支持。

13.5　总结与讨论

本章介绍了汽车电子的生态系统。首先从汽车电子的供应商讲起，阐述了汽车电子芯片的来源、应用及其具体分类。可以看出，汽车电子的应用场景十分广泛，从安全系统到信息娱乐系统，几乎涵盖了所有领域。微控制器单元，尤其是车规级 MCU，是汽车电子中不可或缺的组件，它们需要满足汽车行业严格的性能和可靠性标准。随着汽车行业朝着电动化、智能化和网联化方向快速发展，汽车电子和车规级 MCU 的作用愈加突出。

Tom："目前，在汽车电子行业中，不仅芯片原厂已经开始将 Rust 语言运用于其产品中，还形成了一定的生态。"

大周："确实，最近 Rust 语言在行业中被提到的次数越来越多，可见 Rust 语言的很多特性都得到了行业的认定。"

小张："所以我们应该尝试在汽车电子开发中运用 Rust 语言。"

就这样，大周和小张决定通过汽车电子的实战开发，更深入地学习 Rust 语言。

13.6　练习

举例说明汽车电子的应用场景，并根据之前学习的 Rust 语言特性来分析 Rust 语言在汽车电子开发中的优势。

第 14 章

Rust 语言在 MCU 中的应用

经过一段时间的学习，小张现在已经能够将 Rust 应用在 Windows 和 Linux 环境中了。在对 Rust 进行了解的过程中，大周和小张发现了 Rust 在嵌入式领域的许多优势，并对此进行了总结。

首先，Rust 具有强大的静态分析能力：它在编译时强制引脚和外设配置，确保资源不会被应用程序的非预期部分使用。换句话说，Rust 的编译器功能十分强大，它可以在开发阶段（编译阶段）分析代码，半强制性地避免代码中出现许多隐藏的问题，从而直接提高代码的质量。

其次，Rust 能够灵活地分配内存：Rust 允许开发者进行动态或静态的内存分配。在需要动态可变数据结构时，开发者可以自由地进行内存分配。

再次，Rust 与 C 语言的互操作性也值得一提：Rust 可以与现有的 C 代码库集成，或者利用现有的 SDK 编写 Rust 应用程序。

最后，Rust 具有优良的可移植性：使用 Rust 开发的库或驱动可以轻松在不同的 MCU 之间移植。这是因为 Rust 官方维护了 Embedded Hal 中的一个 trait，而各个厂家会基于相同的 Hal 接口开发他们自己的 Hal 库，这是 C 语言所不具备的。这使得开发者能够更加便捷地在不同的 MCU 之间移植代码。

仅仅口头总结还不足充分理解 Rust 在嵌入式中的特点，于是大周指导小张说："你可以通过将 Rust 语言应用在嵌入式开发中，来深入理解 Rust 在嵌入式中的具体特性。"

技术总监 Tom 也提出了建议："你可以买一块开发板来学习 Rust 在 MCU 中的应用，这样能够更好地体验 Rust 的优良特性。"

于是，小张选用了 STM32F103VCT6 开发板，开始实现 Rust 在 MCU 中的应用。

14.1 Rust 语言 MCU 开发环境搭建

在正式进行 MCU 应用开发之前，首先需要搭建好 Embedded Rust 环境。

1. 安装 Rust

在第 2 章中已经详细介绍了 Rust 在不同操作系统中的安装过程。

2. 安装 MCU 对应的 Target

Rust 默认安装后，仅支持当前主机环境的编译。例如，在 Windows 系统下安装的 Rust，仅支持编译 Windows 系统的程序。为了能够交叉编译程序到目标 MCU 环境（如 ARM 架构），需要添加对应的 Target。例如，要使用 Cortex-M3（ARMv7-M 架构）的 MCU，只需在命令行中执行以下命令：

```
rustup target add thumbv7m-none-eabi
```

其他架构的 Target 命令如下：

（1）Cortex-M0、M0+和 M1（ARMv6-M 架构）：

```
rustup target add thumbv6m-none-eabi
```

（2）没有硬件浮点单元的 Cortex-M4 和 M7（ARMv7E-M 架构）：

```
rustup target add thumbv7em-none-eabi
```

（3）具有硬件浮点单元的 Cortex-M4F 和 M7F（ARMv7E-M 架构）：

```
rustup target add thumbv7em-none-eabi
```

（4）Cortex-M23（ARMv8-M 架构）：

```
rustup target add thumbv8m.base-none-eabi
```

（5）Cortex-M33 和 M35P（ARMv8-M 架构）：

```
rustup target add thumbv8m.main-none-eabi
```

（6）具有硬件浮点单元的 Cortex-M33F 和 M35PF（ARMv8-M 架构）：

```
rustup target add thumbv8m.main-none-eabihf
```

3. 安装 ARM 工具链

在开发 STM32 时，需要使用 arm-none-eabi-gdb 作为编译工具链，而不是 gcc。因为 gcc 编译出的执行文件是针对 PC 环境的。如果想让程序在 ARM 架构的设备上运行，必须使用专为 ARM 架构设计的交叉编译工具链。arm-none-eabi-gdb 是 ARM Cortex-M 系列微控制器开发中常用的调试工具，它是 GNU 调试器（GDB）的一个版本，专为 ARM 架构的裸机环境设计。而 gcc 则通常指的是 GNU 编译器集合，包括编译器、汇编器、链接器等工具，用于编译源代码并生成可执行文件。

arm-none-eabi-gdb 的安装步骤如下：

步骤 01 ARM 为 Windows 提供了 .exe 安装程序，用户可以从 armDeveloper 网站（见图 14.1）下载，网址是 https://developer.arm.com/open-source/gnu-toolchain/gnu-rm/downloads。

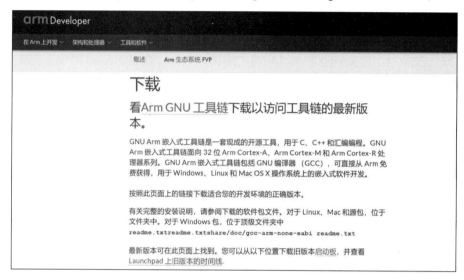

图 14.1   armDeveloper 网站

步骤 02 在网页中选择对应的安装包进行下载，如图 14.2 所示。

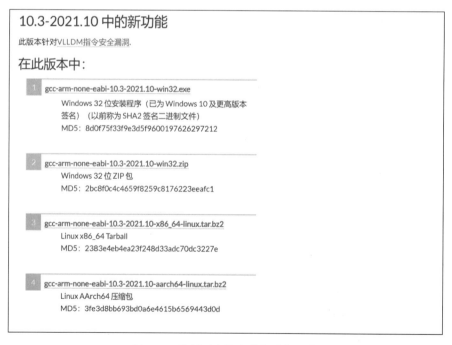

图 14.2   选择对应的安装包进行下载

步骤 03 安装包下载完成后，双击进行安装，按照安装提示操作即可，如图 14.3 所示。

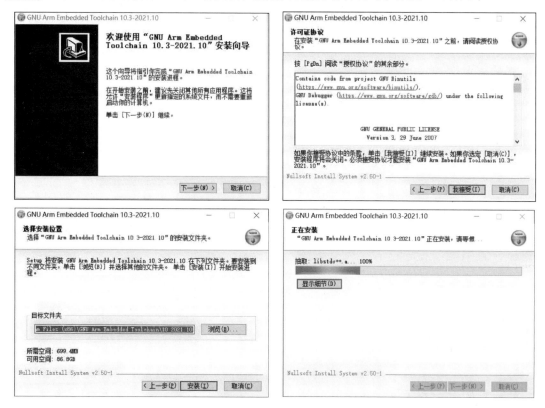

图 14.3　安装工具链

在安装的最后一步，注意勾选 "Add path to environment variable"（将路径加入环境变量）复选框，如图 14.4 所示。

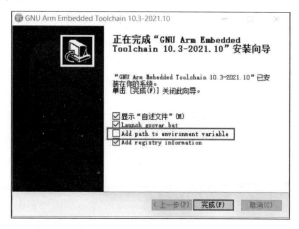

图 14.4　勾选 "Add path to environment variable"（将路径加入环境变量）复选框

如果没勾选该复选框，之后可以依次单击"控制面板→系统→高级系统设置→环境变量"
选项，以手动添加路径。

步骤 04 安装完成后，需要打开控制台，输入以下命令检查是否安装成功：

```
arm-none-eabi-gdb -v
```

如图 14.5 所示，出现相应版本号，即为安装成功。

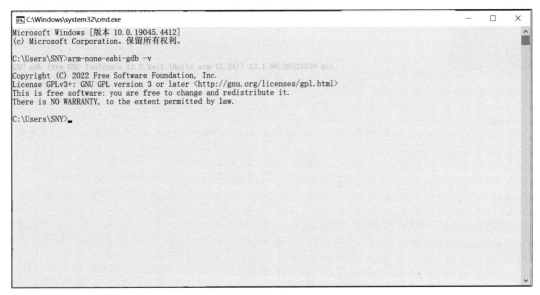

图 14.5　安装成功

4. 安装 OpenOCD

OpenOCD（Open On-Chip Debugger，开源片上调试器）是一款开源软件，最初是由 Dominic
Rath 在大学期间发起的（2005 年）项目。OpenOCD 旨在提供针对嵌入式设备的调试、系统编
程和边界扫描功能，它的官方网址是 https://openocd.org/。

在 macOS 中，可以通过以下命令直接进行安装：

```
brew install openocd
```

在 Windows 中的安装步骤如下：

步骤 01 访问 https://github.com/openocd-org/openocd，下载编译好的 OpenOCD 压缩包，如图 14.6
所示。

步骤 02 将下载的压缩包解压到指定的安装位置，并将解压后文件夹中的 bin 目录路径添加到环境
变量中：依次单击"控制面板→系统→高级系统设置→环境变量"选项，以手动添加路径，
如图 14.7 所示。

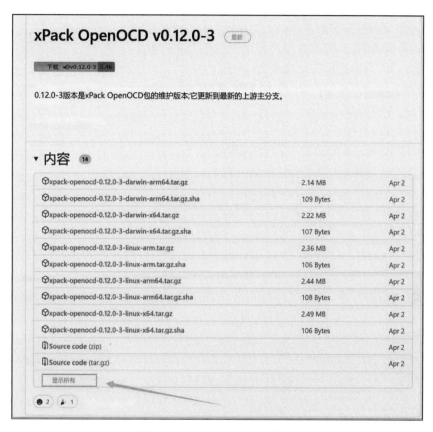

图 14.6　下载 OpenOCD 压缩包

图 14.7　添加路径

步骤 03 按 Win+R 快捷键，打开"运行"窗口，输入 **cmd** 命令以启动 Windows 的命令提示符窗口
（也就是控制台）。在命令提示符窗口中输入 **openocd -v** 命令，随后得到如图 14.8 所示
的输出，表示 OpenOCD 安装成功。

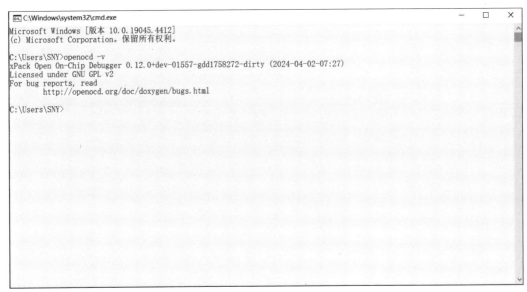

图 14.8　OpenOCD 安装成功

至此，OpenOCD 安装完成。

5. 安装 VS Code 插件

启动 VS Code，单击左边栏中的"扩展"或按 Ctrl+Shift+X 快捷键以打开插件商店，下载
以下两个插件：

1）rust-analyzer

rust-analyzer 是 Rust 开发必备的一个插件，它提供了许多开发需要的功能，比如代码补全、
定义跳转等。

2）Cortex-Debug

这个插件用于在 VS Code 中调试 MCU 程序。它支持 J-Link、OpenOCD GDB Server、
STMicroelectronic 的 ST-LINK GDB Server（暂不支持 SWO）、pyOCD 等工具。在安装此插
件后，可以连接调试器对 MCU 程序进行调试。

6. 硬件开发板简介

STM32F103VCT6 开发板如图 14.9 所示。

图 14.9 STM32F103VCT6 开发板

STM32F103VCT6 是一款高集成度和高性能的 ARM Cortex-M3 32 位微控制器，采用 100 引脚 LQFP 封装，它的主要特性如下：

- 集成了工作频率为 72MHz 的高性能 ARM Cortex-M3 32 位 RISC 内核、高速嵌入式存储器，以及连接至两条 APB 总线的增强型 I/O 与外设。
- 运行电压范围：2~3.6V。
- 256KB 闪存。
- 48KB 静态随机存取存储器（SRAM）。
- CRC 计算单元，具有 96 位唯一的 ID。
- 3 个 12 位：1 个模数转换器（最多 16 个通道）与 2 个 12 位数模转换器（各提供 92 个通道）。
- 4 个通用定时器：包括 2 个高级控制定时器与 2 个基础定时器。
- 80 个快速 I/O 端口。
- 提供串行线调试（SWD）与 JTAG 接口。
- 3 个 SPI、2 个 I2C、5 个 USART、1 个 USB、1 个 SDIO 与 1 个 CAN 接口。
- 环境温度范围：-40℃~85℃。

7. STLink 调试器或其他仿真器

STLink 调试器或其他仿真器用于调试 MCU 程序。注意，需要安装相应调试器的 USB 驱动，否则 OpenOCD 无法正常工作。请根据安装说明操作，并确保安装了正确的操作系统版本（32 位或 64 位）。

STLink 安装成功后，可依次单击"设备管理器→通用串行总线设备"选项，以查看它是否已被识别。如果识别成功，如图 14.10 所示，则表示安装成功。

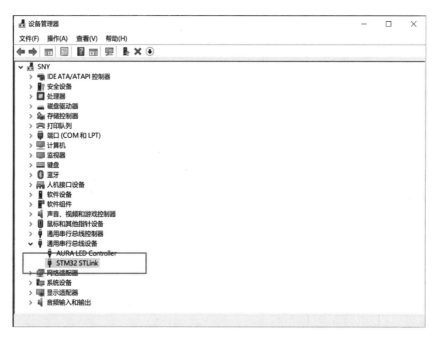

图 14.10　STLink 安装成功

8. 验证安装

步骤 **01** 首先对 STM32F103VCT6 开发板供电，并正确连接 STM32 的 STLink 仿真器。

步骤 **02** 打开控制台，输入如下命令：

```
openocd -f interface/stlink.cfg -f target/stm32f1x.cfg
```

随后应该会得到如图 14.11 所示的输出，且命令行被阻塞。

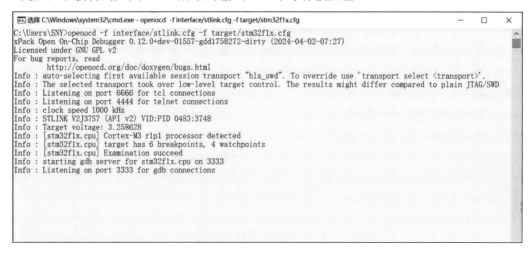

图 14.11　控制台输出

步骤 03 读者的控制台中输出的内容可能与本书示例略有不同，但应该能看到有关断点和观察点的相关信息。如果没什么问题，则可以关闭 OpenOCD。若没有看到"断点"相关的信息，请尝试执行以下命令：

```
1.  openocd -f interface/stlink-v2.cfg -f target/stm32f1x.cfg
2.  openocd -f interface/stlink-v2-1.cfg -f target/stm32f1x.cfg
```

如果其中一条命令运行成功，说明所使用的是旧版本的 Discovery 板卡。这不会影响操作，但内存设置可能会有所不同。

如果在 Linux 环境中以上命令都成功执行，请尝试使用 root 权限（如 sudo openocd ...）。如果命令执行成功，请检查 udev 规则是否正确设置。udev 规则允许在不需要 root 权限的情况下运行 OpenOCD。

步骤 04 在/etc/udev/rules.d/70-st-link.rules 中创建文件，并写入以下内容。

```
1.  # STM32F3DISCOVERY rev A/B - ST-LINK/V2
2.  ATTRS{idVendor}=="0483", ATTRS{idProduct}=="3748", TAG+="uaccess"
3.  # STM32F3DISCOVERY rev C+ - ST-LINK/V2-1
4.  ATTRS{idVendor}=="0483", ATTRS{idProduct}=="374b", TAG+="uaccess"
```

步骤 05 重新加载 udev 规则：

```
sudo udevadm control --reload-rules
```

步骤 06 然后将 STM32F103VCT6 开发板重新连接到计算机。

步骤 07 使用以下命令检查权限：

```
lsusb
```

应该看到如下输出：

```
1.  (..)
2.  Bus 001 Device 018: ID 0483:374b STMicroelectronics ST-LINK/V2.1
3.  (..)
```

步骤 08 记住总线设备号，并使用这些数字创建目录/dev/bus/usb/<bus>/<device>，然后链接该目录：

```
1.  ls -l /dev/bus/usb/001/018
2.  crw-------+ 1 root root 189, 17 Sep 13 12:34 /dev/bus/usb/001/018
3.  getfacl /dev/bus/usb/001/018 | grep user
4.  user::rw-
5.  user:you:rw-
```

附加在权限后面的"+"表示存在扩展权限。使用 getfacl 命令可以查看哪些用户具有访问该设备的权限。

14.2　Rust 嵌入式开发环境的初步使用

1. 创建一个不含标准库的 Rust 程序

这里使用 cortex-m-quickstart 项目模板来生成一个新项目。新创建的项目将包含一个基础结构，为嵌入式 Rust 程序提供良好的起点。此外，该项目还包含一个示例文件夹，里面有几个不同的示例。

步骤01 首先，安装 cargo-generate，用于将项目模板下载到本地。只需在控制台输入以下命令即可安装：

```
cargo install cargo-generate
```

步骤02 通过以下命令生成一个新项目：

```
cargo generate --git https://github.com/rust-embedded/cortex-m-quickstart
```

步骤03 输入创建的项目名称后，如果出现如图 14.12 所示的日志，则说明项目创建成功。

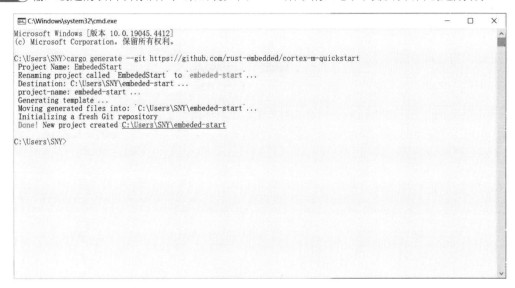

图 14.12　输入创建的项目名称

从日志中可以看出，原本设置的项目名称 EmbeddedStart 被修改为 embedded-start，并且打印出项目保存的路径 C:\Users\SNY\embedded-start。

除了使用 cargo-generate 命令外，还可以直接通过 git 克隆仓库进行下载。

步骤01 在控制台中输入以下命令：

```
1.  git clone https://github.com/rust-embedded/cortex-m-quickstart app
2.  cd app
```

步骤 02 随后修改 Cargo.toml 中的占位符：

```
1.   [package]
2.   authors = ["{{authors}}"] # "{{authors}}" -> "SNY"
3.   edition = "2018"
4.   name = "{{project-name}}" # "{{project-name}}" -> "embedded-start"
5.   version = "0.1.0"
6.   # ..
7.   [[bin]]
8.   name = "{{project-name}}" # "{{project-name}}" -> "embedded-start"
9.   test = false
10.  bench = false
```

对 authors、name 和[bin]name 进行了修改。

此外，也可以直接从 GitHub 下载示例源码的压缩包，首先打开 https://github.com/rust-embedded/cortex-m-quickstart，然后单击绿色的"Clone or download"按钮，接着选择"Download ZIP"，最后按照上述内容修改 Cargo.toml 中的占位符。

2. 使用 VS Code 预览程序

首先，看 src/main.rs 中的主函数：

```
1.   #![no_std]
2.   #![no_main]
3.
4.   // pick a panicking behavior
5.   use panic_halt as _; // you can put a breakpoint on
`rust_begin_unwind` to catch panics
6.   // use panic_abort as _; // requires nightly
7.   // use panic_itm as _; // logs messages over ITM; requires ITM support
8.   // use panic_semihosting as _; // logs messages to the host stderr;
requires a debugger
9.   use cortex_m::asm;
10.  use cortex_m_rt::entry;
11.  #[entry]
12.  fn main() -> ! {
13.      asm::nop(); // To not have main optimize to abort in release mode,
remove when you add code
14.      loop {
15.          // your code goes here
16.      }
17.  }
```

可以看出，Embedded-Rust 程序与标准的 Rust 程序有所不同。下面来逐一解读：

1. #![no_std]

这行代码声明这个程序不会链接到 std 标准库，而会链接到 core。

2. #![no_main]

这行代码声明这个程序不会使用大部分 Rust 程序中常见的 main 函数接口。使用 no_main 的主要原因是在 no_std 环境中使用 main 函数需要 Rust 的 nightly 版本。

5. use panic_halt as _;

这个库提供了一个定义 panic 行为的 panic_handler。更多细节将在后续章节中讲解。

11. #[entry]

这是由 cortex-m-rt 提供的属性，用来标记程序的入口。当不使用标准的 main 入口时，需要用#[entry]声明程序的入口。

12. fn main() -> ! {

程序只会运行在目标硬件上，我们不希望它停止，因此使用一个发散函数"！"来确保编译期不会出问题。

注　意

发散函数永远不会返回，它们被标记为"！"，即一个空类型。与所有其他类型不同，"！"类型不能被实例化，因为它的所有可能值的集合是空的。

注意，"！"类型与"()"类型不同，后者只有一个可能的值。例如，main 函数像往常一样返回，尽管返回值中没有任何信息。

---

3. 交叉编译

接下来是为 Cortex-M3 架构进行交叉编译。

步骤 01 把内存区域信息输入 memory.x 文件中。

```
1. $ cat memory.x
2. /* Linker script for the STM32F103VCT6 */
3. MEMORY
4. {
5.   /* NOTE 1 K = 1 KiBi = 1024 bytes */
6.   FLASH : ORIGIN = 0x08000000, LENGTH = 256K
7.   RAM : ORIGIN = 0x20000000, LENGTH = 48K
8. }
```

注　　意
如果因为某些原因修改了 memory.x，并且之前已经进行了编译，则需要在执行 cargo clean 命令后再执行 cargo build 命令，因为 cargo build 命令不会自动追踪 memory.x 的变化。

在 memory.x 文件中，内存信息可以根据 MCU 的 Flash 和 RAM 地址和空间进行修改。

步骤 02 确定 Target。

在编译时（$TRIPLE）使用 cargo build --target $TRIPLE 会很方便。模板中的.cargo/config 文件已经提供了相应的配置。

打开.cargo/config.toml 文件并滚动到最下方，可以看到如下内容：

```
1.  [build]
2.  # Pick ONE of these default compilation targets
3.  # target = "thumbv6m-none-eabi"      # Cortex-M0 and Cortex-M0+
4.  target = "thumbv7m-none-eabi"        # Cortex-M3
5.  # target = "thumbv7em-none-eabi"       # Cortex-M4 and Cortex-M7 (no FPU)
6.  # target = "thumbv7em-none-eabihf"      # Cortex-M4F and Cortex-M7F (with
FPU)
7.  # target = "thumbv8m.base-none-eabi"   # Cortex-M23
8.  # target = "thumbv8m.main-none-eabi"   # Cortex-M33 (no FPU)
9.  # target = "thumbv8m.main-none-eabihf" # Cortex-M33 (with FPU)
```

可以通过注释来选择当前设备所需的交叉编译环境。由于此处使用的 STM32F103VCT6 开发板为 Cortex-M3 架构，因此需要选择 thumbv7m-none-eabi 作为编译目标。注意，这个编译目标并不是默认自带的，前面在安装 MCU 对应的 Target 时已经提前安装。如果尚未安装，可以直接输入以下命令立即安装：

```
rustup target add thumbv7m-none-eabi
```

步骤 03 将当前的 Rust 项目编译为适用于 ARM Cortex-M3 的可执行二进制文件。如果 thumbv7m-none-eabi 已经在.cargo/config.toml 中设为默认值，则以下两条命令的编译效果是一样的：

```
1.  cargo build --target thumbv7m-none-eabi
2.  cargo build
```

4. 调试与运行

以 examples/hello.rs 为例，介绍如何在 VS Code 上调试和运行嵌入式程序。examples/hello.rs 文件的内容如下：

```
1.  #![no_main]
2.  #![no_std]
3.
4.  use panic_halt as _;
5.  use cortex_m_rt::entry;
6.  use cortex_m_semihosting::{debug, hprintln};
7.  #[entry]
8.  fn main() -> ! {
9.      hprintln!("Hello, world!").unwrap();
10.     // exit QEMU
11.     // NOTE do not run this on hardware; it can corrupt OpenOCD state
12.     // debug::exit(debug::EXIT_SUCCESS);
13.     loop {}
14. }
```

这个程序使用 semihosting 来把信息打印到宿主机。在真正的硬件上，这需要一个调试会话才能进行。

注意，在上述代码中，我们将 debug::exit(debug::EXIT_SUCCESS);注释掉了。

运行 examples/hello.rs 的步骤如下：

步骤 01 在 VS Code 终端上运行 OpenOCD 以连接到 ST-LINK，如图 14.13 所示。

```
PS C:\Users\SNY\embeded-start> cat openocd.cfg
# Sample OpenOCD configuration for the STM32F3DISCOVERY development board

source [find interface/stlink.cfg]

source [find target/stm32f3x.cfg]
PS C:\Users\SNY\embeded-start>
```

图 14.13   运行 OpenOCD 以连接到 ST-LINK

步骤 02 在模板的根目录运行以下命令，OpenOCD 会使用 openocd.cfg，该文件声明了使用什么接口并连接到什么设备。

```
cat openocd.cfg
```

步骤 03 打开文件栏中的 openocd.cfg 文件，将 target 修改为 stm32f1x.cfg：

```
1.  # Sample OpenOCD configuration for the STM32F3DISCOVERY development board
2.  source [find interface/stlink.cfg]
3.  source [find target/stm32f1x.cfg]
```

步骤 04 在 VS Code 终端中输入 openocd，如果结果如图 14.14 所示，并没有 Error，则说明 memory.x、config.toml 和 openocd.cfg 配置正确。

```
PS C:\Users\SNY\embeded-start> openocd
xPack Open On-Chip Debugger 0.12.0+dev-01557-gdd1758272-dirty (2024-04-02-07:27)
Licensed under GNU GPL v2
For bug reports, read
        http://openocd.org/doc/doxygen/bugs.html
Info : auto-selecting first available session transport "hla_swd". To override use 'transport select <tran
sport>'.
Info : The selected transport took over low-level target control. The results might differ compared to pla
in JTAG/SWD
Info : Listening on port 6666 for tcl connections
Info : Listening on port 4444 for telnet connections
Info : clock speed 1000 kHz
Info : STLINK V2J37S7 (API v2) VID:PID 0483:3748
Info : Target voltage: 3.257029
Info : [stm32f1x.cpu] Cortex-M3 r1p1 processor detected
Info : [stm32f1x.cpu] target has 6 breakpoints, 4 watchpoints
Info : [stm32f1x.cpu] Examination succeed
Info : starting gdb server for stm32f1x.cpu on 3333
Info : Listening on port 3333 for gdb connections
```

图 14.14　在 VS Code 终端输入 openocd

结果中没有 Error，则说明 memory.x、config.toml 和 openocd.cfg 配置正确。

接下来开始调试这个例子。在远程调试中，客户端是 GDB，服务端是 OpenOCD。我们需要为 STM32F103VCT6 开发板供电，并使用 STLink 将它连接到计算机。调试的具体步骤如下：

步骤 01 在 VS Code 中建立一个新终端，输入以下命令进行编译：

```
cargo build --example hello
```

结果如图 14.15 所示。

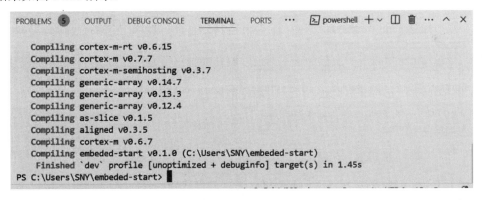

图 14.15　编译结果

结果中的 Finished 表示编译成功。如果编译失败，则检查 thumbv7m-none-eabi 是否已经安装，以及.cargo/config.toml 中的配置是否正确。

生成的二进制编译文件位于 target/thumbv7m-none-eabi/debug/examples/hello。

步骤 02 在模板的根目录下启动另一个终端，输入以下命令运行 GDB：

```
arm-none-eabi-gdb -q .\target\thumbv7m-none-eabi\debug\examples\hello
```

结果如图 14.16 所示。

```
PS C:\Users\SNY\embeded-start> arm-none-eabi-gdb -q .\target\thumbv7m-none-eabi\debug\exam
ples\hello
Reading symbols from .\target\thumbv7m-none-eabi\debug\examples\hello...
```

图 14.16　运行结果

步骤 03 将 GDB 连接到 OpenOCD，如图 14.17 所示。

```
(gdb) target remote :3333
Remote debugging using :3333
warning: No executable has been specified and target does not support
determining executable automatically.  Try using the "file" command.
0x080008ac in ?? ()
(gdb)
```

图 14.17　将 GDB 连接到 OpenOCD

步骤 04 使用 load 命令将程序烧录到 MCU，如图 14.18 所示。

```
(gdb) load target/thumbv7m-none-eabi/debug/examples/hello
Loading section .vector_table, size 0x400 lma 0x8000000
Loading section .text, size 0x11ec lma 0x8000400
Loading section .rodata, size 0x6ac lma 0x80015ec
Start address 0x08000400, load size 7320
Transfer rate: 13 KB/sec, 2440 bytes/write.
(gdb)
```

图 14.18　把程序烧录到 MCU

程序已成功加载。

步骤 05 由于程序使用 semihosting 来打印信息，因此在进行任何 semihosting 操作时，应先使用 monitor 命令告诉 OpenOCD 启用 semihosting，如图 14.19 所示。

```
(gdb) monitor arm semihosting enable
semihosting is enabled
```

图 14.19　使用 monitor 命令告诉 OpenOCD 启用 semihosting

还可以设置断点并使用 continue 命令继续执行，如图 14.20 所示。

```
(gdb) break main
Breakpoint 1 at 0x800046a: file examples/hello.rs, line 11.
Note: automatically using hardware breakpoints for read-only addresses.
(gdb) continue
Continuing.

Breakpoint 1, hello::__cortex_m_rt_main_trampoline () at examples/hello.rs:11
11      #[entry]
```

图 14.20　设置断点和 continue

注　意
如果在执行 continue 命令后 GDB 阻塞了终端而没有到达断点，可能需要仔细检查 memory.x 文件中的存储区域信息（起始位置和长度）是否设置正确。

可以使用 next 命令继续运行程序，如图 14.21 所示。

```
(gdb) next
halted: PC: 0x0800046e
halted: PC: 0x08000470
```

图 14.21　使用 next 命令继续运行程序

此时可以在 OpenOCD 的控制台上看见 "Hello, world!"，如图 14.22 所示。

```
[stm32f1x.cpu] halted due to debug-request, current mode: Thread
xPSR: 0x01000000 pc: 0x08000400 msp: 0x20010000, semihosting
Info : halted: PC: 0x0800046e
Info : halted: PC: 0x08000470
Hello, world!
```

图 14.22　OpenOCD 控制台上的输出

完成调试后，可以执行 quit 命令以退出 GDB。

如果调试需要更多步骤，可以把上述命令打包并写入一个名为 openocd.gdb 的 GDB 脚本文本。该文件在执行 cargo generate 命令时已生成，无须修改即可使用。

现在运行以下命令，GDB 将自动连接到 OpenOCD，启动 semihosting，接着烧录程序并启动程序：

```
arm-none-eabi-gdb -x openocd.gdb target/\thumbv7m-none-eabi\
debug\examples\hello
```

运行结果如图 14.23 所示。若需要修改.cargo/config 文件的配置，请根据需要进行调整。

```
[target.thumbv7m-none-eabi]
# uncomment this to make `cargo run` execute programs on QEMU
# runner = "qemu-system-arm -cpu cortex-m3 -machine lm3s6965evb -nographic -semihosti

[target.'cfg(all(target_arch = "arm", target_os = "none"))']
# uncomment ONE of these three option to make `cargo run` start a GDB session
# which option to pick depends on your system
runner = "arm-none-eabi-gdb -x openocd.gdb"
# runner = "gdb-multiarch -x openocd.gdb"
# runner = "gdb -x openocd.gdb"
```

图 14.23　运行结果

修改.cargo/config 文件后的运行结果如图 14.24 所示。

```
     Finished `dev` profile [unoptimized + debuginfo] target(s) in 0.06s
      Running `arm-none-eabi-gdb -q -x openocd.gdb target\thumbv7m-none-eabi\debug\examples
\hello`
Reading symbols from target\thumbv7m-none-eabi\debug\examples\hello...
hello::__cortex_m_rt_main () at examples/hello.rs:19
19          loop {}
Breakpoint 1 at 0x8000cb2: file src/lib.rs, line 570.
Note: automatically using hardware breakpoints for read-only addresses.
Breakpoint 2 at 0x80015da: file src/lib.rs, line 560.
Breakpoint 3 at 0x8000d38: file src/lib.rs, line 32.
Breakpoint 4 at 0x800046a: file examples/hello.rs, line 11.
semihosting is enabled
Loading section .vector_table, size 0x400 lma 0x8000000
--Type <RET> for more, q to quit, c to continue without paging--
```

图 14.24　修改 .cargo/config 文件后的运行结果

14.3　初级应用：点亮 LED

1. 新建项目

步骤01 打开命令行窗口，输入以下命令，新建 testled 项目：

```
cargo new testled
```

结果如图 14.25 所示。

```
C:\Users\SNY>cargo new testled
    Creating binary (application) `testled` package
note: see more `Cargo.toml` keys and their definitions at https://doc.rust-lang.org/cargo/reference/manifest.html
```

图 14.25　新建 testled 项目

步骤02 继续输入 code testled，从 VS Code 打开 testled 项目，如图 14.26 所示。

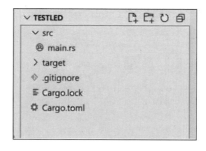

图 14.26　打开 testled 项目

可以看到，testled 项目中除了有 main.rs 文件之外，还有 Cargo.toml 文件。

步骤03 创建 memory.x 文件：右击"文件栏"，依次执行"新建文件→输入 memory.x"。

查询 STM32F103C8T6 的数据手册，可以看到 memory.x 文件的内存结构，如图 14.27 所示。

> • Memories
>   − 64 or 128 Kbytes of Flash memory
>   − 20 Kbytes of SRAM

图 14.27   memory.x 文件的内存结构

由此根据格式设置 memory.x 文件的内容：

```
1.   /* Linker script for the STM32F103C8T6 */
2.   MEMORY
3.   {
4.   FLASH : ORIGIN = 0x08000000, LENGTH = 64K
5.   RAM : ORIGIN = 0x20000000, LENGTH = 20K
6.   }
```

其中，ORIGIN 表示 Flash 或 RAM 的起始地址位置，LENGTH 表示内存空间的大小。根据数据手册，我们将地址和大小配置设为所用设备的属性。

步骤 **04** 创建.cargo 文件夹，并在其中新建 config 文件：右击 "文件栏"，依次执行 "新建文件夹 →输入.cargo→新建文件→输入 config"。结果如图 14.28 所示。

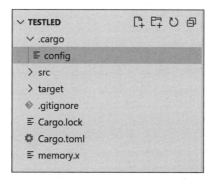

图 14.28   在.cargo 文件夹中新建 config 文件

步骤 **05** 在 config 文件中，配置运行环境中的 runner 和 target。

```
1.   [target.thumbv7m-none-eabi]
2.   runner = 'arm-none-eabi-gdb'
3.   [build]
4.   target = "thumbv7m-none-eabi"
```

runner 选择 arm-none-eabi-gdb，如果未安装该工具，可参考第 14.1 节的内容进行安装。target 选择 thumbv7m-none-eabi，此项根据硬件设备 STM32F103 的内核 Cortex-M3 进行设置。

步骤 **06** 打开 Cargo.toml 文件，在[dependencies]部分添加以下依赖：

```
1.   embedded-hal = "0.2.7"
```

```
2.   nb = "1"
3.   cortex-m = "0.7.6"
4.   cortex-m-rt = "0.7.1"
5.   # Panic behaviour, see https://crates.io/keywords/panic-impl for
alternatives
6.   panic-halt = "0.2.0"
7.   [dependencies.stm32f1xx-hal]
8.   version = "0.10.0"
9.   features = ["rt", "stm32f103", "medium"]
```

Rust 官方为不同厂商提供了统一的 Hal 库 API，因此使用 Hal 库开发已成为趋势，使开发者能够利用统一接口访问硬件资源，而无须关注底层硬件的具体差异。这种抽象层的存在，显著提升了开发效率，降低了跨平台开发的复杂性。

随着 Rust 语言在系统编程领域的崛起，Hal 库的应用也日益广泛。Rust 凭借其内存安全的特性和出色的性能，为嵌入式系统和硬件接口编程提供了坚实的基础。开发者可以更加放心地编写底层代码，同时享受到 Rust 语言带来的诸多便利。

例如，通过 Hal 库，开发者可以轻松实现对 GPIO（通用输入输出）的操作。无论是读取还是设置引脚状态，都可以通过简洁的 API 调用完成。同样地，对于中断处理、定时器控制等常见硬件操作，Hal 库也提供了相应的支持。此外，Rust 社区也在积极推动 Hal 库的发展，不断丰富其功能，提高其兼容性。许多第三方库和框架开始基于 Hal 库构建，形成了一个良性生态系统。这不仅促进了技术创新，也为开发者提供了更多的选择和灵活性。

因此，接下来的内容将基于 Hal 库进行开发，所使用的依赖也是 stm32f1xx_hal 官方说明（见图 14.29）中列出的依赖。

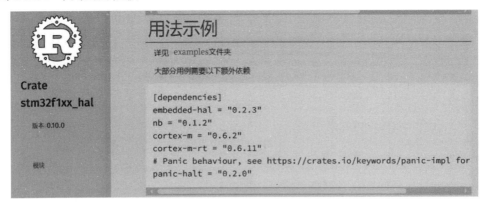

图 14.29　stm32f1xx_hal 官方说明

图片截取自 stm32f1xx_hal-Rust(docs.rs)，网址是 https://docs.rs/stm32f1xx-hal/latest/stm32f1xx_hal/index.html。

2. 编写 main.rs 的嵌入式编程格式

打开 main.rs 文件，可以看到文件中只有一个打印"Hello, world!"的主函数：

```
1.   fn main() {
2.       println!("Hello, world!");
3.   }
```

在文件开头加入下列代码：

```
1.   #![no_main]
2.   #![no_std]
3.
4.   use panic_halt as _;
5.   use cortex_m_rt::entry;
6.   use stm32f1xx_hal::{pac, prelude::*};
7.   #[entry]
8.   fn main() -> ! {
9.      loop {}
10.  }
```

下面逐一介绍各行代码的作用：

- #![no_main]: 这是一个编译器属性宏，用于告诉 Rust 编译器这个程序不需要默认的 main 函数入口点。在嵌入式编程中，通常需要自定义启动过程，因此不使用 Rust 标准库中的 main 函数。
- #![no_std]: 这个宏指示 Rust 编译器不使用 Rust 标准库（std）。标准库依赖于操作系统和硬件抽象层，但在嵌入式系统中通常不使用这些特性，所以需要禁用标准库。
- use panic_halt as _;: 引入了一个 panic 处理程序，当程序发生 panic 时，它会使微控制器停止运行。as_是一个命名规则，表示不打算直接使用这个模块的名称，而是将它作为隐式引用。
- use cortex_m_rt::entry;: 引入 cortex-m-rt 包中的 entry 属性，用于标记程序的入口函数。cortex-m-rt 是适用于 Cortex-M 微控制器的运行时库。
- use stm32f1xx_hal::{pac, prelude::*};: 引入针对 stm32f1 系列的硬件抽象层（Hal）；pac 表示 Peripheral Access Crate，包含了对微控制器外设的访问；prelude::*是通配符，用于引入 Hal 的预定义集合。这些是常用的特征和类型。
- #[entry]: 这是一个属性宏，用于标记 main 函数为程序的入口点。
- fn main() -> ! {: 定义了一个名为 main 的函数，返回类型是"!"，表示该函数永远不会正常返回，要么无限循环，要么触发 panic。
- loop{}: 这是一个无限循环，使程序持续运行而不会退出。在实际应用中，这里通常包含一些处理逻辑，比如 LED 的闪烁等。

3. 编写程序点亮一个 LED

1）硬件层面

首先需要查看开发板的原理图（见图 14.30），找到 LED 所使用的引脚。

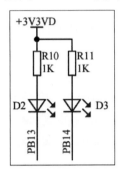

图 14.30　开发板的原理图

根据原理图可以得知：

（1）D2 和 D3 两个 LED 元件所对应的引脚分别是 PB13 和 PB14。

（2）LED 的点亮条件是将 PB13 和 PB14 置为低电平。

对于其他 PCB，可以根据相应的原理图找到二极管选用的相应引脚。

2）软件层面

步骤01 获取微控制器外设的所有权，命令如下：

```
let p = pac::Peripherals::take().unwrap();
```

这里声明了变量 p 来获取外设 pac::Peripherals 的所有权。take 方法用于获取外设的独占访问权，unwrap 用于处理可能的错误，此处假设操作总是成功的。

步骤02 获取 GPIOB 的所有权，命令如下：

```
let mut gpiob = p.GPIOB.split();
```

这里从外设 p 中获取了 GPIOB 的所有权，然后通过.split()将 GPIOB 的端口分割成多个可独立控制的 GPIO 引脚，并将结果存储在可变变量 gpiob 中。

步骤03 配置具体引脚，例如若要点亮 D2，需要配置 PB13 引脚的输出模式：

```
let mut led0 = gpiob.pb13.into_push_pull_output(&mut gpiob.crh);
```

这里声明了可变变量 led0，用于控制 GPIOB 中的 PB13 引脚，并将引脚模式配置为推挽输出模式 into_push_pull_output。&mut gpiob.crh 是用于配置该引脚模式的寄存器。

关于该配置的原因，在硬件层面，我们可以参考 STM32F103 的用户手册，如图 14.31 所示。

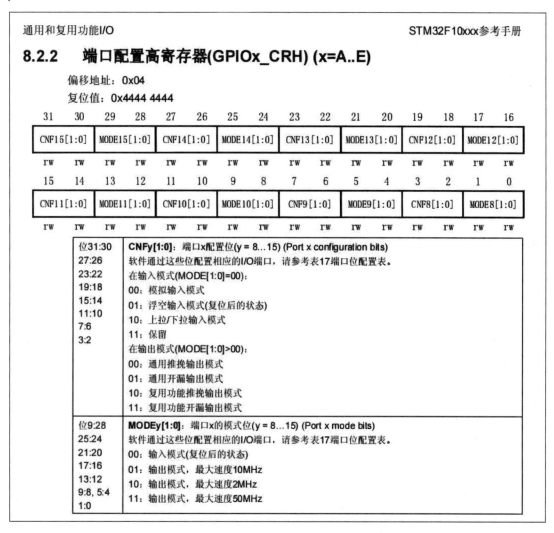

图 14.31　STM32F103 的用户手册

从用户手册中可以看出，配置 PB13 的输出模式需要修改的寄存器是 GPIOB_CRH。通过 Rust 的 Hal 接口，不需要具体配置寄存器中的某一位，而是直接调用 Hal 中的方法即可。

在官方文档（https://docs.rs/stm32f1xx-hal/latest/stm32f1xx_hal/）中可以查看 Hal 中 gpio 的使用方法，如图 14.32 所示。

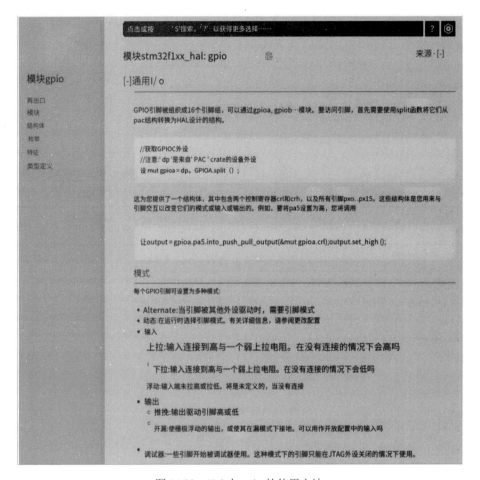

图 14.32   Hal 中 gpio 的使用方法

执行 let mut led0 = gpiob.pb13 后,将鼠标指针移动到 pb13 上,自动显示 pb13 引脚的说明,如图 14.33 所示。

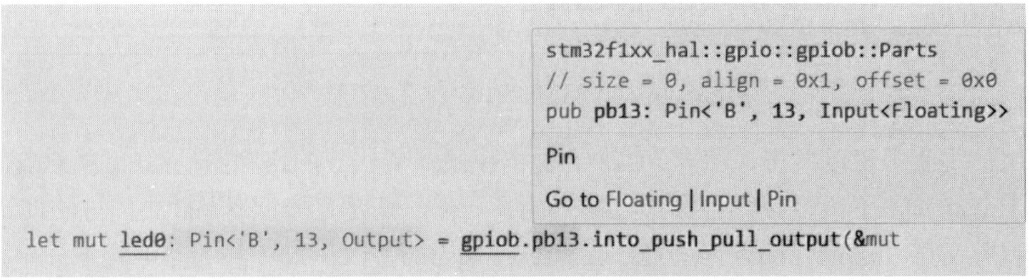

图 14.33   自动显示 pb13 引脚的说明

在说明中单击 Pin,进入源码界面,可以查看 gpio 的配置方法,如图 14.34 所示。

```
/// Generic pin type
///
/// - `P` is port name: `A` for GPIOA, `B` for GPIOB, etc.
/// - `N` is pin number: from `0` to `15`.
/// - `MODE` is one of the pin modes (see [Modes](crate::gpio#modes) section)
138 implementations
pub struct Pin<const P: char, const N: u8, MODE = Input<Floating>> {
    mode: MODE,
}
```

图 14.34　源码界面

我们还可以查看配置方法的具体代码:

```
1.  impl<const P: char, const N: u8> OutputPin for Pin<P, N, Dynamic> {
2.      // 定义一个类型别名 Error,它表示该类型的错误类型,具体是 PinModeError
        type Error = PinModeError;
3.
4.      // 实现 set_high 方法,将引脚设置为高电平
        fn set_high(&mut self) -> Result<(), Self::Error> {
5.          if self.mode.is_output() {       // 检查当前模式是否为输出模式
6.              self._set_high();            // 如果是输出模式,设置引脚为高电平
7.              Ok(())                       // 返回 Ok 表示操作成功
8.          } else {
9.              // 如果不是输出模式,返回错误 IncorrectMode
                Err(PinModeError::IncorrectMode)
10.         }
11.     }
12.     // 实现 set_low 方法,将引脚设置为低电平
        fn set_low(&mut self) -> Result<(), Self::Error> {
13.         if self.mode.is_output() {       // 检查当前模式是否为输出模式
14.             self._set_low();             // 如果是输出模式,设置引脚为低电平
15.             Ok(())                       // 返回 Ok 表示操作成功
16.         } else {
17.             // 如果不是输出模式,返回错误 IncorrectMode
                Err(PinModeError::IncorrectMode)
18.         }
19.     }
20. }
```

步骤 04 继续编写代码,只需将 PB13 引脚的输出态改为低电平即可完成:

```
led0.set_low();
```

4. 代码审查

main.rs 文件中的代码如下:

```
1.  //! Light an LED
2.
3.  #![no_main]
        // 指定程序不使用默认的 main 函数入口，而是使用自定义的入口函数。此属性通常用于嵌入
    式开发
4.  #![no_std]
        // 指定程序不链接标准库，适用于嵌入式系统，因为标准库通常依赖操作系统的功能，而嵌入
    式系统没有操作系统。
5.
6.  use panic_halt as _;     // 指定在发生 panic（程序崩溃）时，程序将停止运行并保持
    当前状态，而不执行任何恢复操作
7.
8.  use cortex_m_rt::entry; // 引入 cortex_m_rt::entry 宏，用于定义程序的入口点
9.  use stm32f1xx_hal::{pac, prelude::*};
        // 引入 cortex_m_rt::entry 宏，用于定义程序的入口点
10.
11. #[entry]            // 定义程序的入口点，main 函数将作为程序的启动入口
12. fn main() -> ! {// main 函数，程序从这里开始执行，返回 "!" 表示该函数不会返回（即
    不会正常退出）
13.     let p = pac::Peripherals::take().unwrap();
            // 获取并初始化 STM32F1 微控制器的外设（如 GPIO、定时器等），take() 方法会获
    取唯一的外设实例，如果无法获取则返回 None，unwrap() 会在出错时终止程序
14.
15.     let mut gpiob = p.GPIOB.split();
            // 将 GPIOB 外设分割成多个部分，可以单独访问每个引脚的功能
16.
17.     let mut led0 = gpiob.pb13.into_push_pull_output(&mut gpiob.crh);
            // 将 GPIOB 的第 13 个引脚配置为推挽输出模式，用于控制 LED
            // into_push_pull_output 将该引脚转换为推挽输出，适合驱动 LED
18.
19.     led0.set_low();      // 设置 LED 引脚为低电平，通常 LED 会在低电平时点亮
20.     loop {}      // 进入无限循环，保持程序运行，LED 会保持低电平状态（LED 点亮）
21. }
```

5. 调试与运行代码

步骤 **01** 在终端输入 cargo run 命令，运行代码，结果如图 14.35 所示。

```
PS C:\Users\SNY\testled> cargo run
warning: `C:\Users\SNY\testled\.cargo\config` is deprecated in favor of `config.toml`
note: if you need to support cargo 1.38 or earlier, you can symlink `config` to `config.toml`
   Compiling testled v0.1.0 (C:\Users\SNY\testled)
    Finished `dev` profile [unoptimized + debuginfo] target(s) in 1.36s
     Running `arm-none-eabi-gdb -x openocd.gdb target\thumbv7m-none-eabi\debug\testled`
GNU gdb (Arm GNU Toolchain 12.2.Rel1 (Build arm-12.24)) 12.1.90.20221210-git
Copyright (C) 2022 Free Software Foundation, Inc.
License GPLv3+: GNU GPL version 3 or later <http://gnu.org/licenses/gpl.html>
This is free software: you are free to change and redistribute it.
```

图 14.35　代码运行结果

步骤02 新建终端，输入 openocd -f openocd.cfg 命令，启动 OpenOCD，结果如图 14.36 所示。

```
PS C:\Users\SNY\testled> openocd -f openocd.cfg
xPack Open On-Chip Debugger 0.12.0+dev-01557-gdd1758272-dirty (2024-04-02-07:27)
Licensed under GNU GPL v2
For bug reports, read
        http://openocd.org/doc/doxygen/bugs.html
Info : auto-selecting first available session transport "hla_swd". To override use 'transport select <transport>'.
Info : The selected transport took over low-level target control. The results might differ compared to plain JTAG/SWD
Info : Listening on port 6666 for tcl connections
Info : Listening on port 4444 for telnet connections
Info : clock speed 1000 kHz
Info : STLINK V2J37S7 (API v2) VID:PID 0483:3748
Info : Target voltage: 3.249403
Info : [stm32f1x.cpu] Cortex-M3 r1p1 processor detected
Info : [stm32f1x.cpu] target has 6 breakpoints, 4 watchpoints
Info : [stm32f1x.cpu] Examination succeed
Info : starting gdb server for stm32f1x.cpu on 3333
Info : Listening on port 3333 for gdb connections
Info : accepting 'gdb' connection on tcp/3333
```

图 14.36　启动 OpenOCD

步骤03 在 GNU 环境下输入 c，将编译好的二进制文件 testled 下载到开发板中。下载完成后输入 c 让该程序运行起来，如图 14.37 所示。

```
--Type <RET> for more, q to quit, c to continue without paging--c

For help, type "help".
Type "apropos word" to search for commands related to "word"...
C:\Users\SNY\.cargo\registry\src\index.crates.io-6f17d22bba15001f\vcell-0.1.3\src\lib.rs:41
41              unsafe { ptr::write_volatile(self.value.get(), value) }
[stm32f1x.cpu] halted due to debug-request, current mode: Thread
xPSR: 0x01000000 pc: 0x08000130 msp: 0x20005000
Loading section .vector_table, size 0x130 lma 0x8000000
Loading section .text, size 0xdac lma 0x8000130
Loading section .rodata, size 0x540 lma 0x8000ee0
Start address 0x08000130, load size 5148
Transfer rate: 11 KB/sec, 1716 bytes/write.
(gdb) c
Continuing.
⬚
```

图 14.37　运行程序

此时，STM32F103VCT6 开发板的 D2 LED 成功亮起，如图 14.38 所示。

图 14.38   D2 LED 成功亮起

14.4   进阶应用：实现 LED 闪烁

1. 代码构建

为了更好地理解嵌入式 Rust 的应用，我们延续上一节的开发，实现 LED 闪烁。

功能需求：实现 LED 一秒闪烁一次。

步骤 01 在项目目录下创建一个 examples 文件夹，并在其中新建 blinky.rs 文件，如图 14.39 所示。

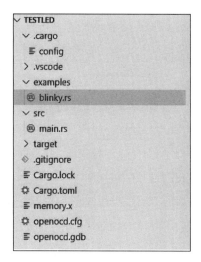

图 14.39　新建 blinky.rs 文件

步骤 02 将上一节的 main.rs 代码复制到 blinky.rs 中，然后将第 17 行的 led0 代码修改如下：

```
17.    let mut led1 = gpiob.pb14.into_push_pull_output(&mut gpiob.crh);
```

此处声明了可变变量 led1，选择控制 gpiob 中的 PB14 引脚，即控制 D3 LED。

步骤 03 添加一些代码来控制 LED 的亮灭，并使用延时来达到一秒闪烁一次的效果。

首先，获取系统定时器（system timer，简称 SYSTICK）的外设引用，并使用 unwrap 处理可能的错误：

```
let cp = cortex_m::Peripherals::take().unwrap();
```

然后，获取 Flash 外设，为后续的时钟配置做准备：

```
let mut flash = dp.FLASH.constrain();
```

这里声明了可变变量 flash，用于获取 Flash 外设的所有权。

接着，获取 RCC（Reset and Clock Control，重置和时钟控制）外设，同样为后续的时钟配置做准备。

```
let rcc = dp.RCC.constrain();
```

然后进行 RCC 时钟配置：

```
let clocks = rcc.cfgr.freeze(&mut flash.acr);
```

这里声明了变量 clock 来获取时钟配置。进行 RCC 时钟配置，需要设置 rcc.cfgr，它是 RCC 的配置寄存器，负责定义微控制器的时钟设置，包括时钟源、PLL（相位锁定环）配置、时钟分频等。

通过 Rust Hal 文档，可以查看 CFGR 寄存器的相关方法，如图 14.40 所示。

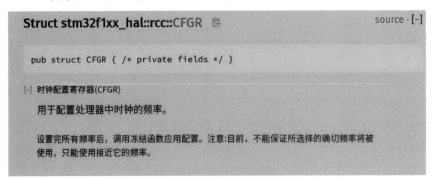

图 14.40   CFGR 寄存器的相关方法

在设置 CFGR 寄存器后，需要使用 freeze 方法来添加配置。文档中 freeze 方法的使用样例如图 14.41 所示。

```
[-] pub fn freeze(self, acr: &mut ACR) -> Clocks                       source
    应用时钟配置并返回一个表示时钟被冻结的Clocks结构体，
    包含使用的频率。调用此函数后，时钟不能更改

    用法:

    let dp = pac::Peripherals::take().unwrap();
    let mut flash = dp.FLASH.constrain();
    let mut rcc = dp.RCC.constrain();
    let clocks = rcc.cfgr.freeze(&mut flash.acr);
```

图 14.41   freeze 方法的使用样例

freeze 方法用于锁定当前的 RCC 配置。一旦配置被冻结，直到下一次微控制器复位，配置将无法再被修改。这确保了系统时钟设置在运行过程中保持稳定。

方法中使用了 Flash_ACR 寄存器。它用于控制 Flash 存储器的访问特性，即 Flash 的访问时间（Latency）。由于 Flash 存储器的读取速度通常比 RAM 慢，因此微控制器需要配置适当的访问延迟，以确保 CPU 能够正确地从 Flash 中读取指令和数据。ACR 寄存器中的位字段可以用来设置该延迟。因此，在调用 freeze 方法时，需要提供一个对 Flash ACR 寄存器的可变引用。这是因为在冻结 RCC 配置之前，可能需要根据新的时钟频率调整 Flash 的访问时间。通过引用 flash.acr，freeze 方法可以确保在锁定 RCC 配置之前，Flash 访问时间已被正确设置。

为了实现精确的延时，接下来需要使用系统定时器（SYSTICK）。系统定时器是一个内置的定时器，通常用于提供精确的延时。它是一个递减计数器，当计数器从最大值递减到零时，会触发一个中断（如果已启用），并且计数器可以重新加载为初始值。

通过 Rust Hal 文档，可以查看 SYSTICK 寄存器的相关方法，如图 14.42 所示。

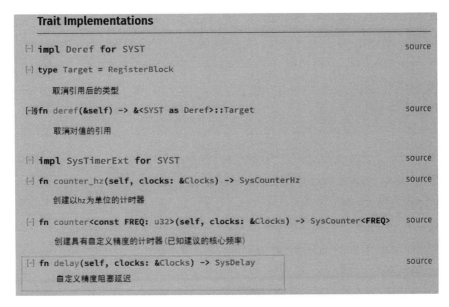

图 14.42　SYSTICK 寄存器的相关方法

因此，需要声明一个可变变量 delay，用于存储延时器所要延迟的时长。调用 SYST 的 delay 方法来创建一个 Delay 对象。这个方法接收一个时钟配置的引用作为参数，这样它就可以根据当前的时钟频率来计算延时：

```
let mut delay = cp.SYST.delay(&clocks);
```

最后，在空循环中加入具有闪烁功能的代码：

```
1.  led1.set_high();
2.  delay.delay_ms(500_u16);
3.  led1.set_low();
4.  delay.delay(1.secs());
```

设置熄灭间隔为 500ms，点亮间隔为 1s。

2. 代码审查

blinky.rs 文件中的代码如下：

```
1.  //! Blinky
2.
3.  #![no_main]       // 告诉编译器该程序没有标准的 main 入口（用于裸机编程）
4.  #![no_std]        // 表示不使用标准库，适用于嵌入式开发
5.
6.  use panic_halt as _;    // 在发生 panic 时停止程序运行，这里使用了 panic_halt
库，意味着发生 panic 时会立即停止
```

```
7.
8.  // 引入 cortex_m_rt 库的 entry 宏，该宏定义了程序的入口点
    use cortex_m_rt::entry;
9.  use stm32f1xx_hal::{pac, prelude::*};    // 引入 STM32F1 系列的硬件抽象库，pac
是外设访问控制的缩写，prelude 是常用特性集合
10.
11. #[entry]     // 标记 main 函数为程序的入口点
12. fn main() -> ! {// main 函数为程序入口，返回类型是 "!" 表示这个函数永远不会返回
13.     // 获取外设访问控制（pac）并解包，unwrap 会在获取失败时触发 panic
        let dp = pac::Peripherals::take().unwrap();
14.     // 获取 Cortex-M 处理器的外设访问控制
        let cp = cortex_m::Peripherals::take().unwrap();
15.
16.     // 获取并约束 FLASH 外设，使其可配置
        let mut flash = dp.FLASH.constrain();
17.     let rcc = dp.RCC.constrain();    // 获取并约束 RCC 外设，RCC 用于时钟管理
18.
19.     // 配置并冻结时钟配置，得到时钟信息
        let clocks = rcc.cfgr.freeze(&mut flash.acr);
20.     // 获取 SYST（系统定时器）并创建延时对象，根据时钟配置来延时
        let mut delay = cp.SYST.delay(&clocks);
21.
22.     // 将 GPIOB 端口拆分为不同的部分（例如输入输出）
        let mut gpiob = dp.GPIOB.split();
23.
24.     // 将 GPIOB 的第 14 引脚配置为推挽输出（用于驱动 LED）
        let mut led1 = gpiob.pb14.into_push_pull_output(&mut gpiob.crh);
25.
26.
27.     loop {       // 无限循环，持续执行以下操作
28.         led1.set_high();              // 点亮 LED（设置高电平）
29.         delay.delay_ms(500_u16);      // 延时 500 毫秒
30.
31.         led1.set_low();               // 熄灭 LED（设置低电平）
32.         delay.delay(1.secs());        // 延时 1 秒
33.     }
34. }
```

实验现象：

可以看到 D3 LED 出现熄灭间隔 500ms、点亮间隔 1s 的闪烁。

3. 调试与运行代码

在终端中输入 cargo run --example blinky 命令，就可以运行 blinky.rs 中的代码，结果如图 14.43 所示。

```
PS C:\Users\SNY\testled> cargo run --example blinky
warning: `C:\Users\SNY\testled\.cargo\config` is deprecated in favor of `config.toml`
note: if you need to support cargo 1.38 or earlier, you can symlink `config` to `config.toml`
   Compiling testled v0.1.0 (C:\Users\SNY\testled)
    Finished `dev` profile [unoptimized + debuginfo] target(s) in 0.20s
     Running `arm-none-eabi-gdb -x openocd.gdb target\thumbv7m-none-eabi\debug\examples\blinky`
GNU gdb (Arm GNU Toolchain 12.2.Rel1 (Build arm-12.24)) 12.1.90.20221210-git
Copyright (C) 2022 Free Software Foundation, Inc.
License GPLv3+: GNU GPL version 3 or later <http://gnu.org/licenses/gpl.html>
This is free software: you are free to change and redistribute it.
There is NO WARRANTY, to the extent permitted by law.
Type "show copying" and "show warranty" for details.
This GDB was configured as "--host=i686-w64-mingw32 --target=arm-none-eabi".
```

图 14.43　运行代码

后续运行流程与之前一致。

14.5　进阶应用：按键控制

为了深入掌握 Rust 在嵌入式编程领域中的应用，特别是针对 GPIO 的应用，我们可以通过一个具体的项目来加深理解——按键控制，即实现两个按键控制两个 LED 的亮灭。

1. 代码构建

1）硬件层面

首先，需要查看开发板的原理图（见图 14.44），找到按键所用的引脚。

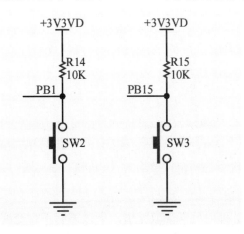

图 14.44　开发板原理图

通过按键的原理图可知，在按键未被按下时，GPIO 引脚的输入状态为高电平（即按键所在的电路断开，引脚接电源）；当按键被按下时，GPIO 引脚的输入状态为低电平（即按键所在的电路导通，引脚被短路）。只要我们检测引脚的输入电平，就能判断按键是否被按下。

若读者使用的实验板按键的连接方式或引脚与本书所示不同，只需根据实际情况修改引脚即可，程序的控制原理是相同的。

2）软件层面

在 examples 文件夹中新建文件 sw_input.rs，本节内容将在 sw_input.rs 中编写和调试。

步骤01 对于文件开头的配置和依赖，这部分内容和第 14.4 节的内容一致，我们直接将其复制到本文件中（由于本书排版和篇幅的限制，下面程序代码中的注释已省略，具体内容可以参考第 14.4 节中的程序注释）：

```
1.   #![deny(unsafe_code)]
2.   #![no_std]
3.   #![no_main]
4.   use cortex_m_rt::entry;
5.   use panic_halt as _;
6.   use stm32f1xx_hal::{pac, prelude::*};
```

步骤02 LED 和 Delay 延时器的配置也与第 14.4 节的配置一致，我们可以直接复制：

```
1.       let dp = pac::Peripherals::take().unwrap();
2.       let cp = cortex_m::Peripherals::take().unwrap();
3.
4.       let mut flash = dp.FLASH.constrain();
5.       let rcc = dp.RCC.constrain();
6.
7.       let clocks = rcc.cfgr.freeze(&mut flash.acr);
8.       let mut delay = cp.SYST.delay(&clocks);
9.
10.      let mut gpiob = dp.GPIOB.split();
11.
12.      let mut led0 = gpiob.pb13.into_push_pull_output(&mut gpiob.crh);
13.      let mut led1 = gpiob.pb14.into_push_pull_output(&mut gpiob.crh);
```

步骤03 因为本例使用的实验板的两个按键均为 GPIOB 下的引脚，所以可以直接使用声明好的 gpiob 变量。

因为该引脚是输入态引脚，只需读取键值，所以声明不可变变量 key_0 并配置输入模式：

```
1.       let key_0 = gpiob.pb1.into_pull_up_input(&mut gpiob.crl);
```

```
2.     let key_1 = gpiob.pb15.into_pull_up_input(&mut gpiob.crh);
```

into_pull_up_input 是一个转换方法，它将引脚配置为输入模式，并启用内部上拉电阻。这意味着，当没有外部信号连接到这些引脚时，它们将默认为高电平。这种模式通常用于按键或其他需要检测低电平信号的输入设备。当按键未被按下时，由于内部上拉电阻的作用，引脚将保持高电平状态。当按键被按下并连接到地时，引脚将被拉低至低电平。

pb1 和 pb15 分别是 GPIOB 的第 1 个和第 15 个引脚的引用。对于第 1 个引脚，使用 gpiob.crl（低 8 位配置寄存器）；对于第 15 个引脚，使用 gpiob.crh（高 8 位配置寄存器）。

步骤 04 在循环中加入按键调控代码：

```
1.  if key_0.is_low(){            // 如果按键 0 被按下（引脚电平为低）
2.         led0.toggle();          // 切换 led0 的状态（如果是亮的就熄灭，反之亦然）
3.      }
4.      if key_1.is_low(){          // 如果按键 1 被按下（引脚电平为低）
5.         led1.toggle();          // 切换 led1 的状态（如果是亮的就熄灭，反之亦然）
6.  }
```

当 key0 输入态为低电平，即按键被按下时，LED 所在的 GPIO 引脚输出态翻转，实现 LED 的亮灭。

2. 调试运行

在终端输入 cargo run --example sw_input 命令以进行调试，也可以直接单击#[entry]上面的 run 来运行程序。

目前已经实现了按键后 LED 亮灭的功能。但不难发现，当按下按键再松开后，有时无法改变 LED 的亮灭状态。这是因为对按键的 GPIO 检测是以微秒级不断触发的，而按下按键后会多次更改 LED 的状态，导致 LED 的状态在实际按下按键后不确定。为解决这个问题，可以增加按键后的延迟响应功能。

首先，增加一个按键标志位：

```
let mut sw_status = false;// 定义一个可变布尔变量 sw_status，初始值为 false
```

接着，在 loop 循环中加入以下代码：

```
1.  if sw_status{                  // 如果 sw_status 为真
2.      sw_status = !sw_status;     // 将 sw_status 取反，切换状态
3.      delay.delay_ms(500_u16);    // 延迟 500 毫秒
4.  }
```

然后，修改 LED 控制代码，当按下按键时，将 sw_status 状态改变为 true：

```
1.  if key_0.is_low(){        // 如果 key_0 被按下（电平为低）
```

```
2.        led0.toggle();              // 切换 led0 的状态（打开变关闭，关闭变打开）
3.        sw_status = !sw_status;      // 切换 sw_status 的状态
4.    }
5.    if key_1.is_low(){               // 如果 key_1 被按下（电平为低）
6.        led1.toggle();              // 切换 led1 的状态（打开变关闭，关闭变打开）
7.        sw_status = !sw_status;      // 切换 sw_status 的状态
8.    }
```

在循环中，如果 sw_status 状态为 true，则延时 500ms，然后重新开始检测按键状态。
修改代码后，可以看到按键后 LED 状态能够稳定改变。

3. 代码审查

sw_input.rs 文件中的代码如下：

```
1.  fn main() -> ! {
2.        // 获取外设寄存器的访问权
          let dp = pac::Peripherals::take().unwrap();
3.        // 获取 Cortex-M 外设访问权限
          let cp = cortex_m::Peripherals::take().unwrap();
4.
5.        let mut flash = dp.FLASH.constrain();  // 对 FLASH 进行约束，准备配置
6.        let rcc = dp.RCC.constrain();   // 对 RCC（时钟控制）进行约束，准备配置
7.
8.        // 配置系统时钟，并冻结配置
          let clocks = rcc.cfgr.freeze(&mut flash.acr);
9.        let mut delay = cp.SYST.delay(&clocks);// 创建一个延时器，使用系统时钟
10.
11.       let mut gpiob = dp.GPIOB.split();        // 分割 GPIOB 引脚，准备使用
12.
13.       // 配置 pb13 引脚为推挽输出（控制 led0）
          let mut led0 = gpiob.pb13.into_push_pull_output(&mut gpiob.crh);
14.       // 配置 pb14 引脚为推挽输出（控制 led1）
          let mut led1 = gpiob.pb14.into_push_pull_output(&mut gpiob.crh);
15.
16.       // 配置 pb1 引脚为上拉输入（用于按键 0）
          let key_0 = gpiob.pb1.into_pull_up_input(&mut gpiob.crl);
17.       // 配置 pb15 引脚为上拉输入（用于按键 1）
          let key_1 = gpiob.pb15.into_pull_up_input(&mut gpiob.crh);
18.
19.       // 定义按键状态标志位，初始化为 false（未按下）
          let mut sw_status = false;
```

```
20.
21.      loop {  // 无限循环，持续检测按键状态并控制 LED
22.          if key_0.is_low(){         // 检测按键 0 是否被按下（低电平）
23.              led0.toggle();          // 切换 led0 的状态（开/关）
24.              sw_status = !sw_status;     // 切换按键状态标志
25.          }
26.          if key_1.is_low(){         // 检测按键 1 是否被按下（低电平）
27.              led1.toggle();          // 切换 led1 的状态（开/关）
28.              sw_status = !sw_status;          // 切换按键状态标志
29.          }
30.          if sw_status{   // 如果按键状态为 true（已按下），则延迟 500 毫秒
31.              sw_status = !sw_status;      // 切换按键状态标志，防止连续触发
32.              delay.delay_ms(500_u16);    // 延时 500 毫秒，避免重复检测
33.          }
34.      }
35. }
```

14.6 进阶应用：按键中断

在第 14.5 节代码的基础上，将按键触发 LED 翻转的功能修改为 LED 闪烁效果：

```
1.          if key_1.is_low(){
2.              // led1.toggle();
3.              led1.set_high();
4.              delay.delay_ms(500_u16);
5.
6.              led1.set_low();
7.              delay.delay(1.secs());
8.              sw_status = !sw_status;
9.          }
```

在运行调试时可以发现，LED 闪烁过程中无法响应按键操作。这是因为 Blinky 程序中的延时导致无法实时检测按键状态。为了解决这个问题，需要引入中断。

在 stm32f1xx_hal 的官方说明文档中，搜索 gpio 中的 Extipin trait，可以找到实现 GPIO 中断的具体方法，如图 14.45 所示。

接下来进行代码构建。

```
Trait stm32f1xx_hal::gpio::ExtiPin                          source · [-]

pub trait ExtiPin {
    fn make_interrupt_source(&mut self, afio: &mut Parts);
    fn trigger_on_edge(&mut self, exti: &mut EXTI, level: Edge);
    fn enable_interrupt(&mut self, exti: &mut EXTI);
    fn disable_interrupt(&mut self, exti: &mut EXTI);
    fn clear_interrupt_pending_bit(&mut self);
    fn check_interrupt(&self) -> bool;
}
```

图 14.45　GPIO 实现中断的具体方法

1. 实现中断

首先，在 examples 文件夹下新建一个 exti.rs 文件，并把第 14.5 节的代码复制到该文件中。下面开始实现中断。

在 Rust 中，一旦某个变量被定义并拥有某个值的所有权，在同一个作用域内就不能再次定义另一个变量来拥有这个值的所有权，即在同一个作用域内不能有多个变量拥有同一资源的所有权。因此，一旦在 main 函数中通过如下代码获取了对 GPIOB 端口的 PB1 引脚的所有权，就不能再在其他函数中定义另一个变量来拥有 PB1 引脚的所有权。

```
let key_0 = gpiob.pb1.into_pull_up_input(&mut gpiob.crl);
```

这是因为 Rust 的所有权规则要求同一时间内只能有一个变量拥有某个值的所有权。如果尝试在其他函数中再次获取同一资源的所有权，将会导致编译报错。因为 Rust 编译器会阻止这种违反所有权规则的行为。

为了解决这个问题，我们可以声明一个全局可变的静态变量，使该变量在程序的整个生命周期内都存在，并且可以在程序的任何地方被访问或修改。

```
1.  static mut BUTTON: MaybeUninit<stm32f1xx_hal::gpio::gpiob::PB1<
Input<PullUp>>> =
2.  MaybeUninit::uninit();
```

这里声明了一个名为 BUTTON 的全局静态可变变量，它的类型为 MaybeUninit<stm32f1xx _hal::gpio::gpiob::PB1<Input<PullUp>>>，表示 BUTTON 用于存储一个可能未初始化的 stm32f1xx_hal::gpio::gpiob::PB1<Input<PullUp>>类型的值。

MaybeUninit::uninit()调用创建了一个未初始化的 MaybeUninit 实例。这意味着在声明时，BUTTON 变量尚未被赋予具体的值，它的内存位置包含的是未定义的数据。为了安全地使用 static mut，Rust 提供了 MaybeUninit<T>类型。MaybeUninit<T>是一个用于表示可能未初始化的 T 类型值的包装器。使用 MaybeUninit<T>可以避免在未初始化的情况下访问或使用该值，从而防止未定义行为的发生。

接着在主函数中对 BUTTON 变量进行初始化：

```
1.      let button =unsafe { &mut *BUTTON.as_mut_ptr() };
2.      *button = gpiob.pb1.into_pull_up_input(&mut gpiob.crl);
```

这里使用了 unsafe（不安全）块，因为解引用 MaybeUninit 的指针需要 unsafe 代码。BUTTON.as_mut_ptr()获取 BUTTON 的原始指针，然后通过解引用将其转换为可变引用。接着，使用*button 将 gpiob.pb1 赋值给 BUTTON，从而完成初始化。

接下来，配置和启用 STM32 微控制器上的外部中断（EXTI）。首先，获取 MCU 的 pac 中的 EXTI（外部中断/事件控制器）的可变引用，并将其存储在 exti 变量中。EXTI 用于管理外部中断，以响应外部事件（如按钮被按下）。然后，获取 AFIO（替代功能 I/O）的可变引用，并调用 constrain 方法来获取一个配置对象。AFIO 允许配置 GPIO 引脚的替代功能，例如，将 GPIO 引脚配置为触发中断的 EXTI 线。

```
1.      let mut exti = dp.EXTI;
2.      let mut afio = dp.AFIO.constrain();
```

接着配置 EXTI：

```
1.      button.make_interrupt_source(&mut afio);
2.      button.trigger_on_edge(&mut exti, Edge::Falling);
3.      button.enable_interrupt(&mut exti);
```

在上述代码中：

- 调用 button（之前已设定为上拉输入模式的 GPIO 引脚）的 make_interrupt_source 方法，并传递 AFIO 的可变引用作为参数。这个方法将指定的 GPIO 引脚配置为中断源，允许该引脚触发中断。
- 使用 trigger_on_edge 方法设置 button 引脚的中断触发条件。在这里，使用 Edge::Falling 表示当按钮从高电平变为低电平时（即按下按钮时）触发中断。
- 调用 button 的 enable_interrupt 方法，并传递 EXTI 的可变引用。这个方法启用 EXTI 中断，使处理器在满足触发条件时能够识别和处理中断。

2. 解除中断屏蔽

屏蔽中断是一种安全机制，用于防止在不适当的时间处理中断，例如在初始化过程中或在关键操作中。代码如下：

```
1.  unsafe{
2.        pac::NVIC::unmask(pac::Interrupt::EXTI1);
3.  }
```

unmask 方法的作用是清除对应中断的屏蔽位，从而允许该处理器识别该中断。

pac::Interrupt::EXTI1 是一个枚举值，表示 EXTI1 中断源。在 STM32 微控制器中，EXTI 线可以映射到不同的 GPIO 引脚，EXTI1 通常对应于 GPIO 引脚的中断。这行代码的作用是开启 EXTI1 中断，允许当 EXTI1 中断源（通常是某个 GPIO 引脚）满足触发条件时，中断服务程序能够被调用。

接下来需要定义一个中断服务例程（ISR），用于处理 EXTI1 中断。

```
1.  #[interrupt]
2.  fn EXTI1() {
3.      // 获取全局可变的 BUTTON 引脚的引用
        let button = unsafe { &mut *BUTTON.as_mut_ptr() };
4.
5.      // 切换 LED 闪烁状态
6.      if button.check_interrupt() {
7.
8.          // 切换 IS_BLINKING 状态，用于控制 LED 闪烁
            unsafe{IS_BLINKING = !IS_BLINKING;}
9.          // 如果不清除中断挂起位，ISR 会持续触发
10.         button.clear_interrupt_pending_bit();
11.     }
12. }
```

在上述代码中：

● #[interrupt]：这是一个属性宏，用于标记随后的函数为中断服务例程。Hal 库使用这个宏来自动配置中断向量表和相关的中断号。

● fn EXTI1() { ... }：定义了一个名为 EXTI1 的函数，这个函数将作为 EXTI1 中断的处理程序。在 Cortex-M 微控制器中，每个中断都有一个与之对应的中断服务例程。

● if button.check_interrupt() { ... }：调用 button 的 check_interrupt 方法来检查是否发生了中断。这个方法通常检查 EXTI 寄存器中的相应位，以确定是否有中断请求。

● button.clear_interrupt_pending_bit();：中断发生后，通常需要清除中断的待处理位（pending bit），以防止中断服务程序无限循环触发。clear_interrupt_pending_bit 方法用于清除 EXTI 寄存器中的相应位，表示中断已经被处理。

在 loop 循环中加入以下代码：

```
1.  if unsafe{IS_BLINKING} {
2.      led1.set_high();
3.      delay.delay_ms(500_u16);
4.      led1.set_low();
5.      delay.delay_ms(500_u16);
6.  } else {
```

```
7.          led1.set_high();
8.      }
```

可以看出，当按键触发中断后，IS_BLINKING 标志位会翻转，从而实现停止或开启 LED
闪烁。

3. 代码审查

exti.rs 文件中的代码如下：

```
1.  #![no_main]          // 指定程序没有 main 入口函数，适用于嵌入式程序
2.  #![no_std]           // 禁用标准库，适用于嵌入式环境
3.
4.  use panic_halt as _;      // 在发生 panic 时，不进行任何处理，程序停止执行
5.
6.  use core::mem::MaybeUninit;       // 引入 MaybeUninit，用于处理未初始化的变量
7.  use cortex_m_rt::entry;           // 引入 entry 宏，定义程序的入口点
8.  use pac::interrupt;               // 引入中断相关函数
9.  use stm32f1xx_hal::gpio::*;       // 引入 STM32F1 系列的 GPIO 模块
10. use stm32f1xx_hal::{pac, prelude::*};// 引入 STM32F1 系列的 HAL 库和外设配置
11.
12. // 定义一个未初始化的 BUTTON 变量，用于存储 GPIO 引脚
    static mut BUTTON: MaybeUninit<stm32f1xx_hal::gpio::gpiob::PB1<
Input<PullUp>>> =
13.      MaybeUninit::uninit();        // 创建一个未初始化的 MaybeUninit 实例
14. static mut IS_BLINKING: bool = false;  // 定义一个用于控制 LED 闪烁的标志位
15.
16. #[entry]             // 标记主函数为程序的入口点
17. fn main() -> ! {     // 主程序入口，返回类型为 "!" 表示不会返回
18.     // 获取 STM32 外设的引用
        let dp = pac::Peripherals::take().unwrap();
19.     // 获取 Cortex-M 的外设引用
        let cp = cortex_m::Peripherals::take().unwrap();
20.
21.     let mut flash = dp.FLASH.constrain();  // 配置 FLASH 外设
22.     let rcc = dp.RCC.constrain();          // 配置 RCC（时钟控制）外设
23.
24.     let clocks = rcc.cfgr.freeze(&mut flash.acr);  // 配置时钟并冻结配置
25.     let mut delay = cp.SYST.delay(&clocks);// 创建延时对象，用于产生延时
26.
27.     // 获取 GPIOB 端口的引用，并拆分为不同功能
        let mut gpiob = dp.GPIOB.split();
28.
```

```
29.        // 配置 PB14 为推挽输出，用于控制 led1
           let mut led1 = gpiob.pb14.into_push_pull_output(&mut gpiob.crh);
30.
31.        // 配置按键引脚，这里以 PB0 为例
32.        // 获取 BUTTON 变量的可变引用
           let button =unsafe { &mut *BUTTON.as_mut_ptr() };
33.        // 配置 PB1 为上拉输入模式
           *button = gpiob.pb1.into_pull_up_input(&mut gpiob.crl);
34.
35.        let mut exti = dp.EXTI;      // 获取 EXTI（外部中断）外设的引用
36.        // 获取 AFIO（备用功能 I/O）外设的引用
           let mut afio = dp.AFIO.constrain();
37.        // 配置中断
38.        button.make_interrupt_source(&mut afio);      // 配置按钮为中断源
39.        // 配置按钮按下触发中断（下降沿触发）
           button.trigger_on_edge(&mut exti, Edge::Falling);
40.        button.enable_interrupt(&mut exti);           // 启用按钮中断
41.
42.        unsafe{
43.            IS_BLINKING = true;       // 设置 LED 闪烁标志位为 true
44.            pac::NVIC::unmask(pac::Interrupt::EXTI1);  // 开启 EXTI1 中断
45.        }
46.
47.        loop {        // 主循环
48.            if unsafe{IS_BLINKING} {          // 判断是否需要闪烁 LED
49.                led1.set_high();              // 设置 led1 为高电平（点亮）
50.                delay.delay_ms(500_u16);      // 延时 500 毫秒
51.                led1.set_low();               // 设置 led1 为低电平（熄灭）
52.                delay.delay_ms(500_u16);      // 延时 500 毫秒
53.            } else {
54.                led1.set_high();              // 如果不闪烁 led1，保持 led1 点亮
55.            }
56.        }
57. }
58.
59. // 定义中断服务程序
60. #[interrupt]          // 标记为中断服务例程
61. fn EXTI1() {          // EXTI1 中断服务例程
62.     // 获取按钮的可变引用
        let button = unsafe { &mut *BUTTON.as_mut_ptr() };
63.
64.     // 切换 LED 闪烁状态
```

```
65.    if button.check_interrupt() {   // 检查是否有中断发生
66.
67.        unsafe{IS_BLINKING = !IS_BLINKING;}        // 翻转 LED 闪烁状态
68.        // 清除中断挂起位，防止 ISR 被重复触发
           button.clear_interrupt_pending_bit();
70.    }
71. }
```

14.7　CAN 通信

1. CAN 协议简介

CAN（控制器局域网络）是由德国 BOSCH 公司研发的通信协议，该公司以其在汽车电子领域的卓越研发和生产能力而闻名。CAN 协议已经发展成为 ISO11519 国际标准，并在全球范围内广泛应用于现场总线技术中。

作为汽车计算机控制系统和嵌入式工业控制局域网的标准通信协议，CAN 以其出色的可靠性和高效的错误检测机制而备受青睐。近年来，CAN 不仅广泛应用在汽车电子领域，还在环境条件极为苛刻的工业环境中得到应用，如高温、强电磁干扰或频繁振动的场合。此外，基于 CAN 协议，还发展出了专为大型货车和重型机械车辆设计的 J1939 通信协议。

汽车电子中，CAN 协议犹如汽车的神经系统，使车辆的各个部分能够相互沟通，确保信息的快速传递和处理，这对于现代汽车至关重要。无论是发动机管理、安全系统，还是娱乐设备，CAN 协议都提供了一个可靠高效的通信平台。它不仅使汽车能够实现更复杂的功能，也为车辆的诊断和维护提供了便利。随着汽车技术的不断发展，CAN 协议的地位将愈加重要，继续作为汽车内部通信的基石。

2. 嵌入式 CAN 通信应用

本节将展示一个嵌入式 CAN 通信的示例，说明如何配置 CAN 接口、设置过滤器、发送和接收 CAN 帧，以及进行基本的硬件控制。

为了避免额外设备，我们使用 CAN 的回环静默模式。回环静默模式结合了回环模式和静默模式，其特点是将输出端的内容直接传输到输入端，同时不向总线发送显性位，从而避免对总线的干扰，也无法通过总线监测发送的内容。在这种模式下，输入端仅接收自己发送的内容，不接收来自总线的其他信息。这种方式适用于"热自检"时使用，即自我检查时，不会干扰总线的正常操作。

我们将使用 CAN 接口进行消息的发送和接收，并通过过滤器来决定哪些消息应该被处理。

3. 程序设计及调试运行

首先，创建新的项目文件，并创建 can.rs 文件或直接在 main.rs 中编写。

1）添加依赖

首先，在 Cargo.toml 中的[dependencies]下添加依赖 bxcan = "0.7"。

然后，在程序开头加入以下配置和依赖：

```
1.  use bxcan::{
2.      filter::{ListEntry16, ListEntry32, Mask16},
3.      ExtendedId, Fifo, Frame, StandardId,
4.  };
5.  use panic_halt as _;
6.
7.  use cortex_m_rt::entry;
8.  use nb::block;
9.  use stm32f1xx_hal::{can::Can, pac, prelude::*};
```

这里新增了两个库的使用：

● bxcan 库：这是一个专门为嵌入式系统设计的 Rust 库，用于实现 CAN 协议。

➢ filter::{ListEntry16, ListEntry32, Mask16}：这些是bxcan库中定义和操作CAN过滤器的类型。ListEntry16 和ListEntry32 分别代表 16 位和 32 位的列表项，用于定义过滤器列表中的单个条目。Mask16 是一个掩码类型，用于定义 16 位的掩码，以便在过滤器中使用掩码匹配消息。

➢ ExtendedId和StandardId：这些是用于表示CAN消息ID的类型，其中StandardId表示标准帧格式的 11 位ID，ExtendedId表示扩展帧格式的 29 位ID。

➢ Fifo：表示CAN控制器的先进先出（FIFO）队列，用于存储接收到的或待发送的CAN消息。

➢ Frame：表示单个CAN帧，包括ID、数据和帧类型（数据帧或远程帧）。

● nb（non-blocking，非阻塞）库：nb 库提供了非阻塞函数的实现，允许在 Rust 中编写非阻塞代码。

➢ block：这是一个宏，用于将nb库中的非阻塞函数转换为阻塞函数。在嵌入式系统中，通常需要等待硬件操作完成，而block宏可以简化这一过程。

2）配置 CAN 接口

配置 CAN 接口的代码如下：

```
1.  rcc.cfgr.use_hse(8.MHz()).freeze(&mut flash.acr);
2.
3.      let can = Can::new(dp.CAN1, dp.USB);
4.
5.      let mut can = bxcan::Can::builder(can)
6.          .set_bit_timing(0x001c_0000)
7.          .set_loopback(true)
8.          .set_silent(true)
```

```
9.          .leave_disabled();
10.
```

在上述代码中：

- 第 1 行代码配置了时钟系统。use_hse(8.MHz())设置将外部高速时钟（HSE）作为时钟源，
  并指定时钟频率为 8MHz。8.MHz()是一个宏，用于创建一个时钟频率值。
- 第 3 行代码初始化了 CAN 接口。在 Hal 官方说明（见图 14.46）中可以看到，创建 CAN
  接口时，要注意 CAN 与 USB 外设共享 SRAM。因此，初始化时必须获取 USB 所有权，
  以防止发生意外共享。

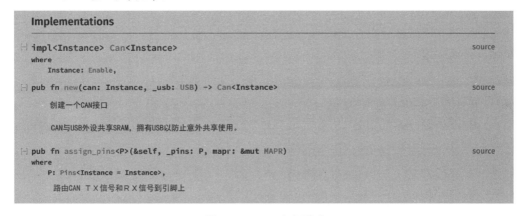

图 14.46　Hal 官方说明

- 第 5~9 行代码使用 bxcan 库配置 CAN 接口：
  - ➢ bxcan::Can::builder(can)创建了一个 CAN 配置构建器，传入了之前初始化的 can 对象。
  - ➢ set_bit_timing(0x001c_0000)设置了 CAN 接口的位时序，0x001c_0000 是一个位时序
    寄存器值，具体含义依赖于硬件和 CAN 协议的实现。
  - ➢ set_loopback(true)启用了 CAN 接口的回环模式，这通常用于测试，使得 CAN 接口
    发送的数据会被立即接收，而不通过物理 CAN 总线。
  - ➢ set_silent(true)启用了静默模式，这意味着 CAN 控制器不会发送任何数据到总线上，
    但仍然能接收数据。
  - ➢ leave_disabled()表示在构建器完成配置后，不自动启用 CAN 控制器，保持其禁用状态。

3）配置 CAN 过滤器

配置 CAN 过滤器的代码如下：

```
1.          let mut filters = can.modify_filters();
2.          assert!(filters.num_banks() > 3);
3.
4.          filters.enable_bank(
```

```
5.              0,
6.              Fifo::Fifo0,
7.              [
8.                  Mask16::frames_with_std_id(StandardId::new(0).unwrap(),
StandardId::new(1).unwrap()),
9.                  Mask16::frames_with_std_id(StandardId::new(0).unwrap(),
StandardId::new(2).unwrap()),
10.             ],
11.         );
12.
13.     filters.enable_bank(
14.             1,
15.             Fifo::Fifo0,
16.             [
17.                 ListEntry32::data_frames_with_id(ExtendedId::new(4).
unwrap()),
18.                 ListEntry32::data_frames_with_id(ExtendedId::new(5).
unwrap()),
19.             ],
20.         );
21.
22.     filters.enable_bank(
23.             2,
24.             Fifo::Fifo0,
25.             [
26.                 ListEntry16::data_frames_with_id(StandardId::new(8).
unwrap()),
27.                 ListEntry16::data_frames_with_id(StandardId::new(9).
unwrap()),
28.                 ListEntry16::data_frames_with_id(StandardId::new(10).
unwrap()),
29.                 ListEntry16::data_frames_with_id(StandardId::new(11).
unwrap()),
30.             ],
31.         );
```

在上述代码中:

- 第 1、2 行代码配置了 CAN 过滤器:

  ➢ can.modify_filters() 获取了对 CAN 过滤器的可变引用，允许对过滤器进行修改。

  ➢ assert!(filters.num_banks() > 3);是一个断言，用于确保 CAN 控制器至少有 4 个过滤器

bank。如果断言失败，程序将中止执行。这是为了确保有足够的过滤器资源来实现所需的功能。

- 第 4~11 行代码启用了过滤器 bank。filters.enable_bank 方法用于启用特定的 CAN 过滤器 bank，并设置了该 bank 的参数。第一个参数 0 指定了要配置的过滤器 bank 编号。第二个参数 Fifo::Fifo0 指定了将匹配的消息发送到哪个 FIFO 队列（在这个例子中是 FIFO0）。第三个参数是一个数组，包含了该 bank 的过滤器规则。

- Mask16::frames_with_std_id(StandardId::new(0).unwrap(), StandardId::new(1).unwrap())创建了一个 16 位掩码过滤器，匹配标准 ID 为 0 或 1 的消息。

- Mask16::frames_with_std_id(StandardId::new(0).unwrap(), StandardId::new(2).unwrap())创建了另一个掩码过滤器，匹配标准 ID 为 0 或 2 的消息。

- 第 13~20 代码和第 22~31 行代码分别配置了 bank1 和 bank2：

  ➤ bank1 使用 ListEntry32 来定义 32 位扩展 ID 的过滤器条目，它只匹配数据帧，且 ID 必须是 4 或 5。

  ➤ Bank2 使用 ListEntry16 来定义 16 位标准 ID 的过滤器条目，它同样只匹配数据帧，且 ID 必须是 8、9、10 或 11。

4）启用 CAN

启用 CAN 的代码如下：

```
1.      drop(filters);
2.
3.      block!(can.enable_non_blocking()).ok();
```

在上述代码中：

- drop(filters);意味着放弃对 filters 变量的所有权。因为 filters 是对 CAN 过滤器的可变借用，使用 drop 可以确保借用尽早结束，从而避免潜在的借用期限延长问题。

- block!是一个宏，它包装了 nb 库中的一个非阻塞调用，使其变为阻塞调用。can.enable_non_blocking()是一个非阻塞调用，尝试以非阻塞方式启用 CAN 接口。该调用返回 nb::Result 类型，这是嵌入式编程中常用的错误处理方式，用于处理可能的即时错误和延后错误。因此，block!(can.enable_non_blocking()).ok();将尝试以非阻塞方式启用 CAN 接口，并等待该操作成功完成。如果启用失败，程序将调用 unwrap()触发 panic，这可能导致程序崩溃。

5）CAN 总线发送和接收消息

CAN 总线发送和接收消息的代码如下：

```
1.      for &id in &[0, 1, 2, 8, 9, 10, 11] {
2.          let frame_tx = Frame::new_data(StandardId::new(id).unwrap(),
```

```
[id as u8]);
    3.          block!(can.transmit(&frame_tx)).unwrap();
    4.          let frame_rx = block!(can.receive()).unwrap();
    5.          assert_eq!(frame_tx, frame_rx);
    6.      }
    7.
    8.      for &id in &[4, 5] {
    9.          let frame_tx = Frame::new_data(ExtendedId::new(id).unwrap(),
[id as u8]);
   10.          block!(can.transmit(&frame_tx)).unwrap();
   11.          let frame_rx = block!(can.receive()).unwrap();
   12.          assert_eq!(frame_tx, frame_rx);
   13.      }
   14.
   15.      for &id in &[3, 6, 7, 12] {
   16.          let frame_tx = Frame::new_data(ExtendedId::new(id).unwrap(),
[id as u8]);
   17.          block!(can.transmit(&frame_tx)).unwrap();
   18.          while !can.is_transmitter_idle() {}
   19.
   20.          assert!(can.receive().is_err());
   21.      }
```

在上述代码中，包含了 3 个循环，每个循环执行不同的操作：

第一个循环发送和接收标准 ID 消息：

- 这个循环遍历数组[0, 1, 2, 8, 9, 10, 11]中的每个元素，这些元素是将要发送的 CAN 消息的标准 ID。
- 对于每个 ID，创建一个新的 Frame 对象，使用 StandardId::new(id)来创建标准 ID，并发送一个数据帧，其中包含 ID 和一个与 ID 相同值的单字节数据。
- block!(can.transmit(&frame_tx)).unwrap();调用将消息发送出去，并使用 unwrap 来处理可能的错误，确保消息发送成功。
- block!(can.receive()).unwrap();等待并接收消息，同样使用 unwrap 来确保消息被成功接收。
- assert_eq!(frame_tx, frame_rx);断言确保发送的帧和接收的帧相同，即消息被正确接收。

第二个循环发送和接收扩展 ID 消息：

- ExtendedId::new(id)用于创建扩展 ID。
- 其余部分与第一个循环相同，发送消息并接收，然后断言确保消息被正确接收。

第三个循环测试过滤器拒绝消息：

- 循环遍历数组[3, 6, 7, 12]，这些 ID 设计为被过滤器拒绝。
- 创建并发送具有扩展 ID 的 CAN 消息，这与前两个循环类似。
- while !can.is_transmitter_idle(){}循环等待，直到 CAN 发送器处于空闲状态，即消息已经发送完毕。
- assert!(can.receive().is_err());断言调用 can.receive()应该返回一个错误，因为这些消息不应该被接收（根据过滤器设置）。

6）配置 LED 观察结果

配置 LED 观察结果的代码如下：

```
1.      let mut gpiob = dp.GPIOB.split();
2.      let mut led = gpiob.pb14.into_push_pull_output(&mut gpiob.crh);
3.      led.set_low();
```

此段代码配置点亮一个 LED。若灯不亮时，说明程序在上述部分发生了阻塞错误；若灯亮起时，说明程序运行成功。

4. 代码审查

can.rs 文件中的代码如下：

```
1. #![no_main]       // 指定没有主函数入口，告诉编译器此程序没有常规的程序入口点
2. #![no_std]        // 禁用标准库，适用于嵌入式编程，减少内存占用
3.
4. use bxcan::{      // 导入 bxcan 库，用于处理 CAN 总线通信。
5.     // 导入用于 CAN 消息过滤器的条目类型和掩码类型
       filter::{ListEntry16, ListEntry32, Mask16},
6.     // 导入 CAN 消息相关类型，包括扩展 ID、FIFO 队列、消息帧和标准 ID
       ExtendedId, Fifo, Frame, StandardId,
7. };
8. // 使用 panic_halt 宏，在发生 panic 时停止程序运行（用于嵌入式环境）
   use panic_halt as _;
9.
10. // 导入 cortex_m_rt crate 中的 entry 宏，用于定义程序的入口点
    use cortex_m_rt::entry;
11. use nb::block;        // 导入 nb 库中的 block 宏，用于在非阻塞模式下等待事件完成
12. // 导入 STM32F1 系列 HAL 库，用于硬件抽象层，支持 CAN 总线操作
    use stm32f1xx_hal::{can::Can, pac, prelude::*};
13.
14.
15. #[entry]           // 使用 entry 宏标记程序的入口点，通常用于嵌入式开发
16. // 定义 main 函数，返回类型是 "!"，表示程序不返回（嵌入式程序通常会持续运行）
    fn main() -> ! {
```

```
17.         // 获取并初始化 STM32 外设（如 CAN 总线），如果失败则引发 panic
            let dp = pac::Peripherals::take().unwrap();
18.
19.         // 获取并约束 FLASH 外设，用于配置 FLASH 控制寄存器
            let mut flash = dp.FLASH.constrain();
20.         // 获取并约束 RCC（时钟控制器），用于配置时钟源
            let rcc = dp.RCC.constrain();
21.
22.         // 配置外部高速晶振（HSE）为 8MHz，并冻结时钟设置
            rcc.cfgr.use_hse(8.MHz()).freeze(&mut flash.acr);
23.
24.         // 初始化 CAN1 外设，并使用 USB 外设进行 CAN 通信
            let can = Can::new(dp.CAN1, dp.USB);
25.
26.         // 使用 bxcan 库创建 CAN 通信对象，并进行一系列配置
            let mut can = bxcan::Can::builder(can)
27.             // 设置 CAN 总线的比特定时，确保正确的信号同步
                .set_bit_timing(0x001c_0000)
28.             .set_loopback(true)     // 启用环回模式，用于调试和测试
29.             .set_silent(true)       // 启用静默模式，接收数据但不发送
30.             .leave_disabled();      // 保持 CAN 模块禁用，直到明确启动
31.
32.         // 获取 CAN 过滤器对象，用于配置接收过滤规则
            let mut filters = can.modify_filters();
33.         assert!(filters.num_banks() > 3);    // 确保过滤器支持多个过滤器银行
34.
35.         filters.enable_bank(      // 启用第一个过滤器银行，并配置过滤规则
36.             0,                    // 选择过滤器银行 0
37.             Fifo::Fifo0,          // 配置使用 FIFO 队列 0
38.             [  // 配置过滤器的规则
39.                 Mask16::frames_with_std_id(StandardId::new(0).unwrap(),
StandardId::new(1).unwrap()),  // 标准 ID 过滤规则
40.                 Mask16::frames_with_std_id(StandardId::new(0).unwrap(),
StandardId::new(2).unwrap()),  // 标准 ID 过滤规则
41.             ],
42.         );
43.
44.         filters.enable_bank(      // 启用第二个过滤器银行，并配置过滤规则
45.             1,                    // 选择过滤器银行 1
46.             Fifo::Fifo0,          // 配置使用 FIFO 队列 0
47.             [    // 配置过滤器的规则
48.             // 扩展 ID 过滤规则
```

```
              ListEntry32::data_frames_with_id(ExtendedId::new(4).unwrap()),
49.           // 扩展 ID 过滤规则
              ListEntry32::data_frames_with_id(ExtendedId::new(5).unwrap()),
50.       ],
51.   );
52.
53.   filters.enable_bank(        // 启用第三个过滤器银行，并配置过滤规则
54.       2,                      // 选择过滤器银行 2
55.       Fifo::Fifo0,            // 配置使用 FIFO 队列 0
56.       [  // 配置过滤器的规则
57.       // 标准 ID 过滤规则
              ListEntry16::data_frames_with_id(StandardId::new(8).unwrap()),
58.       // 标准 ID 过滤规则
              ListEntry16::data_frames_with_id(StandardId::new(9).unwrap()),
59.       // 标准 ID 过滤规则
              ListEntry16::data_frames_with_id(StandardId::new(10).unwrap()),
60.       // 标准 ID 过滤规则
              ListEntry16::data_frames_with_id(StandardId::new(11).unwrap()),
61.       ],
62.   );
63.
64.   drop(filters);            // 释放过滤器资源，确保配置完成
65.
66.   // 启用 CAN 的非阻塞模式，允许继续进行其他操作
      block!(can.enable_non_blocking()).ok();
67.
68.   for &id in &[0, 1, 2, 8, 9, 10, 11] {    // 循环发送标准 ID 消息并接收
69.       let frame_tx = Frame::new_data(StandardId::new(id).unwrap(), [id
as u8]);    // 创建数据帧
70.       block!(can.transmit(&frame_tx)).unwrap();        // 发送数据帧
71.       let frame_rx = block!(can.receive()).unwrap();   // 接收数据帧
72.       assert_eq!(frame_tx, frame_rx);        // 确保发送的帧和接收到的帧相同
73.   }
74.
75.   for &id in &[4, 5] {        // 循环发送扩展 ID 消息并接收
76.       let frame_tx = Frame::new_data(ExtendedId::new(id).unwrap(), [id
as u8]);    // 创建数据帧
77.       block!(can.transmit(&frame_tx)).unwrap();        // 发送数据帧
78.       let frame_rx = block!(can.receive()).unwrap();   // 接收数据帧
79.       assert_eq!(frame_tx, frame_rx);        // 确保发送的帧和接收到的帧相同
80.   }
81.
```

```
82.    for &id in &[3, 6, 7, 12] {        // 循环测试过滤器拒绝的消息
83.        let frame_tx = Frame::new_data(ExtendedId::new(id).unwrap(), [id
as u8]);         // 创建数据帧
84.        block!(can.transmit(&frame_tx)).unwrap();        // 发送数据帧
85.        // 等待直到 CAN 发送器空闲，确保消息已发送
           while !can.is_transmitter_idle() {}
86.
87.        assert!(can.receive().is_err());// 确保接收时返回错误（消息应被过滤）
88.    }
89.
90.    let mut gpiob = dp.GPIOB.split();    // 获取并初始化 GPIOB 端口
91.    // 配置 GPIOB 的第 14 引脚为推挽输出（用于控制 LED）
       let mut led = gpiob.pb14.into_push_pull_output(&mut gpiob.crh);
92.    led.set_low();        // 设置 LED 为低电平，点亮 LED
93.
94.    loop {}        // 程序进入死循环，保持程序持续运行
95. }
```

14.8 总结与讨论

本章深入探讨了 Rust 语言在微控制器开发中的应用。从环境搭建开始，逐步引导读者完成一系列操作，确保能够顺利地在 MCU 上运行 Rust 代码。这包括了安装 Rust 编译器、设置交叉编译工具链以及配置开发环境等关键步骤。

随着基础环境的搭建完成，我们进入了 Rust 在 MCU 应用的各个阶段。首先，介绍了如何编写适用于 MCU 的 Rust 代码，包括对硬件寄存器的操作、内存管理以及中断处理等。这些是嵌入式开发中常见的任务，而 Rust 提供的安全性和并发性使其在这些领域表现出色。

接下来，通过一些实际案例展示了 Rust 在 MCU 上的应用。这些案例覆盖了从简单的 LED 闪烁到复杂的传感器数据处理。通过这些示例，读者可以了解到 Rust 在处理低级硬件操作时的高效性和可靠性。

最后，通过 CAN 通信进一步展示了 Rust 在 MCU 上的应用。

通过本章的学习，读者不仅能够掌握 Rust 在 MCU 开发中的基本技能，还能够理解其背后的设计哲学和最佳实践。这为读者在未来的嵌入式系统开发中使用 Rust 作为主要开发语言打下了坚实的基础。

小张：“根据上面的应用实战，我想我们已经能够配置 Rust 语言在不同 MCU 中的环境，并且可以通过 Rust 语言实现基本的 MCU 功能了。”

大周：“做得不错，从环境搭建到高级的应用，能够让人很清楚地掌握 Rust 语言在 MCU 中的应用。不过，我们可以尝试在更复杂和使用更广泛的 MCU 上进行开发。让我来研究一

下。"

于是，大周开始研究如何使用 Rust 在 TCxx 系列硬件平台上进行开发。

14.9　练习

1. 根据第 14.3 节的内容，体会 Rust 的所有权和生命周期等特性。
2. 在第 14.6 节中，为什么按键中断会使用 unsafe？结合相关 Rust 特性进行解释。
3. 综合上述应用，实现按键控制 MCU 发送 CAN 报文，并将日志打印到控制台。

第 15 章

Rust 在 TCxx 硬件平台上的开发

英飞凌的 TC375 芯片属于 AURIX 系列中的 TC37x 系列，基于 TriCore 架构，这是一种专为实时性能优化的 32 位嵌入式系统架构。TC375 芯片结合了精简指令集计算机（RISC）和复杂指令集计算机（CISC）的特点，构建了 TriCore 内核架构。该架构集成了 RISC 架构、DSP 架构和实时系统技术，以实现高性能的数据处理和高效的任务调度。

TriCore 架构的主要特点包括：

- 32 位架构，提供 4GB 的地址空间。
- 同时支持 16 位和 32 位指令，以减少代码量。
- 大多数指令在一个周期内执行，并支持分支预测。
- 采用并行数据存储器，实现低中断延迟与快速的自动上下文切换。
- 提供专用接口，支持特定于应用的协处理器，允许添加定制指令。
- 零开销回路功能，具有双/单时钟周期的 16×16 位累加单元。
- 可选的浮点单元（FPU）和内存管理单元（MMU）。
- 丰富的位处理能力，并支持单指令多数据（SIMD）打包数据操作。
- 灵活的中断优先级方案，支持字节和位寻址。
- 数据内存和 CPU 寄存器的小端字节排序，以及内存保护功能。
- 调试支持，包括程序模型、通用寄存器和系统寄存器等。

在应用方面，TC375 芯片特别适用于需要高实时性能、嵌入式安全和安保功能的汽车应用，包括动力系统的发动机管理和变速器控制、电动和混合动力汽车、底盘域、制动系统、电动助力转向系统、安全气囊、智能网联和驾驶辅助系统。此外，基于 TriCore 架构的产品也适用于工业、CAV（互联自动驾驶）和运输领域，尤其在电机控制优化和信号处理方面表现出色。

英飞凌的 AURIX 系列，包括 TC375 芯片，提供了功能安全和信息安全支持，例如通过安全监控单元（SMU）和硬件安全模块（HSM）来监控系统的安全性和运行状态，同时保护和管理敏感数据。这些特性使 TC375 芯片在复杂的工业和汽车应用中表现出色，尤其适合需要高可靠性和安全性的环境。

在汽车行业，集成强大的软件生态系统和符合汽车级标准的开发工具至关重要，以确保可靠性和性能满足该行业的严格要求。英飞凌与 Rust 合作，为 AURIX 提供了完整的 Rust 生态系统，使 AURIX 客户能够评估和使用 Rust 开发安全和网络安全的关键应用。

AURIX™ Rust Startup 生态系统设计时的主要目标包括：

- 可用性：代码、示例和工具已经过开发，以最大化开发效率并实现从一开始就高效开发。
- 未来适用性：集成安全内核并实现内存保护任务的隔离，确保 Rust 可以在关键上下文中可靠应用。
- 传统兼容性：将 Rust 任务隔离，以便与传统 C 任务共存，从而支持重用经过验证的代码，避免昂贵的重构。

接下来将介绍如何在 TC375 上使用 Rust。

15.1　工具链说明

AURIX 的 Rust Startup 生态系统（见图 15.1）是英飞凌、HighTec、Veecle 和 Bluewind 共同合作的项目，旨在支持在汽车和工业应用中使用英飞凌的 AURIX™架构的 Rust 语言。该项目的主要目标是帮助客户无缝集成 Rust 任务，以便与现有的 C 实现并行进行评估和预开发工作。以下简单介绍除英飞凌之外的三个合作方在项目中所负责的部分：

- HighTec：成立于 1982 年，是全球最大的商业开源编译器供应商。HighTec Rust 编译器为 AURIX™ TC3xx 和 TC4x 微控制器量身定制，基于先进的开源 LLVM 技术，提供完整的 Rust 语言特性，包括内存安全、并发性和互操作性，适用于需要安全性、可靠性、高性能和快速部署的应用程序。
- Veecle：Veecle NOS 是一个数据驱动的异步运行时库，专为汽车开发设计，其内核完全使用 Rust 语言编写。此外，Veecle 还维护 TriCore-probe 工具，用于在 AURIX™上刷新和调试 Rust 应用程序。
- Bluewind：提供用于 Infineon AURIX™的 Rust 低级外设驱动程序。

AURIXTM Rust Startup 生态环境有以下几个组成部分：

- Peripheral Access Crate：外设访问库，由英飞凌提供。
- Low-level drivers：底层驱动，由 Bluewind 提供，完全使用 Rust 语言开发。
- 预编译的 PXROS-HR 和 ASIL-D RTOS，使用 C 语言开发，由 HighTec 提供。
- PXROS-HR 绑定：由 Veecle 和 HighTec 合作开发。
- Veecle-pxros：由 Veecle 提供的 Rust 运行环境，集成 PXROS-HR，提供原生 Rust 体验，支持异步执行。

- 示例程序：由 Veecle 和 Bluewind 提供，包括裸机驱动程序、PXROS-HR 操作系统的驱动程序示例和展示连接性的示例程序。

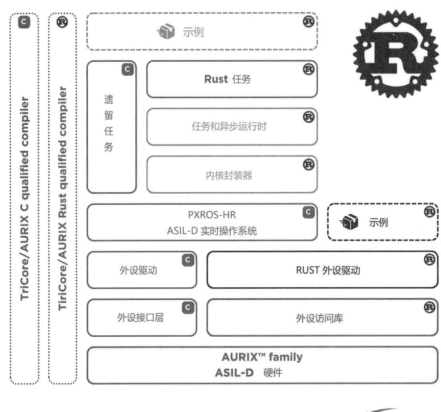

图 15.1　AURIX 的 Rust Startup 生态系统

1. HighTec Rust 开发平台的介绍

TriCore 的 Rust 编译工具链由 HighTec 公司开发，与标准的 Rust 工具链不兼容，需要单独安装。有关 HighTech 公司的 AURIX 内核 Rust 开发平台的详细介绍，可以到 https://hightec-rt.com/rust 上查看。该开发平台的特点与优势包括：

- 强大的多核支持：无须修改代码即可从单核移植到多核，实现多核处理的解决方案。
- 内存安全：通过所有权与借用机制，确保避免内存泄漏等问题。
- 并发支持：提供线程和异步/等待功能，使软件开发人员能够编写并发程序，充分利用 AURIX™微控制器等现代多核处理器，提升性能和响应性。同时允许与实时操作系统(如 PXROS-HR)集成。

- 互操作性：支持将现有的 C/C++代码集成到 Rust 代码中，开发者可在不重构整个应用的情况下获得 Rust 的内存安全性和高性能优势。
- 零成本抽象：允许开发者用高级语言编写代码并编译成高效的机器代码，而不会牺牲程序的性能。
- 编译和包管理：配备一套内置工具，帮助开发者高效地管理项目，提高代码质量和可维护性。Cargo 简化了构建、测试和打包 Rust 项目的流程，同时支持无缝进行依赖管理、版本控制和代码包的分发。
- 类型安全：强类型检查可以杜绝很多常见的编程错误，提高代码的可靠性、可维护性和开发效率。
- 类型-状态 API：支持更细粒度的静态分析，在编译时约束资源的使用、防止重复释放错误和引发线程间的竞态条件，提高系统的健壮性和可靠性。

HighTec Rust 开发平台是一个为最新 Tricore 芯片开发 Rust 应用程序的完整工具套件，基于开源的 LLVM 编译工具生成高效的机器码。HighTec Rust 开发平台集成了以下工具：

- 编译器：将 Rust 源码转换成特定目标平台的对象代码，以便在指定硬件平台上运行。
- 包管理器：Rust 的包管理工具 Cargo 集成了编译系统和包管理器，负责编译代码、调用链接器、下载依赖和编译库。
- Rust 工具：包括支持 Rust 开发的多种工具，如文档生成、静态代码分析、代码格式化等。
- 链接器：将编译生成的 object 文件和库整合为最终的可执行文件，合并过程由链接器脚本文件控制，该文件定义了代码和数据的内存地址。
- LLVM Binutils：二进制工具集，包含一组用于检查和操作由 Rust/C/C++编译器和链接器生成文件的工具，如反汇编、文件格式转换和对象归档工具。

2. HighTec Rust 开发平台的安装

目前，HighTec Rust 开发平台只提供试用版本，可前往 HighTec 官网（https://hightec-rt.com/products/rust-development-platform）申请许可证并下载安装包。

从官网下载安装包后，解压缩即可获得安装程序 setup.exe。启动安装程序并按照提示进行操作，即可成功安装。通过许可证的申请后，HighTec 公司会通过电子邮件发送给我们一个许可证文件。

HighTec Rust 开发平台安装完成后，需要进行一些配置：

（1）工具链的安装路径为"/安装目录/toolchains/rust/v1.0.0/"，将此目录添加到 PATH 环境变量中。

（2）使用以下命令将 Rustup 与工具链关联起来：

```
rustup toolchain link tricore /安装目录/toolchains/rust/v1.0.0/
```

（3）将许可证文件存放在 C:\HighTec\licenses 目录下，并新增指向此路径的环境变量 RLM_LICENSE。在 Linux 系统中，将以下命令添加到用户 home 目录下的.profile 或.bash_profile 文件中。

```
export RLM_LICENSE=something
```

在 Windows 系统中，可通过系统变量设置对话框进行设置。

（4）在 Linux 系统中，如果要在终端执行需要许可证验证的命令，则需先执行以下命令开启接下来的命令以满足许可证的校验：

```
export RLM_LICENSE=something
```

（5）在 Windows 系统中，如果要在终端执行需要许可证的命令，则需先执行以下命令开启接下来的命令以满足许可证的校验：

```
$env:RLM_LICENSE = 'something'
```

3. Rust 编译器

rustc 是 Rust 编程语言的编译器，可以用于生成库和可执行文件。HighTec Rust 开发平台提供的 rustc 编译器只适用于 TriCore 处理器。

针对特定目标平台进行编译时，需要使用—target 参数，例如：

```
rustc src/main.rs --target=tc162-htc-none
```

4. LLVM 链接器

链接器（rust-lld）接收一个或多个目标文件或归档文件，将它们合并为输出文件（如可执行文件或其他目标文件）。链接器将输入文件中的代码和数据进行重定位，并在它们之间解析符号引用。

15.2　硬件平台

我们使用的硬件平台是英飞凌公司官方的 TC375_LITE_KIT 评估板。该板载有一颗 32 位的 Aurix TriCore 内核的 TC375 单片机。TC375_LITE_KIT 评估版如图 15.2 所示，其基本信息如表 15.1 所示。

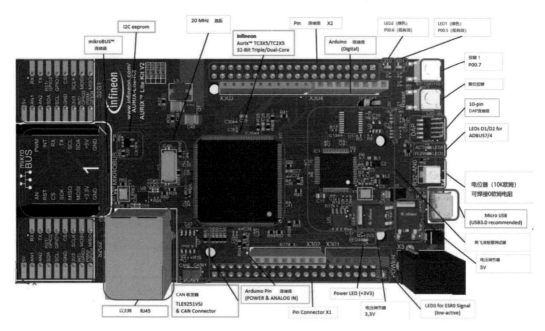

图 15.2　TC375_LITE_KIT 评估板

表 15.1　TC375_LITE_KIT 评估板的基本信息

组　　件	型　　号	说　　明
CPU Core AURIX™	SAK-TC375TP-96F300WAA	制造商订单号： SAK-TC375TP-96F300WAA
	SAK-TC365DP-64F300WAA	制造商订单号： SAK-TC365DP-64F300WAA
	SAK-TC275TP-64F200WDC	制造商订单号： SAK-TC275TP-64F200WDC
	SAK-TC265D-40F200WBC	制造商订单号： SAK-TC265D-40F200WBC
板尺寸	66.0mm×131.0mm	尺寸：66.0mm×131.0mm
电源	on-board miniWiggler Micro-AB USB interface	板载 miniWiggler Micro-AB USB 接口
	external powering 5V...4oV (recommended 7V...14V)	外部供电 5V...40V（推荐 7V...14V）
AURIXmpins	可用在扩展连接器（X1，X2）上	大多数 AURIX 引脚在扩展连接器（X1，X2）上可用
Shield2Go 连接器	两个 Infineon Shield2Go 连接器	两个英飞凌 Shield2Go 连接器

（续表）

组　　件	型　　号	说　　明
Arduino 兼容连接器	兼容 3.3V	Arduino 兼容连接器，适用于 3.3V 电压
连接器	mikroBUSM connector	mikroBUS M 连接器
	Micro-USB connector	微型 USB 连接器
	DAP Debug connector	DAP 调试连接器
	CAN connector	CAN 连接器
	RJ45 connector	RJ45 连接器
其他	CAN 收发器 TLE9251VSJ from Infineon	CAN 收发器 TLE9251VSJ，来自英飞凌
	Low Power 10/100Mbps Ethernet Physical Layer Transceiver DP83825l from TI	低功耗 10/100Mbps 以太网物理层收发器 DP83825l，来自德州仪器
用户按钮和 LED	1 个用户按钮，3 个用户 LED	1 个用户按钮，3 个用户 LED 指示灯
复位按钮	Reset push-button	复位按钮
电位器	Potentiometer (1kOhm) for variable analog input	电位器（1000Ω），用于可变模拟输入

15.3　TC375 Lite Kit Example

TC375 Lite Kit Example 是一个小型功能性项目，旨在简化 TC375 微控制器架构的评估过程。它包含了必要的低级功能，如启动代码、简约的硬件抽象和预定义的内存分区。在此基础上，该项目提供了运行在一个核心上的硬件抽象和参考应用程序示例。

项目包含以下库和示例程序：

- 示例应用
- 板级支持包（BSP）
- TC37X 硬件抽象层（tc37x-hal）
- TC37XPD 外设操作库（tc37xpd）
- TC3XX runtime 库（tc3xx-service）

示例项目会在安装工具链时一并安装。示例项目的路径为：

```
/HighTec 安装目录
<install-folder>/toolchains/rust/<version>/examples/rust-tc375-lite-kit-example
```

该项目中提供了 3 个示例程序，每个示例程序都能单独编译成 elf 文件并在板子上运行。

下面将详细介绍这 3 个基础示例程序。

1. Example blinking_led_1

该示例程序展示了如何单独使用 TC37XPD 外设操作库。例程直接控制 MCU 的映射寄存器。下面将详细分析源码，看看例程如何直接操作寄存器。

1）main 函数

main 函数的定义如下：

```
1.   entry!(main);            // 设置程序入口，启动 main 函数
2.   fn main() -> ! {         // 主函数，返回类型为`!`表示不会正常返回
3.       // 初始化 LED 端口
4.       board_led_init();    // 调用函数初始化 LED 端口
5.
6.       create_timer_interrupt();   // 创建定时器中断
7.       enable_interrupts();        // 开启中断
8.
9.       BoardLed::Led1.set_on();    // 点亮 Led1
10.      loop {               // 开始一个无限循环
11.          delay();         // 延时函数
12.          BoardLed::Led1.toggle_led();    // 切换 Led1 的状态（翻转 LED）
13.      }
14.  }
```

在上述代码中：

- 第 1 行代码定义了 main 函数，这是 MCU 上电或复位后第一个被执行的函数。
- 第 4~7 行代码用于初始化 LED IO、创建定时器中断和开启中断的函数。
- 第 9 行代码用于点亮 Led1。
- 第 10~13 行代码是主循环，用于翻转 Led1。

2）board_led_init 函数

下面我们来看一下 board_led_init 函数，分析它是如何配置 IO 的。

```
1.   fn board_led_init() {                        // 初始化 LED 端口配置
2.       let p00 = tc37xpd::P00;                   // 获取 P00 端口对象
3.       set_port_mode_output(&p00);              // 设置端口模式为输出
4.       set_port_pad_driver_mode(&p00);          // 设置端口驱动模式
5.   }
6.
7.   // 设置端口为输出模式
```

```
      fn set_port_mode_output(p00: &tc37xpd::p00::P00) {
8.        // 清除引脚状态，清除引脚 P35
9.        unsafe { p00.omr().init(|r| r.ps5().set(1.into())) };
10.       // 设置 PC5 为输出模式
11.       unsafe { p00.iocr4().modify(|r| r.pc5().set(0x10.into())) };
12.
13.       // 清除引脚 PS6
          unsafe { p00.omr().init(|r| r.ps6().set(1.into())) };
14.       // 设置 PC6 为输出模式
          unsafe { p00.iocr4().modify(|r| r.pc6().set(0x10.into())) };
15. }
16.
17. // 配置端口的焊盘驱动模式
      fn set_port_pad_driver_mode(p00: &tc37xpd::p00::P00) {
18.       call_without_cpu_endinit(|| {       // 在没有 CPU 中断的情况下配置
19.           // 设置中等模式下的焊盘驱动器、汽车驱动强度
20.           unsafe {
21.               p00.pdr0().modify(|r| {      // 修改 P00 的 PDR0 寄存器
22.                   r.pd5()                  // 设置 PD5 驱动强度
23.                       .set(2.into())       // 设置为中等驱动强度
24.                       .pl5()               // 设置 PL5 输出类型
25.                       .set(0.into())       // 设置为推挽输出
26.                       .pd6()               // 设置 PD6 驱动强度
27.                       .set(2.into())       // 设置为中等驱动强度
28.                       .pl6()               // 设置 PL6 输出类型
29.                       .set(0.into())       // 设置为推挽输出
30.               })
31.           };
32.           // 请参阅 AURIX TC3XX 目标规范中常用 IO/寄存器部分
33.       });
34. }
```

在上述代码中：

- 第 2 行代码定义了变量 p00，类型是 tc37xpd::P00，它包含一个类型为*mut u8 的成员变量，其值为 pub const P00: p00::P00 = p00::P00(0xf003a000u32 as _);。这是 P00 外设寄存器的基地址，类似于 C 语言中的结构体指针。所有外设基地址的配置代码都位于 tc37x-hal\tc37xpd\src\lib.rs 文件中。结构体 P00 对应外设 p00 GPIO，它的代码实现在 tc37x-hal\tc37xpd\src\p00.rs 文件中。

- 第 3 行代码调用了函数 set_port_mode_output，它的形参是刚创建的 p00。第 7~15 行代码

定义了 set_port_mode_output 函数，该函数按顺序先初始化 omr 寄存器，并设置 PS5 位，寄存器的详细说明如图 15.3 所示。

OMR

Port n 输出修改寄存器　　　　　　　　　　　　　　　　　　　　(004_H)　　　　　　　　　　　　　　　应用复位值：0000 0000_H

31	30	29	28	27	26	25	24	23	22	21	20	19	18	17	16
PCL15	PCL14	PCL13	PCL12	PCL11	PCL10	PCL9	PCL8	PCL7	PCL6	PCL5	PCL4	PCL3	PCL2	PCL1	PCL0
w0	w0	w0	w0	w0	w0	w0	w0	w0	w0	w0	w0	w0	w0	w0	w0

15	14	13	12	11	10	9	8	7	6	5	4	3	2	1	0
PS15	PS14	PS13	PS12	PS11	PS10	PS9	PS8	PS7	PS6	PS5	PS4	PS3	PS2	PS1	PS0
w0	w0	w0	w0	w0	w0	w0	w0	w0	w0	w0	w0	w0	w0	w0	w0

Field	Bits	Type	Description
PSx (x=0-15)	x	w0	**Set Bit x** 设置此位将设置或翻转输出端口中的对应位。 读此位是0。 0: 无动作 1: 设置或翻转Pn_OUT.Px。

图 15.3　寄存器说明

图 15.3 中的 PSx 描述表明，设置 PS5 位为 1，通用 IO 口 P05 会被拉高或翻转。

下面分析 set_port_mode_output 函数中的各个函数，首先是 omr()函数，其定义如下：

```
1.  pub const fn omr(&self) -> crate::common::Reg<self::Omr_SPEC,
crate::common::W> {
        // omr 函数是一个公共常量函数，返回一个寄存器的访问结构体
        // 返回类型是 crate::common::Reg，表示一个寄存器类型
        // self::Omr_SPEC 指定了寄存器的规格（结构）
        // crate::common::W 表示该寄存器是可写的
2.      unsafe { crate::common::Reg::from_ptr(self.0.add(4usize)) }
        // 使用 unsafe 关键字，因为直接操作指针存在安全风险
        // self.0.add(4usize)是获取 self.0 指针的偏移地址，偏移 4 字节以访问 omr 寄存
        // crate::common::Reg::from_ptr 将这个地址转换成寄存器类型，允许对该寄存器
进行访问
3.      }
```

在上述代码中：

● 第 1 行代码中的 omr()函数返回的是 crate::common::Reg 类型的变量，它的定义在

tc37x-hal\tc37xpd\src\common.rs 中。<self::Omr_SPEC, crate::common::W>表示 Reg 是一个泛型类型，具有两个类型参数：self::Omr_SPEC 和 crate::common::W。其中，self::表示当前模块；Omr_SPEC 是一个与寄存器规格相关的类型，用于定义寄存器的布局和特性；crate::common::W 代表写入权限或写入策略，用于指示寄存器可写。

- 第 2 行代码调用 Reg 结构体的 from_ptr 方法，返回的是在基地址基础上增加 4 字节的地址的可变指针，用于访问内存。

然后是 init()函数，其定义如下：

```
1.  // 定义一个公开的、不安全的函数 init，接收一个闭包 f，闭包接收 RegValueT 类型的值
并返回一个相同类型的值
    pub unsafe fn init(&self, f: impl FnOnce(RegValueT<T>) ->
RegValueT<T>) {
2.      // 创建一个类型为 RegValueT<T> 的默认值实例，T 是泛型类型
        let val = RegValueT::<T>::default();
3.      // 调用传入的闭包 f，并传入 val 作为参数，得到返回值 res
        let res = f(val);
4.      // 调用当前实例的 write 方法，将 res 写入某个地方
        self.write(res);
5.  }
```

通过 RegValueT 结构体的 default 方法获取寄存器的初始值，接着使用闭包方法生成新的值，最后调用 write 函数将结果写入内存。RegValueT 结构体的定义在 tc37x-hal\tc37xpd\src\common.rs 文件中。

接下来是 r.ps5()函数，其定义如下：

```
1.  pub fn ps5(          // 定义一个名为 ps5 的公共函数
2.      self,            // 表示该函数是一个实例方法，self 表示当前实例
3.      ) -> crate::common::RegisterField<5, 0x1, 1, 0, omr::Ps5,
Omr_SPEC, crate::common::W> {
        // 函数返回类型为 RegisterField 结构体，带有 5 个类型参数
4.          crate::common::RegisterField::<5,0x1,1,0,omr::Ps5, Omr_SPEC,
crate::common::W>::from_register(self,0)
            // 调用 RegisterField 的 from_register 方法,传入当前实例 self 和参数 0,
返回一个 RegisterField 实例
5.      }
```

该函数返回 PS5 的位域，类型为 RegisterField，实现代码位于 tc37x-hal\tc37xpd\src\common.rs 文件中，其类型是：

```
1.  // 定义一个公共结构体 RegisterField，它是一个泛型结构体，带有多个类型参数
```

```
     pub struct RegisterField<
2.       // 常量参数 START_OFFSET，表示寄存器字段的起始偏移量，类型是 usize
     const START_OFFSET: usize,
3.      const MASK: u64,      // 常量参数 MASK，表示寄存器字段的掩码，类型是 u64
4.      const DIM: u8,        // 常量参数 DIM，表示寄存器字段的维度，类型是 u8
5.      // 常量参数 DIM_INCREMENT，表示寄存器字段的维度增量，类型是 u8
     const DIM_INCREMENT: u8,
6.      ValueType,        // 泛型参数 ValueType，表示寄存器字段的值类型
7.      T,                // 泛型参数 T，通常是寄存器的规范类型（如寄存器描述符类型）
8.      A,                // 泛型参数 A，表示访问类型，通常是指定访问权限
9.  > where               // 泛型参数声明结束，后面是类型约束
10.      T: RegSpec, // 类型 T 必须实现 RegSpec trait，表示 T 是一个寄存器规范类型
11.      A: Access,  // 类型 A 必须实现 Access trait，表示 A 是一个访问类型
12. {    // 结构体定义的开始
13.      data: RegValueT<T>, // 表示寄存器的值，T 是寄存器规范类型
14.      index: u8,          // 表示寄存器字段的索引
15.      // 用于类型标记，表示 ValueType 和 A 类型的关联
     marker: PhantomData<(ValueType, A)>,
16. }
```

这是一个公开的结构体定义，属于一个泛型结构体。具体说明如下：

- START_OFFSET 是一个常量泛型参数，类型为 usize，表示寄存器字段在寄存器中的起始偏移量。
- MASK 也是一个常量泛型参数，代表用来提取字段的掩码。
- DIM_INCREMENT 也是一个常量泛型参数，可能表示字段大小的增量，或者用于计算下一个字段位置的值。
- ValueType 是一个泛型参数，表示寄存器字段的数据类型。
- T 是另一个泛型参数，它实现了 RegSpec trait，用于描述寄存器类型的 trait。
- A 是第三个泛型参数，实现了 Access trait，定义了如何访问和修改寄存器的字段。
- 成员变量 data 类型为 RegValue<T>，表示寄存器的值。
- 成员变量 index 是 u8 类型字段。
- marker 是一个 PhantomData 字段，代表一个未使用的泛型参数。PhantomData 用于确保 ValueType 和 A 在结构体中不被使用，从而保持结构体的泛型性质。这样可以避免在使用 RegisterField 结构体时，结构体与特定的 ValueType 和 A 实例相混淆。

最后是 set(1.into()) 函数，其作用是设置值为 1。

综合上述分析，p00.omr().init(|r| r.ps5().set(1.into())) 语句的作用是将 P00 的 omr 寄存器的 PS5 位设置为 1。p00.iocr4().modify(|r| r.pc5().set(0x10.into())) 用于修改 iocr4 寄存器，把 PC5

位设置为 0x10（该操作与修改 omr 寄存器类似）。寄存器的详细说明参考图 15.4。

IOCR4

端口 n 输入/输出控制寄存器 (014$_H$)

31	30	29	28	27	26	25	24	23	22	21	20	19	18	17	16
		PC7				0				PC6				0	
		rw				r				rw				r	

15	14	13	12	11	10	9	8	7	6	5	4	3	2	1	0
		PC5				0				PC4				0	
		rw				r				rw				r	

Field	Bits	Type	Description
PCx (x=4-7)	8*x-25:8*x-29	rw	用于端口 n 引脚 x 的端口控制。 此位域代表的端口 n 引脚 x 功能定义，参考表485。
0	26:24, 18:16, 10:8, 2:0	r	预留位。 读时，值为0；写入时，写入0。

表485 PCx 编码

PCx[4:0]	I/O	属性	可选上拉/下拉/可选输出功能
0XX00$_B$	输入	–	无输入设备连接，三态模式
0XX01$_B$			输入下拉设备连接
0XX10$_B$			输入上拉设备连接
0XX11$_B$			无输入设备连接，三态模式
10000$_B$	输出	推挽	通用输出
10001$_B$			可变输出功能1
10010$_B$			可变输出功能2
10011$_B$			可变输出功能3
10100$_B$			可变输出功能4
10101$_B$			可变输出功能5
10110$_B$			可变输出功能6
10111$_B$			可变输出功能7
11000$_B$		开漏	通用输出
11001$_B$			可变输出功能1
11010$_B$			可变输出功能2
11011$_B$			可变输出功能3
11100$_B$			可变输出功能4
11101$_B$			可变输出功能5
11110$_B$			可变输出功能6
11111$_B$			可变输出功能7

图 15.4　寄存器说明

p00.omr().init(|r| r.ps6().set(1.into()))和 p00.iocr4().modify(|r| r.pc6().set(0x10.into()))分别修改 omr.ps6 和 iocr4.pc6 寄存器。上述代码的作用是将 PIN5 和 PIN6 初始化为通用输出口。由于这些操作直接访问底层寄存器，因此需要用 unsafe 关键字来修饰。

接下来执行 board_led_init 函数中的第 4 行代码，调用 set_port_pad_driver_mode 函数。该函数调用 call_without_cpu_endinit，传入一个闭包作为参数，闭包的内容是修改 p00 的 pdr0 寄存器，分别将它的 PD5 位设置为 2，PL5 位设置为 0，PD6 位设置为 2，PL6 位设置为 0。

回到 call_without_cpu_endinit 函数，其定义如下：

```
1.  // 定义一个公共函数 call_without_cpu_endinit，接收一个无参数、无返回值的闭包 f
    作为参数
    pub fn call_without_cpu_endinit(f: impl Fn()) {
2.      // 调用 crate 模块下 wdtcon 子模块的 clear_cpu_endinit 函数，清除 CPU 的
    Endinit 保护
        crate::wdtcon::clear_cpu_endinit();
3.      f();       // 调用传入的闭包 f，即执行传递给该函数的代码
4.      // 调用 crate 模块下 wdtcon 子模块的 set_cpu_endinit 函数，设置 CPU 的 Endinit
    保护
        crate::wdtcon::set_cpu_endinit();
5.  }
```

endinit 是 TC375 为防止意外修改关键寄存器而采取的保护措施。pdr0 寄存器的修改受 endinit 机制保护，因此在修改 pdr0 寄存器时，需要暂时关闭 endinit，修改完成后再重新启用 endinit。

led 的初始化已完成，接着初始化定时器，用于定时翻转 IO 口。

3）初始化定时器

初始化定时器的代码如下：

```
1.  fn create_timer_interrupt() {          // 定义一个创建定时器中断的函数
2.      init_timer_compare_registers();    // 调用初始化定时器比较寄存器的函数
3.      enable_timer0_interrupt();         // 调用启用定时器 0 中断的函数
4.  }
5.
6.  // 定义一个初始化定时器比较寄存器的函数
    fn init_timer_compare_registers() {
7.      //设置系统定时器
8.      let stm0 = tc37xpd::STM0;   // 获取 STM0 寄存器，表示系统定时器模块
9.      // 读取当前时间值，使用 unsafe 块，因为读取寄存器的操作不安全
        let time = unsafe { stm0.tim0().read().get_raw() };
10.     // 计算下一个时间点，使用 wrapping_add 防止溢出
        let next_time = time.wrapping_add(SYSTEM_TIMER_FREQ_HZ);
```

```
11.         // 请参阅 AURIX TC3XX 目标规范中的系统计时器部分
12.         // 设置比较控制寄存器的值, 配置匹配模式
13.         unsafe { stm0.cmcon().modify(|r| r.msize0().set(0x1f.into())) };
14.         // 设置比较寄存器的比较值为下一个时间
15.         unsafe { stm0.cmpx()[0].modify(|r| r.cmpval().set(next_time)) };
16.         // 中断设置/清除寄存器 - 重置比较中断请求寄存器
17.         unsafe { stm0.iscr().init(|r| r.cmp0irr().set(1.into())) };
18.         // 中断控制寄存器 - 启用比较中断, 启用定时器中断
19.         unsafe { stm0.icr().modify(|r| r.cmp0en().set(1.into())) };
20. }
21.
22. fn enable_timer0_interrupt() {          // 定义一个启用定时器 0 中断的函数
23.         // 请参阅规范中的中断路由器部分
24.         // 使用 unsafe 块, 因为操作硬件寄存器是不可预测的, 需要手动保证安全性
        unsafe {
25.             // 配置中断优先级和启用中断路由
                tc37xpd::SRC.stm().stm_stm()[0].stmxsry()[0].
modify(|r| r.srpn().set(2).sre().set(1.into()))
26.         };  // 执行完中断配置
27. }
```

在上述代码中:

● 第 8 行代码初始化了定时器 STM0, 首先获取了 STM0 外设的基地址。这里 tc37xpd::STM0 的值为:

```
pub const STM0: stm0::Stm0 = stm0::Stm0(0xf0001000u32 as _);
```

● 第 9 行代码记录了定时器 0 的捕获值。stm0 作为结构体, 它的定义以及成员函数的实现都在 tc37x-hal\tc37xpd\src\stm0.rs 文件中, 操作寄存器的方法也在此文件中。read 方法作为 trait 对象, 为 Reg 的泛型结构体添加了读取寄存器值的方法, 代码实现如下:

```
1.  impl<T, A> Reg<T, A>     // 为泛型结构体 Reg 实现一个方法, T 和 A 是类型参数
2.  where                    // 类型约束的开始, 限定 T 和 A 的类型要求
3.      T: RegSpec,          // 类型 T 必须实现 RegSpec trait, 表示 T 是一个寄存器规范类型
4.      A: Read,             // 类型 A 必须实现 Read trait, 表示 A 是一个可读取类型
5.  {
6.      /// 读取寄存器并返回寄存器值
7.      ///
8.      /// # 安全
9.      /// 对于某些外设, 读取操作可能导致未定义的行为。开发人员应阅读设备用户手册
10.     /// 寄存器是发送和同步的, 以允许完全的自由。开发人员负责在中断和线程中正确使用
11.     ///
```

```
12.    #[inline(always)]    // 强制该函数始终内联，以提高性能
13.    #[must_use]            // 标注该函数返回的值必须使用，避免返回值被忽略
14.    // 定义一个公开的、不安全的 read 方法，返回一个寄存器值
       pub unsafe fn read(&self) -> RegValueT<T> {
15.        // 通过指针读取寄存器的原始值，使用 read_volatile 确保不会被优化掉
           let val = (self.ptr as *mut T::DataType).read_volatile();
16.        RegValueT::<T>::new(val)    // 将读取的值包装成 RegValueT 类型并返回
17.    }
18. }
```

- 第 10 行代码是调用标准库中的 wrapping_add 函数，作用是执行两个数字的加法，并且保证在发生溢出时不会导致 panic，而是会环绕（wrap around）到数字类型的最低值。
- 第 13~19 行代码用于初始化 STM0 外设的各个寄存器，配置流程与前面介绍的一样。
- 第 22~27 行代码定义了 enable_timer0_interrupt 函数，其作用是启用 STM0 的中断。其中，tc37xpd::SRC 使用 Src 结构体的实例，该实例申明在 tc37x-hal\tc37xpd\src\lib.rs 文件中，并且同样定义了 SRC（service request control，服务请求控制）外设的首地址，内容为：

```
pub const SRC: src::Src = src::Src(0xf0038000u32 as _);
```

SRC 用于控制中断的外设。

2. Example blinking_led_2

该示例项目展示了如何使用 BSP、GPIO 和延时 trait。它们都使用了 TC37X 硬件抽象层（tc37x-hal）。例程通过 BSP 和 Hal 抽象层控制 LED 灯的闪烁，并处理按键 1 的输入。

1）main 函数

main 函数的定义如下：

```
1.  // 引入 Button1、Led1 和 Led2 模块
    use tc375_bsp::leds_and_buttons::{Button1, Led1, Led2};
2.  entry!(main);        // 定义程序入口点为 main 函数
3.
4.  fn main() -> ! {      // main 函数，返回类型为"不可返回"表示程序无限循环
5.      let mut led1 = Led1::new();        // 创建并初始化 Led1 对象
6.      let mut led2 = Led2::new();        // 创建并初始化 Led2 对象
7.      let button1 = Button1::new();      // 创建并初始化 Button1 对象
8.      let mut led2_state = false;        // 初始化 led2 的状态为关闭(false)
9.      // 初始化延时对象，基于系统定时器频率
        let mut delay = Delay::new(tc375_bsp::SYSTEM_TIMER_FREQ_HZ);
10.     loop {        // 无限循环
11.         delay.delay_ms(500_u32);      // 延时 500ms
12.         led1.toggle();    // 切换 led1 的状态(如果是亮的就变暗，如果是暗的就变亮)
13.         if button1.is_pressed() {          // 如果按钮 1 被按下
```

```
14.          led2_state = !led2_state;        // 切换 led2 的状态
15.        }
16.        set_led2(led2_state, &mut led2); // 设置 led2 的状态为当前状态
17.        led2_state = !led2_state; // 反转 led2 的状态，为下一次按钮检查做准备
18.    }
19. }
```

在上述代码中：

- 第 5~7 行代码新建了 3 个结构体类型实例，分别是 Led1、Led2 和 Button1。它们的实现代码在 src\lib.rs 文件中。
- 第 8 行代码声明了变量 led2_state，类型是布尔型，初值为 false。
- 第 9 行代码新建了 Delay 结构体类型的实例，其中 tc375_bsp::SYSTEM_TIMER_FREQ_HZ 是常量，值为 pub const SYSTEM_TIMER_FREQ_HZ: u32 = 50_000_000;。Delay 结构体的实现在 tc37x-hal\src\blocking\delay.rs 文件中。
- 第 10~18 行代码是 main 函数的主循环，每延时 500ms，就翻转 led1 的状态，然后判断按键 1 是否被按下，若被按下，则取反 led2_state 变量，再根据 led2_state 的值控制 led2，最后再次取反 led2_state 变量。

2）src\lib.rs 中的代码

src\lib.rs 中的代码如下：

```
1.  pub mod leds_and_buttons {  // 定义一个名为 leds_and_buttons 的模块
2.      use embedded_hal::digital::v2::{InputPin, OutputPin,
ToggleableOutputPin};          // 引入 embedded_hal 库中的数字 I/O 相关特性：
InputPin、OutputPin、ToggleableOutputPin
3.      use tc37x_hal::digital::v2::{    // 引入 tc37x_hal 库中的数字 I/O 模块
4.          self as gpio,               // 引入当前模块并命名为 gpio，方便后续调用
5.          // 引入 pad_driver_codes 模块中的常量 MediumDriver 和 AutomotiveLevel
            pad_driver_codes::{FastPadOutputCodes::MediumDriver,
InputCodes::AutomotiveLevel},
6.          GpioExt,                    // 引入 GpioExt 特性，提供 GPIO 的扩展功能
7.      };
8.      use tc37x_hal::tc37xpd;         // 引入 tc37x_hal 库中的 tc37xpd 模块
9.      // 引入 tc37x_hal 库中的 wdtcon 模块中的 call_without_cpu_endinit 函数
        use tc37x_hal::wdtcon::call_without_cpu_endinit;
```

文件开头定义了 leds_and_buttons 模块，并引入了一些外部库——既有专用于嵌入式系统的 Hal 库，也有 tc37x_hal 库（路径：例程目录/tc37x-hal）以及外设库。

3）Led1 的实现

Led1 的实现代码如下：

```rust
1.  pub struct Led1 {
2.      pin: gpio::p00::Pin05, // 定义结构体 Led1，包含一个 Pin05 类型的引脚
3.  }
4.
5.  impl Led1 {
6.      /// 将 Port_00 的 Pin05 配置为输出推挽模式，并返回一个新的 Led1 结构体实例
7.      pub fn new() -> Self {
8.          let parts = tc37xpd::P00.split(); // 将 P00 引脚分配到不同的引脚部分
9.          let mut pin = parts.pin05; // 获取 Pin05 引脚实例
10.         // 在将模式设置为输出之前，先设置寄存器中的关闭位，这是出于安全考虑
11.         pin.set_high().unwrap(); // 设置 Pin05 为高电平，先关闭引脚
12.         // 设置模式为输出推挽模式
13.         pin.into_output_push_pull(); // 将 Pin05 配置为推挽输出模式
14.         // 配置焊盘驱动器
15.         call_without_cpu_endinit(|| {
16.             // 配置输出焊盘为快速驱动模式
                pin.configure_fast_output_pad(MediumDriver);
17.             // 配置输入焊盘为汽车级别电平
                pin.configure_input_pad(AutomotiveLevel);
18.         });
19.         Self { pin } // 返回一个新的 Led1 实例，包含已配置的 Pin05 引脚
20.     }
21.
22.     /// 切换 Led1 状态
23.     #[inline(always)]
24.     pub fn toggle(&mut self) {
25.         // 切换 Pin05 引脚的电平状态（高电平变低电平，低电平变高电平）
            self.pin.toggle().unwrap();
26.     }
27.
28.     /// 开启 Led1
29.     #[inline(always)]
30.     pub fn set_on(&mut self) {
31.         self.pin.set_low().unwrap(); // 将 Pin05 设置为低电平，开启 LED
32.     }
33.
34.     /// 关闭 Led1
35.     #[inline(always)]
36.     pub fn set_off(&mut self) {
37.         self.pin.set_high().unwrap(); // 将 Pin05 设置为高电平，关闭 LED
38.     }
39.  }
```

```
40.
41. impl Default for Led1 {
42.     fn default() -> Self {
43.         Led1::new() // 使用默认的构造函数创建一个 Led1 实例
44.     }
45. }
```

在上述代码中：

- 第 1~3 行代码定义了 Led1 结构体的成员变量 pin，类型是 gpio::p00::Pin05。注意，这里的 p00 不是 tc37x-xpd 库中的 p00，而是 tc37x_hal::digital::v2::self 中的。

- 第 5~45 行代码为 Led1 结构体中定义的一些方法。

  ➢ new 方法用于配置引脚并初始化 Led 结构体，返回一个 Led 实例。首先，使用 tc37xpd::P00.split() 将端口 00 拆分成独立的引脚，然后获取 Pin05，接着将引脚设置为高电平以确保安全，并将其配置为推挽输出模式，最后使用 call_without_cpu_endinit 来配置快速输出引脚和输入引脚。

  ➢ toggle 方法切换 Led1 的状态。

  ➢ set_on 方法将 Led1 设置为开启状态。

  ➢ Set_off 方法将 Led1 设置为关闭状态。

4）Led2 的实现

Led2 的实现代码如下：

```
1.  pub struct Led2 {
2.      pin: gpio::p00::Pin06,  // 定义结构体 Led2，包含一个 Pin06 类型的引脚
3.  }
4.
5.  impl Led2 {
6.      /// 将 Port_00 的 Pin06 配置为输出推挽模式，并返回一个新的 Led2 结构体实例
7.      pub fn new() -> Self {
8.          let parts = tc37xpd::P00.split(); // 将 P00 引脚分配成不同的引脚部分
9.          let mut pin = parts.pin06;          // 获取 Pin06 引脚实例
10.         // 在设置模式为输出之前，先设置寄存器中的关闭位，这是出于安全考虑
11.         pin.set_high().unwrap();          // 设置 Pin06 为高电平，确保先关闭引脚
12.         // 设置模式为输出推挽模式
13.         pin.into_output_push_pull(); // 将 Pin06 配置为推挽输出模式
14.         // 配置焊盘驱动器
15.         call_without_cpu_endinit(|| {
16.             // 配置输出焊盘为中等驱动模式
                pin.configure_fast_output_pad(MediumDriver);
17.             // 配置输入焊盘为汽车级别电平
```

```
               pin.configure_input_pad(AutomotiveLevel);
18.          });
19.          Self { pin }          // 返回一个新的 Led2 实例,包含已配置的 Pin06 引脚
20.      }
21.
22.      /// 切换 Led2 状态
23.      #[inline(always)]
24.      pub fn toggle(&mut self) {
25.          // 切换 Pin06 引脚的电平状态(高电平变低电平,低电平变高电平)
             self.pin.toggle().unwrap();
26.      }
27.
28.      /// 开启 Led2
29.      #[inline(always)]
30.      pub fn set_on(&mut self) {
31.          self.pin.set_low().unwrap();       // 将 Pin06 设置为低电平,开启 LED
32.      }
33.
34.      /// 关闭 Led2
35.      #[inline(always)]
36.      pub fn set_off(&mut self) {
37.          self.pin.set_high().unwrap();      // 将 Pin06 设置为高电平,关闭 LED
38.      }
39. }
40.
41. impl Default for Led2 {
42.      fn default() -> Self {
43.          Led2::new()          // 使用默认的构造函数创建一个 Led2 实例
44.      }
45. }
```

代码实现与 Led1 类似,唯一区别在于 Led2 初始化了 P06。

5)Button 的实现

Button 的实现代码如下:

```
1.  pub struct Button1 {
2.      pin: gpio::p00::Pin07,  // 定义结构体 Button1,包含一个 Pin07 类型的引脚
3.  }
4.
5.  impl Button1 {
6.      /// 将 Port_00 的 Pin07 配置为上拉输入模式,并返回一个 Button1 结构体实例
7.      pub fn new() -> Self {
```

```
8.          let parts = tc37xpd::P00.split();// 将 P00 引脚分配为不同的引脚部分
9.          let pin = parts.pin07;              // 获取 Pin07 引脚实例
10.         pin.into_pull_up_input();           // 将 Pin07 配置为上拉输入模式
11.         Self { pin }        // 返回一个新的 Button1 实例，包含已配置的 Pin07 引脚
12.     }
13.
14.     /// 如果 Button1 被按下，则返回 true
15.     #[inline(always)]
16.     pub fn is_pressed(&self) -> bool {
17.         self.pin.is_low().unwrap() // 如果引脚为低电平（按钮按下），返回 true
18.     }
19. }
20.
21. impl Default for Button1 {
22.     fn default() -> Self {
23.         Self::new()         // 使用默认的构造函数创建一个 Button1 实例
24.     }
25. }
```

Button 的实现与 Led1 类似，唯一的区别是将 IO 口换成 P07，并将其初始化为输入状态。

此例程的关键代码是 Led 结构体的成员变量 pin: gpio::p00::Pin05。pin 的类型是 gpio::p00::Pin05，这个类型的实现代码在 tc37x-hal\src\digital\v2.rs 文件中。在 v2.rs 文件中看到如下内容：

```
1.  macro_rules! gpio {
2.      ($module:ident, $PortType: ident, [
3.          $( $PinTypeName:ident : ( $pin_id:ident, $iocr:ident,
$pdr:ident, $control_bits:ident, $read_bit:ident, $set_bit:ident, $clear_bit:
ident, $pdr_pd_bit:ident, $pdr_pl_bit:ident), )+
4.      ]) => {
5.      ...
6.      }
7.  }
```

这是 Rust 语法中的宏。宏是 Rust 中的一系列功能，包括使用 macro_rules!声明的声明式（declarative）宏和三种过程宏（procedural macros）。这三种过程宏是：

- 自定义#[derive]宏：用于在结构体和枚举上指定通过 derive 属性添加的代码。
- 类属性（attribute-like）宏：用于定义可用于任意项的自定义属性。
- 类函数宏：看起来像函数，当它作用于作为参数传递的 token。

下面是一个名为 gpio 的宏定义，它接收的参数有：

- $module: 一个标识符，表示模块的名称。

- $PortType: 表示端口类型。

- $($PinTypeName:ident: ($pin_id:ident,$iocr:ident, $pdr:ident, $control_bits:ident, $read_bit:ident,$set_bit:ident, $clear_bit:ident,$pdr_pd_bit:ident, $pdr_pl_bit:ident),)+: 这是一个模式匹配的参数，用于定义一系列的引脚类型（$PinTypeName）。每个引脚类型包括一些表示符，分别是 Pin_id、iocr 寄存器、pdr 寄存器、control_bits 寄存器、read_bit 寄存器、set_bit 寄存器、clear_bit 寄存器、pdr_pd_bit 寄存器和 pdr_pl_bit 寄存器。

读者看到这些参数可能会心生畏惧，不必担心，接下来看一个实例就能明白它们是如何工作的。

```
1.  #[cfg(feature = "p00")]
2.  gpio!(
3.      p00,
4.      P00,
5.      [
6.          Pin00: (pin00, iocr0, pdr0, pc0, p0, ps0, pcl0, pd0, pl0),
7.          Pin01: (pin01, iocr0, pdr0, pc1, p1, ps1, pcl1, pd1, pl1),
8.          Pin02: (pin02, iocr0, pdr0, pc2, p2, ps2, pcl2, pd2, pl2),
9.          Pin03: (pin03, iocr0, pdr0, pc3, p3, ps3, pcl3, pd3, pl3),
10.         Pin04: (pin04, iocr4, pdr0, pc4, p4, ps4, pcl4, pd4, pl4),
11.         Pin05: (pin05, iocr4, pdr0, pc5, p5, ps5, pcl5, pd5, pl5),
12.         Pin06: (pin06, iocr4, pdr0, pc6, p6, ps6, pcl6, pd6, pl6),
13.         Pin07: (pin07, iocr4, pdr0, pc7, p7, ps7, pcl7, pd7, pl7),
14.         Pin08: (pin08, iocr8, pdr1, pc8, p8, ps8, pcl8, pd8, pl8),
15.         Pin09: (pin09, iocr8, pdr1, pc9, p9, ps9, pcl9, pd9, pl9),
16.         Pin10: (pin10, iocr8, pdr1, pc10, p10, ps10, pcl10, pd10, pl10),
17.         Pin11: (pin11, iocr8, pdr1, pc11, p11, ps11, pcl11, pd11, pl11),
18.         Pin12: (pin12, iocr12, pdr1, pc12, p12, ps12, pcl12, pd12,
pl12),
19.         Pin13: (pin13, iocr12, pdr1, pc13, p13, ps13, pcl13, pd13,
pl13),
20.         Pin14: (pin14, iocr12, pdr1, pc14, p14, ps14, pcl14, pd14,
pl14),
21.         Pin15: (pin15, iocr12, pdr1, pc15, p15, ps15, pcl15, pd15,
pl15),
22.     ]
23. );
```

上面的代码使用了 gpio 宏定义。从第 3、4 行可知，标识符 module 的值为 p00，标识符 PortType 的值为 P00，这正好与 Led1 结构体的成员变量 pin 的类型 gpio::P00 对应。

继续分析 P00 的宏定义，Pin00 到 Pin15 对应宏定义中的标识符 PinTypeName，每行的内容与 PinTypeName 后面的标识符一一对应起来，确保每个标识符都获得了正确的值。

然后，我们继续分析宏定义生成的代码块：

```
1.   /// 此模块包含实际端口引脚的 Hal 实现
2.   pub mod $module {   // 定义一个公共模块，模块名由 $module 参数指定
3.       use embedded_hal::digital::v2::{InputPin, OutputPin,
StatefulOutputPin, ToggleableOutputPin};        // 引入嵌入式 HAL 库中的数字引脚接口
4.       use tc37xpd::$module::$PortType;     // 引入指定模块和端口类型
5.       use tc37xpd::$PortType;               // 引入端口类型
6.       // 引入 port_control_codes 模块，用于端口控制
         use super::port_control_codes;
7.
8.       /// 此类型是为每个端口定义的。它包含表示 GPIO 端口每个引脚的结构
9.       pub struct Parts {        // 定义一个结构体，用于表示端口的各个引脚
10.
11.        $(   // 以下是根据宏展开的代码
12.        /// GPIO 端口的一个引脚
13.          pub $pin_id: $PinTypeName,         // 每个引脚的标识符
14.        )+
15.      }
16.
17.      impl super::GpioExt for $PortType {// 为指定的端口类型实现 GpioExt 特性
18.        // 定义 GpioExt 的 Parts 类型为上述定义的 Parts 结构体
           type Parts = Parts;
19.
20.        fn split(self) -> Parts {         // 将端口拆分成各个引脚
21.          Parts {
22.            $(  // 对每个引脚进行初始化
23.              $pin_id: $PinTypeName{},    // 初始化引脚
24.            )+
25.          }
26.        }
27.      }
28.
29.      $(  // 以下是为每个引脚类型定义的实现
30.      /// 代表一个引脚
31.      ///
32.      /// 一个引脚实现了以下特征
33.      /// - [`embedded_hal::digital::v2`]`::{InputPin, OutputPin,
StatefulOutputPin, ToggleableOutputPin}`
34.        pub struct $PinTypeName {     // 定义一个表示引脚的结构体
```

```
35.              }
36.
37.        impl $PinTypeName {                  // 为每个引脚类型实现方法
38.            /// 将引脚配置为下拉输入引脚
39.            pub fn into_pull_down_input(&self) { // 设置引脚为下拉输入模式
40.                // 配置寄存器以启用下拉输入
                    unsafe { $PortType.$iocr(). modify(|r|
r.$control_bits().set(port_control_codes::INPUT_PULL_DOWN)) };
41.            }
42.
43.            /// 将引脚配置为上拉输入引脚
44.            pub fn into_pull_up_input(&self){     // 设置引脚为上拉输入模式
45.                // 配置寄存器以启用上拉输入
                    unsafe { $PortType.$iocr(). modify(|r|
r.$control_bits().set(port_control_codes::INPUT_PULL_UP)) };
46.            }
47.
48.            /// 将引脚配置为推挽输出引脚
49.            pub fn into_output_push_pull(&self){  // 设置引脚为推挽输出模式
50.                // 配置寄存器以启用推挽输出
                    unsafe { $PortType.$iocr(). modify(|r|
r.$control_bits().set(port_control_codes::OUTPUT_PUSH_PULL)) };
51.            }
52.
53.            /// 将引脚配置为开漏输出引脚
54.            pub fn into_output_open_drain(&self){// 设置引脚为开漏输出模式
55.                // 配置寄存器以启用开漏输出
                    unsafe { $PortType.$iocr(). modify(|r|
r.$control_bits().set(port_control_codes::OUTPUT_OPEN_DRAIN)) };
56.            }
57.
58.            pub fn configure_rfast_output_pad(&self, code :
super::pad_driver_codes::RFastPadOutputCodes){      // 配置快速输出模式
59.                unsafe { $PortType.$pdr(). modify(|r|
r.$pdr_pd_bit().set(code as u8)) };              // 设置快速输出控制寄存器
60.            }
61.
62.            pub fn configure_fast_output_pad(&self, code :
super::pad_driver_codes::FastPadOutputCodes){      // 配置快速输出模式
63.                unsafe { $PortType.$pdr(). modify(|r|
r.$pdr_pd_bit().set(code as u8)) };              // 设置快速输出控制寄存器
64.            }
```

```
65.
66.          pub fn configure_slow_output_pad(&self, code :
super::pad_driver_codes::SlowPadOutputCodes){        // 配置慢速输出模式
67.              unsafe { $PortType.$pdr(). modify(|r|
r.$pdr_pd_bit().set(code as u8)) };              // 设置慢速输出控制寄存器
68.          }
69.
70.          pub fn configure_input_pad(&self, code :
super::pad_driver_codes::InputCodes){              // 配置输入模式
71.              unsafe { $PortType.$pdr(). modify(|r|
r.$pdr_pl_bit().set(code as u8)) };              // 设置输入模式控制寄存器
72.          }
73.      }
74.
75.      // 实现 InputPin 特性，表示引脚可以作为输入
         impl InputPin for $PinTypeName {
76.          type Error = core::convert::Infallible;// 错误类型为不可恢复的
77.
78.          #[inline(always)]        // 始终内联此函数
79.          // 检查引脚是否为高电平
             fn is_high(&self) -> Result<bool, Self::Error> {
80.              Ok( unsafe { 0 != $PortType.r#in().
read().$read_bit().get().0 })              // 读取引脚输入并判断是否为高电平
81.          }
82.
83.          #[inline(always)]        // 始终内联此函数
84.          // 检查引脚是否为低电平
             fn is_low(&self) -> Result<bool, Self::Error> {
85.              Ok(!(self.is_high().unwrap()))    // 如果不是高电平，则为低电平
86.          }
87.      }
88.
89.      // 实现 OutputPin 特性，表示引脚可以作为输出
         impl OutputPin for $PinTypeName {
90.          type Error = core::convert::Infallible; // 错误类型为不可恢复的
91.
92.
93.          #[inline(always)]        // 始终内联此函数
94.          // 设置引脚为低电平
             fn set_low(&mut self) -> Result<(), Self::Error> {
95.              unsafe { $PortType.omr(). init(|r|
r.$clear_bit().set(1.into())) };        // 写入寄存器以清除引脚
```

```
96.              Ok(())
97.          }
98.
99.          #[inline(always)]        // 始终内联此函数
100.         // 设置引脚为高电平
             fn set_high(&mut self) -> Result<(), Self::Error> {
101.             unsafe { $PortType.omr(). init(|r|
r.$set_bit().set(1.into())) };        // 写入寄存器以设置引脚
102.             Ok(())
103.         }
104.     }
105.
106.     // 实现 StatefulOutputPin 特性，表示可以查询输出状态
         impl StatefulOutputPin for $PinTypeName {
107.         #[inline(always)]        // 始终内联此函数
108.         // 检查引脚是否已设置为高电平
             fn is_set_high(&self) -> Result<bool, Self::Error> {
109.             Ok( unsafe { 0 != $PortType.r#in().
read().$read_bit().get().0 })        // 读取输入寄存器并判断
110.         }
111.
112.         #[inline(always)]        // 始终内联此函数
113.         // 检查引脚是否已设置为低电平
             fn is_set_low(&self) -> Result<bool, Self::Error> {
114.             // 如果不是高电平，则为低电平
                 Ok(!(self.is_set_high().unwrap()))
115.         }
116.     }
117.
118.     // 实现 ToggleableOutputPin 特性，表示引脚可以切换状态
         impl ToggleableOutputPin for $PinTypeName{
119.         type Error = core::convert::Infallible;  // 错误类型为不可恢复的
120.
121.         #[inline(always)]        // 始终内联此函数
122.         fn toggle(&mut self) -> Result<(), Self::Error>{// 切换引脚状态
123.             // 在寄存器中设置清除和设置位
                 unsafe { $PortType.omr(). init(|r| r.$clear_bit().set
(1.into()).$set_bit().set(1.into())) };
124.             Ok(())
125.         }
126.     }
127.  )+
```

```
128.  } // 结束模块定义
```

在上述代码中：

- 第 2 行代码表示定义一个公共模块，模块名由 $module 参数指定。以 P00 为例，定义名为 p00 的模块。（下面的分析都以 P00 为例）
- 第 9~15 行代码定义了结构体类型 Parts，其中 $() 中包含的是模式 pub $pin_id: $PinTypeName，它表示结构体的成员变量名为 pin_id，类型为 PinTypeName。编译后生成的代码如下：

```
1.  pub struct Parts {
2.      pub pin00: Pin00,
3.  }
```

- 第 17~27 行代码为 P00（即$PortType）实现了 GpioExt trait，代码如下：

```
1.  impl super::GpioExt for P00{
2.      type Parts = Parts;
3.      fn split(self) -> Parts {
4.          Parts {
5.              pin00: Pin00{},
6.          }
7.      }
8.  }
```

- 第 34 行代码定义了结构体 Pin00（即$PinTypeName）。
- 第 37 行代码开始为结构体 Pin00 添加成员方法。第 39~41 行代码实现了 into_pull_down_input 方法，完整的代码如下：

```
1.  pub fn into_pull_down_input(&self) {
2.      unsafe { P00.iocr0().modify(|r| r.pc0().
set(port_control_codes::INPUT_PULL_DOWN)) };
3.  }
```

是不是觉得这个函数的代码很眼熟？是的，它与 Example blinking_led_1 中设置 tc37xpd::P00 iocr4 的代码一模一样。虽然两个例程的编码方式不一样，但殊途同归，最终都通过修改寄存器来实现。

3. Example blinking_led_3

Example blinking_led_3 与 Example blinking_led_2 类似，展示了使用 Hal 库的方法。相较于 Example blinking_led_2，它使用了硬件抽象层的定时器。接下来，我们将分析定时器的使用方法。

1）main 函数

在 main 函数中，修改代码：

```
1.  fn main() -> ! {  // main 函数，程序入口点，返回类型为"!"，表示不会正常返回
2.      let mut led1 = Led1::new();      // 创建并初始化 LED1 实例
3.      let mut led2 = Led2::new();      // 创建并初始化 LED2 实例
4.      let button1 = Button1::new();    // 创建并初始化按钮 1 实例
5.      // 创建定时器实例，传入系统定时器频率
        let mut timer = Timer::new(tc375_bsp::SYSTEM_TIMER_FREQ_HZ);
6.
7.      timer.start(500_u32);            // 启动定时器，设置定时间隔为 500ms
8.      // 定义并初始化标志变量 is_running，用于控制定时器的状态
        let mut is_running = true;
9.
10.     loop {          // 无限循环，持续运行程序
11.         if let Ok(_) = timer.wait() {    // 如果定时器等待完成（超时）
12.             led1.toggle();               // 切换 LED1 的状态（开/关）
13.         }
14.
15.         if button1.is_pressed() {        // 如果按钮 1 被按下
16.             led2.toggle();               // 切换 LED2 的状态（开/关）
17.             // 切换定时器的运行状态，并更新 is_running 标志
                is_running = toggle_timer(&mut timer, is_running);
18.         }
19.     }
20. }
```

修改项集中在创建定时器、启动定时器以及等待定时器计时的过程。

2）Timer 结构体的实现

Timer 结构体的实现代码在 tc37x-hal\src\timer.rs 文件中：

```
1.  pub struct Timer {               // 定义 Timer 结构体，用于表示一个定时器
2.      frequency: u32,              // 定时器频率
3.      system_timer: SystemTimers,    // 系统定时器实例
4.  }
5.
6.  impl Timer {          // 为 Timer 结构体实现方法
7.      /// 为当前 CPU 内核的系统定时器创建 Timer 结构
8.      ///
9.      /// ### 参数
10.     ///
11.     /// * frequency: 当前 CPU 上系统定时器的实际频率。如果频率是 1_000_000_u32
```

的倍数，则当前实现可以正常工作

```rust
12.     ///
13.     /// ### 示例
14.     ///
15.     /// ```rust
16.     /// use tc37x-hal::timer::Timer;
17.     /// let timer = Timer(50_000_000_u32);
18.     /// ```
19.     ///
20.     pub fn new(frequency: u32) -> Self {          // 创建一个新的定时器实例
21.         let system_timer = SystemTimers::new();    // 初始化系统定时器
22.         system_timer.get_timer().init();          // 初始化定时器
23.
24.         Timer {              // 返回一个新的 Timer 结构体实例
25.             frequency,       // 设置定时器的频率
26.             system_timer,    // 设置系统定时器
27.         }
28.     }
29.
30.     /// 释放系统定时器（SysTick）资源
31.     ///
32.     /// ### 示例
33.     ///
34.     /// ```rust
35.     /// use tc37x-hal::timer::Timer;              // 导入 Timer 类型
36.     /// let timer = Timer(50_000_000_u32);        // 创建一个定时器实例
37.     /// let stm = timer.free();          // 释放定时器资源
38.     /// ```
39.     ///
40.     pub fn free(self) -> SystemTimers {      // 释放并返回系统定时器实例
41.         self.system_timer    // 返回系统定时器
42.     }
43. }
44.
45. impl Cancel for Timer {                      // 为 Timer 实现 Cancel trait
46.     type Error = AlreadyCancelled;       // 定义错误类型
47.     fn cancel(&mut self) -> Result<(), Self::Error> {  // 取消定时器
48.         self.system_timer.get_timer().cancel() // 调用系统定时器的取消方法
49.     }
50. }
51.
52. impl Timer {          // 为 Timer 结构体添加更多方法
```

```
53.        /// 重新启动已取消的定时器
54.        ///
55.        /// /// ### 示例
56.        ///
57.        /// ```rust
58.        /// use embedded_hal::timer::{Cancel, CountDown};
59.        /// use tc37x-hal::timer::Timer;
60.        /// let mut timer = Timer::new(50_000_000_u32);      // 创建定时器实例
61.        /// timer.start(500_u32);            // 启动定时器，设置定时间隔为 500ms
62.        /// let mut is_running = true;
63.        /// loop {        // 无限循环，检查定时器状态
64.        ///     if is_running {                 // 如果定时器正在运行
65.        ///         timer.cancel().ok();    // 取消定时器
66.        ///     } else {          // 如果定时器未运行
67.        ///         timer.restart();        // 重新启动定时器
68.        ///     }
69.        /// }
70.        /// ```
71.        ///
72.        pub fn restart(&mut self) {           // 重新启动定时器
73.            self.system_timer.get_timer().restart()// 调用系统定时器的重启方法
74.        }
75. }
```

上述代码定义了结构体类型 Timer，其中成员变量 frequency 表示定时器的频率。
system_timer 的类型是 SystemTimers，表示系统定时器。系统定时器的实现代码在
tc37x-hal\src\system_timer.rs 文件中，关键代码如下：

```
1.  // 定义 SystemTimers 枚举类型，用于表示不同的系统定时器
    pub enum SystemTimers {
2.      Timer0(Stm0),    // Timer0，关联 STM0 定时器实例
3.      Timer1(Stm1),    // Timer1，关联 STM1 定时器实例
4.      Timer2(Stm2),    // Timer2，关联 STM2 定时器实例
5.  }
6.
7.  impl SystemTimers {      // 为 SystemTimers 枚举类型实现方法
8.      /// 创建具有当前 CPU 内核的系统定时器结构的 SystemTimers
9.      pub fn new() -> Self {
        // 创建一个新的 SystemTimers 实例，根据当前 CPU 核心选择对应的定时器
10.         match read_cpu_core_id() {// 根据读取的 CPU 核心 ID，选择不同的定时器
11.             0 => SystemTimers::Timer0(STM0),// 如果 CPU 核心 0，使用 Timer0
12.             1 => SystemTimers::Timer1(STM1),// 如果 CPU 核心 1，使用 Timer1
```

```
13.              _ => SystemTimers::Timer2(STM2),
                 // 否则，使用 Timer2（默认为 CPU 核心 2 及以上）
14.          }
15.      }
16. ...
17. }
```

SystemTimers 是一个枚举类型，包含三个成员：Timer0、Timer1 和 Timer2。关键的 new 函数通过 match 匹配流程，将返回的枚举成员分别关联为 STM0、STM1 和 STM2 实例。这些枚举成员是在 tc37x-hal\tc37xpd\src\lib.rs 文件中声明的定时器实例。这样，外设定时器便和 Timer 结构体绑定，接下来可以在 Timer 结构体中添加成员方法，操作定时器外设以启动或停止定时器。

从 Timer 结构体中的第 6 行代码开始，实现了 Timer 的成员方法。我们可以看到，方法体内调用了 tc37xpd 库中定时器结构体的方法。

15.4   总结与讨论

本章简单介绍了 Rust 在英飞凌的 TC375 上的应用。

在 Example blinking_led_1 的示例代码中，展示了直接使用读写寄存器控制硬件的方式，其核心步骤是：首先获取外设模块的结构体实例（在 tc37x-hal\tc37xpd\src\lib.rs 文件中定义），接着通过 Peripheral.Register() 获取寄存器的实例（类型是 crate::common::Reg），然后通过 Reg 结构体提供的各个 trait 方法（如 init、modify、read、write 等）操作寄存器的值。为了避免错误修改寄存器中的其他字段，每个字段在外设模块的结构体中都有成员方法，类型为 crate::common::RegisterField（可写作 Peripheral.Register().Field()）。

在 Example blinking_led_2 和 Example blinking_led_3 中，控制外设的方式是：通过结构体，把要控制的外设抽象出来，这样就能把对寄存器的控制转变为调用结构体的成员方法。这种方式类似于面向对象编程。与 Example blinking_led_1 相比，Example blinking_led_2 和 Example blinking_led_3 不仅将裸机业务与硬件控制解耦，还通过宏定义简化了外设控制代码的编写，提高了开发效率，降低了维护难度。

大周："到此为止，Rust 语言在底层 MCU 的应用已经很丰富了。我们是否应该在上层应用中增加实战内容呢？"

大周决定尝试这一想法。

15.5　练习

1. 使用 tc37xpd 库编写 CAN 通信的程序，验证功能是否正常。

2. 在练习 1 的基础上，改写为 tc37x-hal 库的实现方式。

3. 在 Example blinking_led_1 中，还有定时器中断部分的代码实现未讲解，请读者自行学习，并在 CAN 通信程序中增加定时发送 CAN 报文的功能。

第 16 章

Rust 进阶应用之 DDS

小张经过一系列探索，已熟练掌握了 Rust 在基础电子系统中的运用。随着对 Rust 研究的不断深入，大周和小张发现 Rust 在汽车电子领域展现出的显著优势。他们的分析总结如下：

首先，Rust 具有卓越的安全特性：在复杂的汽车电子环境中，Rust 能严格保障数据的完整性和安全性，有效避免潜在的漏洞和错误。Rust 的安全机制如同坚固的盾牌，能够在代码运行之前预先排除可能出现的各种风险，从而极大提升系统的可靠性。

其次，Rust 具有高效的并发处理能力：汽车电子系统中多个任务通常需要同时运行，Rust 能够出色地协调和管理这些并发操作，确保各个任务之间的顺畅交互和高效执行。

再次，Rust 在跨平台支持方面表现出色：无论是不同型号的汽车控制器，还是各种车载操作系统，Rust 都能轻松适应，实现无缝对接。

最后，Rust 拥有精准的内存控制：在汽车电子对资源要求苛刻的情况下，Rust 能够精确地管理内存，确保资源的高效利用。

仅凭理论上的总结显然难以全面领会 Rust 在汽车电子中的精妙之处，于是大周提议："小张，你不妨开始尝试将 Rust 应用于汽车电子的 DDS（data distribution service，数据分发服务）中间件，亲身体验其独特魅力。"

Tom 也给出了建议："你可以借助专业的汽车电子开发平台，实践 Rust 在 DDS 中间件中的应用，这样可以更深入地体会其卓越性能。"

于是，小张开始了将 Rust 应用于汽车电子 DDS 中间件的实践之路。

16.1　DDS 中间件简介

在深入探究 Rust 在汽车电子 DDS 中间件中的应用之前，首先让我们深入了解一下 DDS 中间件。

DDS 中间件本质上是一种专为分布式系统设计的高效数据分发与共享的软件架构。它如同一个智能且高效的数据交通枢纽，在错综复杂的网络环境中，确保数据能够精准、迅速且可靠地从数据源传输至各个有需求的节点，如图 16.1 所示。

图 16.1　DDS 的类比

　　DDS 中间件基于发布/订阅模式运作。在这种模式中，数据的提供者（即发布者）将数据发布到特定的主题上；数据的使用者（即订阅者）根据自身的需求订阅感兴趣的主题，从而获取相应的数据。

　　为了更好地理解这一过程，可以想象一下汽车电子系统中的各种传感器，如速度传感器、发动机转速传感器等，它们充当发布者的角色，将采集到的车速、发动机转速等关键数据发布到对应的主题上。而车辆的控制单元，如发动机控制单元、制动控制单元等，则作为订阅者，按照预设的需求订阅相关主题，及时获取所需数据并进行分析和处理，最终实现对车辆的精确控制。

　　DDS 中间件的强大功能体现在多个方面。它具有高度的可扩展性，能够轻松适应系统规模的不断扩大和变化。无论是增加新的数据源、订阅者，还是调整数据的传输范围和频率，DDS 中间件都能灵活应对。

　　同时，DDS 中间件支持丰富多样的数据类型和复杂的数据结构。这意味着无论是简单的数值数据，还是复杂的结构体、数组等，都能在这个平台上顺利传输和处理，从而极大地保障了数据的多样性和灵活性。

　　此外，DDS 中间件还配备了严格的服务质量（quality of service，QoS）控制机制。这一机制使得我们能够根据不同数据的重要程度和实时性要求，精细地设置传输策略。例如，对于关乎车辆安全的关键数据，如制动系统的状态信息，可以设置高可靠性和低延迟的传输策略，确保数据被及时送达；而对于一些非关键的辅助数据，如车内娱乐系统的相关信息，则可以在保证基本需求的前提下，适当调整带宽使用，以优化整个系统的资源分配。

16.2 DDS 的发布/订阅模式

DDS 的发布/订阅模式是一种消息通信模式，其中数据的发布者和订阅者之间没有直接的调用关系，而是通过一个中介（即主题）来传递消息。

DDS 的发布/订阅模式具有以下几个关键特点：

- 以数据为中心：与传统的以服务为中心的通信模式不同，DDS 强调数据本身的重要性，使得通信更加灵活和高效。
- 全局数据空间：DDS 为每个应用程序构建了一个名为"全局数据空间"的本地数据存储，使同个域内的各个应用程序能够实现低延迟共享数据。
- 动态探测：DDS 能够动态地发现网络上的发布者和订阅者，无须事先配置通信端点，从而实现即插即用。
- 可伸缩架构：DDS 设计为可以从小型设备扩展到大型分布式系统，甚至支持数百万个参与者。
- 丰富的 QoS 策略：DDS 提供了一系列服务质量（QoS）策略，允许开发者根据应用需求定制数据传输的可靠性、安全性、持久性等。
- 安全性：DDS 包括身份验证、访问控制、机密性和完整性等安全机制，确保数据传输的安全性。
- 跨平台和语言支持：DDS 标准定义了与平台无关的 API，支持多种编程语言，可以轻松地在不同平台和语言之间移植应用程序。

发布/订阅模式包含以下几部分：

- 发布者：负责生成数据并将其发布到 DDS 系统中。发布者不关心数据的接收者是谁。例如，在一个智能交通系统中，车辆的传感器可以作为发布者，不断产生车辆的位置、速度等信息，而无须关心这些信息最终被谁接收。
- 订阅者：订阅者根据自身的需求来订阅感兴趣的数据。当数据发布时，DDS 系统会将数据分发给所有订阅了这些数据的订阅者。以金融交易系统为例，某些交易员可能只订阅特定股票的价格变动数据，当这些数据发布时，他们就能及时获取并做出决策。
- 主题：是数据的分类，作为发布者和订阅者之间通信的中介。主题定义了数据的类型和名称，使得发布者和订阅者能够准确匹配。例如，在医疗系统中，"患者心率数据"可以是一个主题，只有关注这个主题的订阅者才会收到相关的数据。
- 数据写入：是发布者用来向 DDS 系统写入数据的实体。它像一个精确的投递员，把数据准确无误地放入系统的"信箱"。

- 数据读取：是订阅者用来从 DDS 系统读取数据的实体。它就像一个智能的收件箱，只接收订阅者感兴趣的内容。

16.3 DDS 在汽车电子中的应用

随着汽车电子电气架构的迅猛发展，车辆的功能日益丰富，控制器之间的数据交互量呈现显著增加，这也使得对于通信服务质量的要求愈发严苛。在这样的背景下，DDS 的发布/订阅模式凭借其高效、可靠的数据交换能力，逐渐脱颖而出。接下来详细介绍 DDS 在汽车电子中的具体应用。

1. 通信参数设计

在复杂的车载有线网络环境中，DDS 主要通过 DDSI-RTPS 协议来实现数据的交互。在这一设计过程中，需要综合考虑各类 ID 的合理分配。例如，为不同类型的数据分配专属的标识符，确保数据在传输过程中的唯一性和准确性。同时，精心设置时间参数也是至关重要的环节，包括数据发送的间隔时间、响应的超时时间等。这些参数的恰当配置能够极大地提升数据交互的效率和及时性。此外，明确定位器信息也不可或缺，它是数据传输中的精准导航，能够准确地指引数据到达指定的目的地，从而保障数据交互的准确性和高效性。

例如，在自动驾驶系统中，对于车辆周围环境感知数据的传输，通过精确的 ID 分配、合理的时间参数设置以及清晰的定位器信息，能够确保数据被实时、准确地传递，从而为车辆的安全行驶提供关键支持。

2. DDS 与汽车网络标准

CAN 总线通信技术一直以来都是汽车电子系统的核心技术之一，以其高速、可靠、安全等显著优点，为车辆的稳定运行提供了坚实的基础。然而，面对日益增长的数据量和更为复杂的通信需求，DDS 提供了相较于传统 CAN 总线更为灵活和高效的通信方式，尤其在自动驾驶、智能座舱等数据量庞大的应用场景下，DDS 的优势更加突出。

以智能座舱为例，大量的多媒体信息和用户交互数据需要在不同的控制器之间快速传输和共享，DDS 能够更好地满足这种高带宽、低延迟的通信要求。

3. DDS 在智能网联汽车中的优势

DDS 具有以数据为中心、即插即用、丰富的 QoS 等特性，正因如此，它在智能网联汽车中备受青睐。其以数据为中心的特性意味着数据的重要性被置于首位，系统能够根据数据的需求和特点进行优化处理。即插即用的功能使得新的设备或组件能够快速接入系统，省去了烦琐的配置过程。丰富的 QoS 选项则能够确保数据的实时传递，根据不同的应用场景和优先级为关键数据提供可靠的传输保障。

例如，在紧急制动的场景中，相关的制动指令数据能够凭借 DDS 的 QoS 保障，迅速、准确地传递到各个相关控制器，从而确保车辆及时做出响应。

4. DDS 在车载网络系统中的应用

DDS 广泛用于汽车的动力传动系统、车身系统、安全系统和信息系统等多个领域。它能够作为通信的基础架构，为这些系统提供高效的数据传输机制，充分满足不同系统对于数据通信的多样化需求。

在动力传动系统中，DDS 可以快速实现发动机控制单元和变速器控制单元之间的数据交换，优化车辆的动力性能和燃油经济性。在车身系统中，它能够确保车窗、车门、座椅等部件的控制信息被准确无误地传输。

5. DDS 与车载总线技术的共存

随着汽车技术的持续进步，DDS、SOME/IP 等服务导向架构（SOA）通信中间件与车载总线技术将在相当长的一段时间内共存。它们各自发挥着独特的优势，共同致力于满足车内通信的多元化需求。在某些场景中，传统的车载总线技术凭借其成熟和稳定的特性发挥着关键作用；而在需要更高灵活性和大数据量传输的场景中，DDS 等新兴技术展现出了强大的能力。

例如，在基础的车辆控制功能中，车载总线技术可能更为适用；而在智能驾驶辅助等前沿领域，DDS 则能更好地满足复杂的通信要求。

6. DDS 在汽车电子测试中的应用

Vector 公司的 CANoe 工具为 DDS 提供了有力的支持，包括仿真、分析与测试等功能。这有助于汽车制造商和供应商充分利用 DDS 的优势，进一步增强产品的功能特性及可靠性。通过 CANoe 工具的仿真功能，可以在产品开发阶段模拟各种实际的通信场景，提前发现并解决潜在的问题。CANoe 的分析功能则能够对通信数据进行深入剖析，为优化系统性能提供依据。CANoe 的测试功能则确保了产品在实际应用中的稳定性和可靠性。

例如，在新车型的开发过程中，利用 CANoe 工具对 DDS 通信进行全面测试，能够有效提升车辆电子系统的质量和性能。

16.4　DDS 发布/订阅模式的 Rust 实现

这里应用 GitHub 的开源项目（GitHub - jhelovuo/RustDDS: Rust implementation of Data Distribution Service）来理解 Rust 实现，使用的是 examples 中的 async_shapes_demo。

1. 定义数据类型（ShapeType）

首先，定义一个 ShapeType 结构体，它包含颜色、位置坐标（x 和 y）以及大小。

```
1.  #[derive(Serialize, Deserialize, Clone, Debug)]
2.  struct ShapeType {
3.      color: String,
4.      x: i32,
5.      y: i32,
6.      shape_size: i32,
7.  }
```

这个结构体将被用作 DDS 中的消息类型。

2. 构建域参与者（DomainParticipant）

在 DDS 中，DomainParticipant 是一个核心概念，代表一个通信域中的实体。所有的发布者和订阅者都是域参与者的一部分。

```
1.  let dp_builder = DomainParticipantBuilder::new(*domain_id);
2.  let domain_participant = dp_builder.build().unwrap_or_
else(|e| panic!("DomainParticipant construction failed: {e:?}"));
```

在上述代码中：

- DomainParticipantBuilder::new(domain_id: u16)是 DomainParticipantBuilder 的构造函数，它接收一个 u16 类型的参数 domain_id，并初始化一个 DomainParticipantBuilder 实例。
- dp_builder 是一个变量，用于存储新创建的构建器实例。
- dp_builder.build()是 DomainParticipantBuilder 的 build 方法，它尝试根据构建器的当前配置创建一个 DomainParticipant。这个方法返回一个 CreateResult<DomainParticipant>类型的结果，这是一个 Result 类型，可能包含一个成功创建的 DomainParticipant，也可能包含一个错误。
- .unwrap_or_else(|e| panic!("DomainParticipant construction failed: {e:?}"))是 Result 类型的 unwrap_or_else 方法的使用。这个方法有两个作用：
  - 如果 Result 是 Ok，它将返回内部的 DomainParticipant 实例。
  - 如果 Result 是 Err，它将执行提供的闭包|e| panic!("DomainParticipant construction failed: {e:?}")。这个闭包接收错误 e 作为参数，使用 panic!宏打印错误信息并触发一个 panic。这通常会导致程序异常终止。

在 Participant.rs 中可以看到 DomainParticipantBuilder 的 build 方法：

```
1.  // 创建 QoS 策略（Quality of Service），并根据是否启用安全特性设置安全属性，其他
属性使用默认值
    pub fn build(#[allow(unused_mut)] mut self) -> CreateResult<
DomainParticipant> {
2.      // QosPolicies with possible security properties,
```

```
      otherwise default
3.          // 如果启用了"security"特性，则设置安全属性
            let participant_qos = QosPolicies {
4.              #[cfg(feature = "security")]
5.              property: self.sec_properties,
6.              ..Default::default()        // 其他属性使用默认值
7.          };
```

可以看到，在 build 方法中通过 participant_qos 实现了 QoS 策略属性。接下来我们来看一下 QoS 策略的实现。

3. 定义 QoS 策略

使用 QosPolicyBuilder::new()创建一个默认的 QosPolicyBuilder 实例，并将其存储在变量 qos_b 中。

```
1.   let mut qos_b = QosPolicyBuilder::new()// 创建一个新的 QoS 策略构建器实例
2.       // 根据 "reliable" 标志决定是否使用可靠传输
         .reliability(if matches.get_flag("reliable") {
3.          Reliability::Reliable {      // 如果是可靠传输
4.              // 设置最大阻塞时间为零，表示没有阻塞
                 max_blocking_time: rustdds::Duration::ZERO,
5.          }
6.       } else {
7.          Reliability::BestEffort      // 否则，使用最佳努力传输策略
8.       })
9.       // ... 其他 QoS 设置
10.      .build();          // 构建最终的 QoS 策略
```

从 qos.rs 中可以看到 QosPolicyBuilder 结构体的成员构成：

```
1.   pub struct QosPolicyBuilder {
2.     durability: Option<policy::Durability>,
3.     presentation: Option<policy::Presentation>,
4.     deadline: Option<policy::Deadline>,
5.     latency_budget: Option<policy::LatencyBudget>,
6.     ownership: Option<policy::Ownership>,
7.     liveliness: Option<policy::Liveliness>,
8.     time_based_filter: Option<policy::TimeBasedFilter>,
9.     reliability: Option<policy::Reliability>,
10.    destination_order: Option<policy::DestinationOrder>,
11.    history: Option<policy::History>,
12.    resource_limits: Option<policy::ResourceLimits>,
13.    lifespan: Option<policy::Lifespan>,
```

```
14.    #[cfg(feature = "security")]
15.    property: Option<policy::Property>,
16. }
```

QosPolicyBuilder 的成员及其作用：

- durability：设置数据的持久性策略。持久性策略定义了数据在发布者和订阅者之间的存储和传输方式。例如，Durability::Volatile 表示数据不会在持久性存储中保留，而 Durability::Persistent 表示数据将被存储在持久性存储中。

- presentation：设置数据的呈现策略。呈现策略定义了数据的访问方式，比如是否支持数据的有序访问或一致性访问。

- deadline：设置数据的截止期限策略。该策略定义了数据必须在何时之前被接收。

- latency_budget：设置数据的延迟预算策略。该策略定义了数据传输的最大延迟时间。

- ownership：设置数据的所有权策略。所有权策略定义了如何处理多个发布者发送相同数据的问题。

- liveliness：设置数据的活动性策略。活动性策略定义了如何处理长时间未发送数据的发布者。

- time_based_filter：设置基于时间的过滤策略。该策略定义了最小数据分离时间，以避免接收重复数据。

- reliability：设置数据的可靠性策略。可靠性策略定义了数据传输的可靠性级别，可以是尽力而为（BestEffort）或可靠（Reliable）。

- destination_order：设置数据到达顺序的策略。该策略定义了数据应按什么时间戳排序。

- history：设置数据历史记录的策略。历史记录策略定义了系统应保留多少数据历史。

- resource_limits：设置资源限制策略。资源限制策略定义了系统在内存和存储方面为数据分发保留的资源量。

- lifespan：设置数据的生命周期策略。生命周期策略定义了数据在系统中的有效期。

- property：设置属性策略。属性策略用于定义与安全相关的属性。

现在再回到 qos_b 初始化时的方法：

1）设置可靠性策略

设置可靠性策略的代码如下：

```
1.    // 根据命令行参数判断是否启用可靠性策略
      .reliability(if matches.get_flag("reliable") {
2.        Reliability::Reliable {        // 如果启用，设置为可靠性策略
3.          // 设置最大阻塞时间为零
          max_blocking_time: rustdds::Duration::ZERO,
4.        }
5.      } else {      // 如果没有启用可靠性策略
```

```
6.         Reliability::BestEffort   // 设置为尽力而为的策略
7.     })
```

matches.get_flag("reliable")用于检查在命令行参数中是否设置了名为 reliable 的标志。如果设置了该标志，则使用 Reliability::Reliable 并将 max_blocking_time 设置为 rustdds::Duration::ZERO（表示没有最大阻塞时间限制）；如果未设置该标志，则使用 Reliability::BestEffort。

2）设置持久性策略

设置持久性策略的代码如下：

```
1.    .durability(     // 设置数据的持久性策略
2.        // 获取命令行参数中名为 "durability" 的值并转换为字符串切片
          match matches.get_one::<String>("durability").
map(String::as_str) {
3.            // 如果值为 "l"，设置为 TransientLocal（瞬态本地持久性）
              Some("l") => Durability::TransientLocal,
4.            // 如果值为 "t"，设置为 Transient（瞬态持久性）
              Some("t") => Durability::Transient,
5.            // 如果值为 "p"，设置为 Persistent（持久性）
              Some("p") => Durability::Persistent,
6.            // 如果没有匹配的值，设置为 Volatile（易失性，数据不会持久保存）
              _ => Durability::Volatile,
7.        },
8.    )
```

matches.get_one::<String>("durability") 尝试获取名为 durability 的命令行参数值。map(String::as_str)将获取到的字符串参数转换为字符串切片。根据参数值，设置不同的持久性策略：

- 如果参数是"l"，则设置持久性策略为 Durability::TransientLocal（本地瞬时）。
- 如果参数是"t"，则设置持久性策略为 Durability::Transient（瞬时）。
- 如果参数是"p"，则设置持久性策略为 Durability::Persistent（持久）。
- 如果参数不是上述任何值，则默认设置持久性策略为 Durability::Volatile（易失）。

3）设置历史记录策略

设置历史记录策略的代码如下：

```
1.    // 获取命令行参数"history_depth"的值，并根据值设置历史记录策略
      .history(match matches.get_one::<i32>("history_depth") {
2.        // 如果没有提供"history_depth"参数，设置历史记录策略为保留所有历史记录
          None => History::KeepAll,
3.        Some(d) => {         // 如果提供了"history_depth"参数
```

```
4.          if *d < 0 {              // 如果参数值小于 0
5.            History::KeepAll       // 设置历史记录策略为保留所有历史记录
6.          } else {                 // 如果参数值大于或等于 0
7.          // 设置历史记录策略为保留指定深度的最后记录
            History::KeepLast { depth: *d }
8.          }
9.        }
10.    });
```

matches.get_one::<i32>("history_depth")尝试获取名为 history_depth 的命令行参数值。如果没有提供 history_depth 参数，则设置历史记录策略为 History::KeepAll（保留所有历史记录）。如果提供了 history_depth 参数：

● 如果参数值小于 0，则设置历史记录策略为 History::KeepAll。

● 如果参数值大于或等于 0，则设置历史记录策略为 History::KeepLast { depth: *d }，其中 depth 是参数值，表示保留最后 depth 条记录。

4）创建主题

创建主题的代码如下：

```
1.  // 从域参与者（domain_participant）中创建一个新主题
    let topic = domain_participant
2.      .create_topic(          // 调用创建主题的方法
3.          topic_name,         // 主题名称，`topic_name` 变量指定
4.          // 主题的数据类型为 "ShapeType"，转换为字符串
            "ShapeType".to_string(),
5.          &qos,               // 设置质量服务（QoS）策略，`qos` 变量指定
6.          TopicKind::WithKey, // 主题类型为带有键（WithKey）的主题
7.      )
8.      // 如果创建主题失败，则触发 panic，并输出错误信息
        .unwrap_or_else(|e| panic!("create_topic failed: {e:?}"));
```

使用 domain_participant.create_topic 方法创建一个新主题，该方法接收以下参数：

● topic_name：主题的名称，是一个字符串。

● "ShapeType".to_string()：主题相关的数据类型名称。通常，这个名称对应于一个 Rust 中的结构体，该结构体定义了主题数据的类型。

● &qos：一个引用，指向上面创建的 QoS 策略。

● TopicKind::WithKey：指定主题的类型。在本例中，使用 WithKey 表示每个数据样本都有一个键，键用于区分不同的数据流。

5）创建发布者和订阅者

根据命令行参数，程序决定是否作为发布者、订阅者或两者同时运行。

（1）发布者：创建数据写入器（DataWriter），用于发送消息。

1. // 创建一个发布者（publisher），并应用给定的 QoS 策略。unwrap()会在创建失败时触发 panic

```
    let publisher = domain_participant.create_publisher(&qos).unwrap();
```

2. // 创建一个数据写入器（DataWriter），用于发送 ShapeType 类型的消息，unwrap()会在创建失败时触发 panic

```
    let writer = publisher.create_datawriter_cdr::<ShapeType>
(&topic, None).unwrap();
```

（2）订阅者：创建数据读取器（DataReader），用于接收消息。

1. // 创建一个订阅者（subscriber），并应用给定的 QoS（质量服务）策略。unwrap()会在创建失败时触发 panic

```
    let subscriber = domain_participant.create_subscriber(&qos).unwrap();
```

2. // 在订阅者 subscriber 上创建一个数据读取器（DataReader），用于接收指定主题 topic 上的 ShapeType 类型的数据，Some(qos)用于设置质量服务策略，unwrap()会在创建失败时触发 panic

```
    let reader = subscriber.create_datareader_cdr::<ShapeType>
(&topic, Some(qos)).unwrap();
```

6）发送和接收消息

（1）发布者逻辑：在写入循环中，发布者周期性地生成 ShapeType 数据，并通过 DataWriter 发送。

1. // 创建一个异步的写入循环（write_loop），用于周期性地写入数据

```
    let write_loop = async {
```

2.   // 省略部分代码
3.   while run {   // 当 run 为 true 时，循环继续执行
4.   // 调用 move_shape 函数，更新 shape_sample 的位置，根据速度 x_vel 和 y_vel 计算新的位置

```
            let r = move_shape(shape_sample, x_vel, y_vel);
```

5.   // 更新 shape_sample 为返回值中的第一个元素（即更新后的形状）

```
        shape_sample = r.0;
```

6.   // 更新位置和速度
7.   // 使用异步方式将更新后的 shape_sample 写入， None 表示没有附加的写入配置

```
            datawriter.async_write(shape_sample.clone(), None)
            // 如果写入失败，触发错误并打印失败信息
            .unwrap_or_else(|e| error!("DataWriter write failed: {e:?}"))
            .await;    // 等待异步操作完成
```

8.   }

```
9.    };
```

（2）订阅者逻辑：在读取循环中，订阅者监听 DataReader 的消息，并处理接收到的每个样本。

```
1.    // 创建一个异步的读取循环（read_loop），用于周期性地处理数据
      let read_loop = async {
2.      // 省略部分代码
3.      while run {        // 当 run 为 true 时，循环继续执行
4.        // 匹配 reader_opt，它是一个可选的 DataReader，表示是否已经成功获取到数据读
取器
          match reader_opt {
5.          // 如果 reader_opt 是 Some，表示获取到数据读取器
            Some(datareader) => {
6.            // 省略部分代码
7.              while run {    // 循环继续执行，直到 run 为 false
8.                // 获取异步数据流，datareader_stream`用于从 datareader 中异步读取
数据样本
                  let mut datareader_stream = datareader. async_sample
_stream();
9.                // 从数据流中获取下一个数据样本，直到数据流结束
                  while let Some(r) = datareader_stream.next(). await {
10.                 match r {        // 匹配获取到的结果
11.                   Ok(v) => match v {    // 如果结果是 Ok，则处理成功的样本
12.                     // 如果是 Value 样本，打印接收到的数据样本
                        Sample::Value(sample) => println!("Received: {:?}", s
ample),
13.                     // ... 处理其他情况
14.                   },
15.                   Err(e) => error!("{:?}", e),// 如果出现错误，打印错误信息
16.                 }
17.               }
18.             }
19.           }
20.         None => (),
            // 如果 reader_opt 是 None，表示没有获取到 DataReader，则什么都不做
21.         }
22.       }
23.    };
```

7）调试项目

下面简单介绍如何调试此项目。首先，正常打开终端运行以下命令：

```
cargo run --example async_shapes_demo
```

此时，可能会因为缺少必要的命令而发出警告。接下来，我们查看 main 函数，在 get_matches()函数中可以看到对应的指令及其含义：

```
1.  // 定义一个返回 ArgMatches 的函数，用于处理命令行参数
    fn get_matches() -> ArgMatches {
2.   Command::new("RustDDS-interop")   // 创建一个新的命令行工具
3.     .version("0.2.2")         // 设置程序的版本号
4.     .author("Juhana Helovuo <juhe@iki.fi>")    // 设置作者信息
5.     // 设置命令行工具的简介
       .about("Command-line \"shapes\" interoperability test.")
6.     .arg(            // 定义一个命令行参数
7.      Arg::new("domain_id")       // 参数名称为 "domain_id"
8.        .short('d')         // 设置短参数标志为 -d
9.        .value_name("id")         // 设置该参数的值名称为 "id"
10.       // 设置该参数的值解析器，解析为 u16 类型
          .value_parser(clap::value_parser!(u16))
11.       .default_value("0")      // 设置默认值为 "0"
12.       .help("Sets the DDS domain id number"),    // 参数帮助信息
13.     )
14.    .arg(            // 定义另一个命令行参数
15.     Arg::new("topic")          // 参数名称为 "topic"
16.       .short('t')        // 设置短参数标志为 -t
17.       .value_name("name")        // 设置该参数的值名称为 "name"
18.       .help("Sets the topic name")    // 参数帮助信息
19.       .required(true),        // 设置该参数为必需
20.     )
21.    .arg(            // 定义另一个命令行参数
22.     Arg::new("color")          // 参数名称为 "color"
23.       .short('c')        // 设置短参数标志为 -c
24.       .value_name("color")       // 设置该参数的值名称为 "color"
25.       .default_value("BLUE")      // 设置默认值为 "BLUE"
26.       .help("Color to publish (or filter)"),     // 参数帮助信息
27.     )
28.    .arg(            // 定义另一个命令行参数
29.     Arg::new("durability")        // 参数名称为 "durability"
30.       .short('D')        // 设置短参数标志为 -D
31.       .value_name("durability")      // 设置该参数的值名称为 "durability"
32.       .help("Set durability")   // 参数帮助信息
33.       .value_parser(["v", "l", "t", "p"]),     // 设置该参数值的可选项
```

```
34.     )
35.     .arg(                   // 定义另一个命令行参数
36.       Arg::new("publisher")           // 参数名称为 "publisher"
37.         .help("Act as publisher")     // 参数帮助信息
38.         .short('P')                   // 设置短参数标志为 -P
39.         // 设置该参数为布尔类型，设置为 true
            .action(clap::ArgAction::SetTrue)
40.         // 如果没有 "subscriber" 参数，则该参数为必需
            .required_unless_present("subscriber"),
41.     )
42.     .arg(                   // 定义另一个命令行参数
43.       Arg::new("subscriber")          // 参数名称为 "subscriber"
44.         .help("Act as subscriber")    // 参数帮助信息
45.         .short('S')                   // 设置短参数标志为 -S
46.         // 设置该参数为布尔类型，设置为 true
            .action(clap::ArgAction::SetTrue)
47.         // 如果没有 "publisher" 参数，则该参数为必需
            .required_unless_present("publisher"),
48.     )
49.     .arg(                   // 定义另一个命令行参数
50.       Arg::new("best_effort")         // 参数名称为 "best_effort"
51.         .help("BEST_EFFORT reliability")    // 参数帮助信息
52.         .short('b')                   // 设置短参数标志为 -b
53.         // 设置该参数为布尔类型，设置为 true
            .action(clap::ArgAction::SetTrue)
54.         .conflicts_with("reliable"),  // 该参数与 "reliable" 参数冲突
55.     )
56.     .arg(                   // 定义另一个命令行参数
57.       Arg::new("reliable")            // 参数名称为 "reliable"
58.         .help("RELIABLE reliability") // 参数帮助信息
59.         .short('r')                   // 设置短参数标志为 -r
60.         // 设置该参数为布尔类型，设置为 true
            .action(clap::ArgAction::SetTrue)
61.         .conflicts_with("best_effort"),// 该参数与 "best_effort" 参数冲突
62.     )
63.     .arg(                   // 定义另一个命令行参数
64.       Arg::new("history_depth")           // 参数名称为 "history_depth"
65.         .help("Keep history depth")   // 参数帮助信息
66.         .short('k')                   // 设置短参数标志为 -k
67.         // 设置该参数的值解析器，解析为 i32 类型
```

```
            .value_parser(clap::value_parser!(i32))
68.         .default_value("1")                    // 设置默认值为 "1"
69.         .value_name("depth"),              // 设置该参数的值名称为 "depth"
70.     )
71.     .arg(             // 定义另一个命令行参数
72.      Arg::new("deadline")                      // 参数名称为 "deadline"
73.         .help("Set a 'deadline' with interval (seconds)")// 参数帮助信息
74.         .short('f')                    // 设置短参数标志为 -f
75.         // 设置该参数的值解析器，解析为 f64 类型
            .value_parser(clap::value_parser!(f64))
76.         .value_name("deadline"),          // 设置该参数的值名称为 "deadline"
77.     )
78.     .arg(             // 定义另一个命令行参数
79.      Arg::new("partition")                     // 参数名称为 "partition"
80.         .help("Set a 'partition' string")        // 参数帮助信息
81.         .short('p')                    // 设置短参数标志为 -p
82.         // 设置该参数的值解析器，解析为 String 类型
            .value_parser(clap::value_parser!(String))
83.         .value_name("partition"),     // 设置该参数的值名称为 "partition"
84.     )
85.     .arg(             // 定义另一个命令行参数
86.      Arg::new("interval")              // 参数名称为 "interval"
87.         .help("Apply 'time based filter' with interval (seconds)")
88.         .short('i')                    // 设置短参数标志为 -i
89.         // 设置该参数的值解析器，解析为 f64 类型
            .value_parser(clap::value_parser!(f64))
90.         .value_name("interval"),       // 设置该参数的值名称为 "interval"
91.     )
92.     .arg(             // 定义另一个命令行参数
93.      Arg::new("ownership_strength")  // 参数名称为 "ownership_strength"
94.         .help("Set ownership strength [-1: SHARED]")     // 参数帮助信息
95.         .short('s')                   // 设置短参数标志为 -s
96.         // 设置该参数的值解析器，解析为 i32 类型
            .value_parser(clap::value_parser!(i32))
97.         .value_name("strength"),       // 设置该参数的值名称为 "strength"
98.     )
99.     .arg(             // 定义另一个命令行参数
100.        Arg::new("security")           // 参数名称为 "security"
101.          .help(                     // 参数帮助信息
102.             "Path to directory containing security configuration files.
```

```
Setting this enables \
103.              security.",            // 设置该参数用于启用安全性
104.          )
105.          .long("security")          // 设置长参数标志为 --security
106.          .value_name("security"),   // 设置该参数的值名称为 "security"
107.        )
108.        .get_matches()               // 获取命令行参数的匹配结果
109.    }  // 函数结束
```

我们可以通过-t 设置 topic name，通过-c 设置 color 等。因此，可以在终端输入以下命令：

```
cargo run --example async_shapes_demo -- -t dds -P -S -color red
```

此时，终端中打印的内容如图 16.2 所示。

PROBLEMS	OUTPUT	DEBUG CONSOLE	**TERMINAL**	PORTS	MEMORY	XRTOS
dds	red	89 128 [21]				
dds	red	91 131 [21]				
dds	red	93 134 [21]				
dds	red	95 137 [21]				
dds	red	97 140 [21]				
dds	red	101 146 [21]				
dds	red	103 149 [21]				
dds	red	105 152 [21]				
dds	red	107 155 [21]				
dds	red	109 158 [21]				
dds	red	111 161 [21]				
dds	red	113 164 [21]				
dds	red	115 167 [21]				
dds	red	117 170 [21]				
dds	red	119 173 [21]				

图 16.2　终端打印的内容

至此，DDS 发布/订阅模式的 Rust 实现就完成了。

16.5　总结与讨论

在深入探讨 Rust 语言在汽车电子领域的应用之后，我们可以发现，Rust 与 DDS 中间件结合具有强大的潜力。Rust 的安全性、并发处理能力、跨平台兼容性以及对内存的精确控制，使其成为汽车电子系统中的理想编程语言。DDS 的发布/订阅模式为汽车电子中的通信提供了一种灵活而高效的解决方案。它允许数据发布者无须关心数据接收者，而订阅者则可以根据需求订阅所需的数据。这种模式不仅简化了通信过程，还提高了系统的可扩展性和可维护性。

本章通过实际的 Rust DDS 项目示例，展示了如何定义数据结构、设置通信域、配置 QoS 策略，以及创建和使用发布者与订阅者。在具体的 Rust 实现中，通过命令行参数来控制程序

的行为，包括设置主题名称、数据颜色、持久性策略和可靠性模式。这些参数的使用展示了 Rust 在实际应用中的灵活性和用户友好性。通过运行示例程序 async_shapes_demo，实践了发送和接收 DDS 消息，这一过程不仅加深了对 DDS 机制的理解，也展示了 Rust 在实现复杂通信协议时的实用性。

小张：“通过这一系列的开发实战，我想已经能够清楚地说明 Rust 语言在汽车电子开发中的应用了。”

大周：“从底层的 MCU 程序开发到上层应用的开发，都有了具体的实例，这些内容一定能够给人以启发。”

16.6　练习

1. DDS 中间件为什么在汽车电子中使用居多？它具有哪些优势？

2. DDS 的发布和订阅模式由哪几部分组成？它们分别在模式中起到什么作用？

3. 简要说明 DDS 中间件在汽车电子中的应用，并举例说明。

4. 根据第 16.4 节调试项目中的指令，自由设置 topic name 和 color 等参数，并成功调试。

第 17 章

汽车电子开发展望

在汽车电子行业快速发展的今天，技术革新正引领着整个产业朝着更智能、安全、环保的方向迈进。随着全球汽车市场多极化发展和"新四化"趋势日益明显，汽车电子技术正成为推动这一变革的核心力量。中国作为全球汽车市场和制造的重要力量，其汽车电子市场规模的增长尤为显著。在这样的背景下，Rust 语言凭借其卓越的性能和安全性，为汽车电子软件开发带来了新的机遇。

17.1 汽车电子开发现状

自 2010 年以来，全球汽车市场呈现出多极化发展趋势：美国在摆脱经济危机后市场逐渐复苏；欧洲则深陷债务危机，面临产能过剩的问题；各主要新兴市场在经历了一两年的爆发式增长后，增长趋于稳定。因此，汽车行业正在全球范围内进行产能重新布局，以匹配市场的增长点。与此同时，各个汽车厂商也在通过完善汽车本身，挖掘新的增长点，这既是因为需要遵守日益严格的强制性法规标准，也得益于技术的进步，尤其是汽车电子技术的飞跃。

中国的汽车市场和制造能力多年来一直位居全球首位，其中汽车电子市场的规模也在逐年增长，如图 17.1 所示。

在汽车轻量化、小型化、智能化和电动化趋势的推动下，汽车电子整体市场规模迅速增长。零部件厂商的专业化程度提高，在部分细分市场发挥着比整车厂更为重要的技术创新引领作用。同时，交叉技术的渗透也使得跨行业竞争日益凸显。在行业特性变化和外部经济环境双重作用下，市场集中度进一步提高。

目前，汽车"新四化"——"电动化、网联化、智能化、共享化"的发展趋势日益明显，全球主要车企均积极布局与自动驾驶相关的汽车电子产品。我国传统汽车产业存在"大而不强"的问题，自主汽车品牌多以中低端产品为主，产品力和品牌影响力与国际头部车企相比仍有较大差距。在"新四化"升级趋势下，重点发展汽车电子产业，提升车辆产品智能化水平，是我国自主汽车品牌提升产品力、塑造品牌竞争力的关键，也是我国汽车产业由大变强、向高端化升级的重要途径。尤其是针对我国重点发展的新能源汽车产业，在三电系统技术逐步成熟的背景下，新能源汽车产品的续航和动力性能等方面趋于同质化竞争，智能化水平将成为我国新能源车企突破同质化竞争、形成差异化优势的关键。

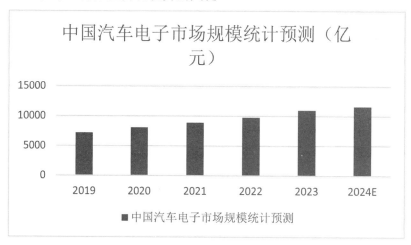

图 17.1   中国汽车电子市场规模统计预测（数据来源：汽车工业协会）

当前汽车电子行业产业链可以分为三个层级：

- 产业链上游主要是汽车电子元器件和零部件。上游供应商较多，主要负责元器件和零部件的生产。
- 产业链中游主要以系统集成商为主，负责模块化功能的设计、生产与销售，主要将上游的零部件和元器件进行整合，针对某一功能或模块提供解决方案。部分上游零部件供应商也参与系统集成。该环节的电子产品具有一定的消费电子属性，更新周期短，面临较大的替代威胁。
- 产业链下游为整车环节，由汽车企业主导，在产业链中拥有较高的议价权。但随着汽车产业新形势的发展，这一趋势正在发生变化。如今，部分汽车制造商（如特斯拉）正在设计自己的汽车电子芯片，并将业务活动从核心硬件拓展到与用户更为密切的软件和操作系统，同时开展特定服务或提供数字内容。其他一级供应商也在探索向芯片设计、系统开发、应用软件和后服务发展的路径。汽车行业供应商试图通过汽车电子和网络化手段直接同最终客户建立联系，从而降低对整车厂的依赖程度，获得更多的行业话语权。

在中国的汽车电子行业，车载智能计算平台持续演进。智能网联汽车电子电气架构中，不同领域不断融合，车载智能计算平台的软硬件充分解耦。硬件趋向同质化，成为标准件，软件则实现全栈化和完整化。面向各种场景的应用生态不断丰富和完善，供应链和工具链的自主化水平大幅提升。云协同实现完全自动驾驶。车联网通信技术实现超高速率、超大容量、超低功耗、超低时延和超高可靠性。车载智能计算平台具备与云协同的能力，自动驾驶算法不断迭代优化，算力在车端和云端进行智能分配，车联网安全防护体系逐步完善。新能源技术得到广泛应用和推广，下一代固态电池技术、氢燃料电池技术、大功率充电技术和无线充电技术在乘用车和商用车领域实现大规模商业化推广。能源利用效率显著提升。从图 17.2 中可以看出，我国的汽车电子在动力控制、底盘和安全控制、车身电子以及车载电子这四个领域得到了均衡发展。

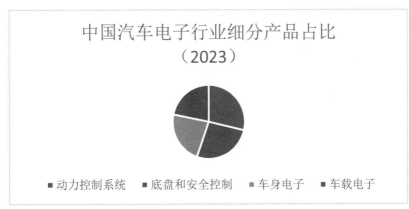

图 17.2　中国汽车电子行业细分产品占比情况

17.2　汽车电子中 Rust 的发展机会

1. 汽车电子软件需求增长推动 Rust 应用

随着汽车电子化、智能化、网联化程度的不断提高，汽车软件在整车中的占比逐渐提高，软件的功能和复杂度也呈指数级增长。传统的汽车软件开发语言，如 C/C++，存在内存安全、数据竞争等问题，难以满足日益严苛的安全性和可靠性要求。

Rust 作为一种兼具性能和安全性的新兴编程语言，凭借其独特的内存管理机制和所有权系统，有效避免了内存泄漏、野指针等常见编程错误，显著提升了软件的安全性、可靠性和稳定性。

Rust 不仅具有与 C++ 相媲美的性能，而且保证了极高的安全性，并且拥有丰富的抽象表达能力，是开发汽车软件的理想选择。

2. AUTOSAR 标准与 Rust 的契合

AUTOSAR（AUTomotive Open System Architecture，汽车开放系统架构）是汽车电子行业主流的软件架构标准，旨在实现汽车电子系统的标准化和模块化。

Rust 与汽车软件的结合是绝佳搭档：仔细读厚达 500 页的 AUTOSAR C++ Guideline，会发现其要求的大部分规则已由 Rust 原生支持。Rust 通过编译器保证的安全性，在 C++ 中只能依赖编码规则进行维护。为了弥补 C++ 在这方面的不足，一些厂商开发了代码扫描工具来发现潜在缺陷。虽然这些工具可以有效识别明显的缺陷，但对于更深层次的问题，尤其是多线程并发场景中，这些扫描工具的作用却十分有限。

C++程序中的内存错误问题根深蒂固，甚至像微软、谷歌这样的巨头，其产品中的许多缺陷仍由内存错误引起。对于服务器端程序，宕机后通常会重新启动，但在汽车软件中，这可能会引发严重的安全问题。Rust 语言与 AUTOSAR 标准在设计理念和技术细节上具有高度的一致性，进一步加强了 Rust 语言在汽车电子中的应用价值：

- 模块化开发：Rust 语言提倡模块化编程，这与 AUTOSAR 的组件化架构设计高度契合，有利于提高软件的开发效率和可维护性。
- 接口：Rust 语言的 trait 机制与 AUTOSAR 的接口定义规范相吻合，便于实现不同模块之间的通信和协作。
- 安全性保障：Rust 语言的内存安全特性与 AUTOSAR 的安全要求相符，有效降低了软件的安全风险。

3. 芯片厂商的支持与生态构建

近年来，主流芯片厂商如英特尔、恩智浦、德州仪器等纷纷开始支持 Rust 语言，并积极参与 Rust 生态的构建。他们提供了 Rust 编译器、调试器、中间件等开发工具，并发布了基于 Rust 的汽车电子应用案例，推动 Rust 在汽车行业的落地应用。

4. Rust 社区的蓬勃发展

Rust 社区拥有庞大且活跃的开发者群体，他们不断贡献代码，完善工具，推动 Rust 语言的快速发展与迭代。社区还提供了丰富的学习资源和技术支持，帮助开发者快速上手 Rust 语言。

Rust 在汽车电子行业的应用前景主要体现在以下几个方面：

- 安全性与可靠性：Rust 语言以其内存安全和并发性而闻名，这对于汽车电子系统中的安全关键性应用至关重要。随着汽车功能复杂性的增加，特别是在自动驾驶和高级驾驶辅助系统方面，Rust 的安全特性有助于减少软件漏洞和潜在故障的风险。
- 性能优化：Rust 的性能接近 C/C++，同时提供更高的安全性。在实时系统中，这种高性能表现对于满足严格的时间约束尤为重要。芯片厂商和汽车原始设备制造商可能会考虑将 Rust 用于性能关键的模块开发。
- 嵌入式系统支持：Rust 对嵌入式系统的支持正在不断增强。随着硬件厂商（如 NXP、英飞凌等）对 Rust 的兴趣不断增加，更多的工具链和库正在开发中，以便更好地支持 Rust 在汽车嵌入式系统中的应用。
- AUTOSAR 的集成：AUTOSAR 是汽车行业的标准架构，为服务导向架构（SOA）转型提供了更多的软件创新机会。Rust 可以作为新一代汽车电子软件的开发语言，与 AUTOSAR 标准进行集成，特别是在服务导向和微服务架构中表现出独特优势。

- 生态系统的成熟：Rust 的生态系统正在快速发展，越来越多的库和工具适用于汽车开发。尽管仍需更多行业级别认证和标准化过程，但其增长势头表明 Rust 将成为汽车电子开发的重要语言之一。

总而言之，Rust 凭借其独特的优势，在汽车电子行业扮演着越来越重要的角色，助力汽车产业向更加智能化、安全化和网联化的方向发展。

以下是 Rust 在汽车电子领域的一些应用案例：

- AUTOSAR：2022 年宣布成立新的汽车软件 Rust 编程语言工作组。
- 特斯拉：特斯拉使用 Rust 开发了 Autopilot 自动驾驶系统的部分核心模块。
- 通用汽车：通用汽车使用 Rust 开发了下一代电子控制单元（ECU）的软件。
- 博世：博世使用 Rust 开发了车载信息娱乐系统的操作系统。
- 德恩索：德恩索使用 Rust 开发了自动驾驶系统的感知和决策模块。
- 英飞凌：2023 年，英飞凌宣布其 32 位微控制器 AURIX™系列、TRAVEO™ T2G 系列和 PSoC™ MCU 系列支持 Rust 语言，成为全球领先的正式支持 Rust 的半导体公司。
- 沃尔沃：Rust 是沃尔沃车载软件开发的主要语言。
- 华为：作为国内唯一的 Rust 基金会创始成员，华为在嵌入式系统开发、系统驱动、云计算、虚拟存储、网络传输协议、并发编程框架基础库等产品中广泛使用 Rust 作为基础语言。

随着 Rust 生态的不断完善和社区的不断壮大，Rust 在汽车电子行业的应用将更加广泛和深入，为汽车产业的创新发展注入新的活力。

17.3　反思与计划

经过三个月的学习，团队初步掌握了 Rust 的开发，并在实际项目中应用 Rust 进行开发。

Tom 召集大家说道："经过三个月的 Rust 学习与实践，我们团队在技术革新的道路上迈出了重要的一步。现在，让我们回顾一下这次学习过程，并规划下一步的行动。"

大周说道："Rust 的学习让我意识到，尽管它在某些方面提高了开发难度，但其内存安全特性对于开发汽车电子软件来说是极其宝贵的。我们需要找到平衡点，确保技术升级不会影响开发效率。我的计划是：

主导编写一份 Rust 开发指南，帮助团队成员更好地理解和使用 Rust。

- 团队合作，识别那些可以从 Rust 的安全性中获益的项目模块，并逐步进行重构。
- 参与更多的代码审查，确保 Rust 代码的质量和性能。"

小张说道："作为团队中的新人，Rust 的学习对我来说既是挑战也是机遇。我感受到了

Rust 的强大，但也遇到了很多困难。我认为，持续学习和实践是提高的关键。我的计划是：

- 继续通过各种资源深入学习 Rust，特别是它的内存管理机制。
- 主动参与更多的项目实践，将所学知识应用到实际工作中。
- 与资深同事进行更多的交流和学习，快速提升我的技术水平。"

Tom 总结道：   "在这次的 Rust 学习过程中，我看到了团队对新技术的渴望和接受能力。Rust 的引入让我们在安全性和并发编程方面有了更多的思考和实践。然而，新技术的引入也带来了一定的学习成本和适应期。下一步计划是：

- 组织一个跨部门的 Rust 技术小组，专注于 Rust 在项目中的应用和最佳实践。
- 定期举办技术分享会，让团队成员能够交流 Rust 的使用经验。
- 在项目中逐步引入 Rust，从边缘模块开始，逐步扩展到核心组件。"

开完会后，Tom 在工作笔记上写下：

"拥抱变化、拥抱机遇！"

附录

关 键 字

下面列出的是 Rust 中正在使用或将来可能会用到的关键字。这些关键字包括函数、变量、参数、结构体字段、模块、crate、常量、宏、静态值、属性、类型、trait 或生命周期的名称。它们不能作为标识符使用。

目前正在使用的关键字

- as: 强制类型转换，消除特定包含项的 trait 歧义，或者对 use 语句中的项进行重命名。
- async: 返回一个 Future，而不是阻塞当前线程。
- await: 暂停执行，直到 Future 的结果就绪。
- break: 立刻退出循环。
- const: 定义常量或不变裸指针（constant raw pointer）。
- continue: 继续进入下一轮次的循环（或迭代）。
- crate: 在模块路径中代指 crate root。
- dyn: 动态分发 trait 对象。
- else: 作为 if 和 if let 控制流结构的后备选项。
- enum: 定义一个枚举。
- extern: 链接一个外部函数或变量。
- false: 布尔字面值 false。
- fn: 定义一个函数或函数指针类型（function pointer type）。
- for: 遍历一个迭代器，或者实现一个 trait，或者指定一个更高级的生命周期。
- if: 基于条件表达式的结果进行分支。
- impl: 实现自有功能或 trait 功能。
- in: for 循环语法的一部分。
- let: 绑定一个变量。
- loop: 无条件循环。

- match：模式匹配。
- mod：定义一个模块。
- move：使闭包获取其所捕获项的所有权。
- mut：表示引用、裸指针或模式绑定的可变性。
- pub：表示结构体字段、impl 块或模块的公有可见性。
- ref：通过引用绑定。
- return：从函数中返回。
- Self：定义或实现 trait 的类型的别名。
- self：表示方法本身或当前模块。
- static：表示全局变量或在整个程序执行期间保持其生命周期。
- struct：定义一个结构体。
- super：表示当前模块的父模块。
- trait：定义一个 trait。
- true：布尔字面值 true。
- type：定义一个类型别名或关联类型。
- union：定义一个 union（联合体），并且是 union 声明中唯一用到的关键字。
- unsafe：表示不安全的代码、函数、trait 或实现。
- use：引入外部空间的符号。
- where：表示一个约束类型的从句。
- while：基于一个表达式的结果判断是否进行循环。

保留给将来使用的关键字

- abstract
- box
- final
- override
- try
- unsized
- yield
- become
- do
- macro
- priv
- typeof
- virtual